유튜브로 공부하기
http://youtube.com/c/yanodesign

〈부수部首+자원字源〉

부자 좋아 한자

교육학 박사 宋永日 著

明文堂

{ 서문 }

　한자·한문은 한자문화권에서 공통적으로 사용한 언어 표기 수단의 하나였다. 우리나라 역시 수천 년 동안 한자와 한문을 사용하여 선인들의 사상과 감정, 지혜와 사상을 기록으로 남겼다. 또 우리가 일상생활에 사용하는 대부분의 어휘가 한자에 바탕을 두고 있으며, 이를 알 때 그 뜻을 바로 이해하여 원활한 언어생활을 가능케 한다. 그리고 한문 기록 속에는 우리의 정신문화가 축적되어 있어 현재 우리가 당면하고 있는 여러 가지 가치관의 문제 등을 치유할 수 있는 자원이 되며, 이를 기반으로 건전한 가치관과 바람직한 인성을 함양할 수 있다. 또한 우리 생활에 면면히 이어져 내려온 전통문화 역시 한자로 표현되어 보존·전승되고 있으므로 전통문화를 바르게 계승하고 창조적으로 발전시키기 위해서도 한자·한문 학습이 필요하다. 한편 현재 한국, 중국, 일본 등 한자가 통용되는 한자문화권의 인구는 세계 인구의 1/4이나 된다. 그러므로 한자문화권 내에서의 상호 이해와 교류 증진을 위해서도 한자·한문 학습이 요구된다.

　본서에서 이 같은 필요성을 반영하여 그간 무의미 철자 중심의 단순 암기식 한자 학습의 단점을 극복하고, 장기기억 학습효과를 얻을 수 있도록 부수와 한자의 조합, 그리고 그 한자의 스토리텔링과 자원 설명, 관련 어휘를 한 맥락 속에서 공부할 수 있도록 구성하였다. 또 이를 60강 유튜브 강의(http://youtube.com/c/yanodesign)로 탑재하여 학습자의 이해를 돕고자 하였다.

　강의 외에 독자들의 한문 학습의 폭을 넓혀 한시를 소개하였다. 맨 앞쪽은 권학시를, 그 뒤로는 봄, 여름, 가을, 겨울 한시를, 끝 쪽에는 널리 회자되는 한시를 배열하였다. 독자의 건투를 빌며, 부족한 점에 대한 질책과 정성어린 충고를 주시면 겸허히 수용하여 더 값진 보고가 될 수 있도록 노력하겠습니다.

〈일러두기〉

　'부자(부수+자원) 좋아 한자'는 한자의 부수와 자원을 함께 공부하는 학습법이다. 한 한문학자는 부수를 제대로 공부하면 한자의 반은 이해할 수 있다고 했다. 이는 부수가 한자의 뼈대이므로 그만큼 중요하다는 말이기도 하다. 여기에서는 그 중요성을 반영하여 214개 부수 한자와 한자별 각 자원을 함께 설명하면서 '한자 → 한자어 → 한자성어'의 읽기+쓰기+이해 능력을 동시에 해결하는 일석삼조(一石三鳥)의 학습효과를 얻기 위한 방법을 고안하였다. 특히, 기존 옥편은 획수 배열로 1획인 '一(한 일)'부터 17획인 '龠(피리 약)'까지 배열되어 있으나 본서에서는 중국 한나라 때 학자 허신이 쓴《설문해자》와 단옥재가 쓴《설문해자주》, 청나라 강희제의 칙령으로 만든《강희자전》, 북경대 사광휘 교수가 쓴《한어자원자전》 등 참조하여 214자 부수를 유의미 학습이 가능하도록 인간, 문화, 동물, 식물, 자연물, 인공물, 부수 부호의 7개 영역으로 분류하였다. 또 각 한자 별 자원풀이도 이 책들의 원문을 함께 제시하면서 학습자들이 알기 쉽게 현대적 의미로 가공하여 설명하였다.

　강의의 내용은 2013년에 출간한《3500자 자원한자의 정석》과 2019년에 출간한《스토리텔링 1800자 한자》를 참조하여 인간 → 생물 → 무생물 → 부수 부호 순으로 진행하였다.

그 분류 사항의 대략을 보면 다음 표와 같다.

- 인간 부수 : 머리, 얼굴, 몸, 손, 발, 기타

- 문화 부수 : 문자, 악기, 수, 양, 점술, 신, 색깔

- 생물 부수 : 동물(길짐승·날짐승 등), 식물(식물류 및 관련 부수)

- 무생물 부수 : 자연물, 인공물

- 부호 부수 : 부호

내용 분류 항목에 대한 사항은 다음과 같다.

- 터닦기 : 부수와 조합 한자

- 씨앗 심기 : 해당 부수와 조합한자

- 싹틔우기 : 해당 한자를 사용한 스토리 학습

- 나무 키우기 : 부수와 조합의 각 해당 한자

- 꽃피우기 : 각 해당 한자의 자원 풀이

- 열매 맺기 : 각 해당 한자 활용 한자 어휘 및 성어, 문장

인간 · 무생물 · 생물 · 문화 · 부호 부수

首頁　耳目見臣　音甘日舌言　口口日舌言　牙齒自鼻面　尢人儿亠老門立女身　比門　口女尸　爪手攵斤　又攴支聿　寸　廴足走辶車　毛彡而髟長老　革　己　力　心厶　文鼓侖　一二八十小　卜爻示鬼　色白赤青黃　玄黑　牛犬羊虍豕馬　鹿鼠骨角采內　乙隹鳥羽　非飛至　貝魚辰虫　龍龜黽　麻竹韋　木禾瓜生米黍麥　風日麻气雨火　土厂里谷山石金　米竹皿田　酉香食肉血革　宀穴六高齒　工　耒　弓矢华　刀戈斤士矛干　車舟方　、ㅡノ乚　匸一兩

머리　귀·눈　입·혀　이·코 얼굴　한 사람　얼굴　몸　손　발　머리　기타　마음　근육　수·양　문자·악기　색깔　짐승·신　점술·신　이동 수단　무기·농구　기공물　집·관　실·무늬 의류　곡식(食)　국식(衣)　기념생물　식물 및 재배　산·물·불·쇠　자연물　하늘 및 천체　식품 및 생산수단　짐승 및 곤충　어류 및 파충류　조류　김짐승 및 관련부수

차례

{ 부자 좋아 한자 공부 온라인 강의 채널 }

http://youtube.com/c/yanodesign

06강 〔https://youtu.be/VDntqjqptWU〕
- 조합한자 | 單(홑 단) 彈(탄알 탄) 戰(싸울 전) 禪(터 닦을 선)
- 조합한자 | 曾(일찍 증) 僧(중 승) 增(더할 증) 憎(미워할 증)
- 돋 보 기 | 對牛彈琴(대우탄금) 曾參殺人(증삼살인)

07강 〔https://youtu.be/qNtAe5cM2cI〕
- 조합한자 | 舌(혀 설) 話(말할 화) 活(살 활) 憩(쉴 게)
- 조합한자 | 說(말씀 설) 稅(세금 세) 脫(벗을 탈) 銳(날카로울 예)
- 돋 보 기 | 齒亡舌存(치망설존) 穎脫而出(영탈이출)

08강 〔https://youtu.be/tTneci9FlCs〕
- 부수한자 | 變(변할 변) 誇(자랑할 과) 謁(아뢸 알) 誕(거짓 탄)
- 조합한자 | 音(소리 음) 暗(어두울 암) 韻(운율 운) 響(울릴 향)
- 돋 보 기 | 荒誕無稽(황탄무계) 亡國之音(망국지음)

09강 〔https://youtu.be/JoFaHc0GWtg〕
- 부수한자 | 歌(노래 부를 가) 歎(탄식할 탄) 欲(탐낼 욕) 欺(속일 기)
- 조합한자 | 次(버금 차) 資(재물 자) 姿(맵시 자) 恣(방자할 자)
- 돋 보 기 | 亡羊之歎(망양지탄) 蒲柳之姿(포류지자)

10강 〔https://youtu.be/bYAXtsD6wIE〕
- 부수한자 | 人(사람 인) 仁(어질 인) 信(믿을 신) 來(올 래)
- 조합한자 | 今(이제 금) 吟(신음할 음) 含(머금을 함) 貪(탐할 탐)
- 돋 보 기 | 未亡人(미망인) 含哺鼓腹(함포고복)

11강 〔https://youtu.be/FNBpigJCgNs〕
- 부수한자 | 傲(거만할 오) 件(물건 건) 何(멜 하) 似(비슷할 사)
- 조합한자 | 令(명령 령) 命(명령 명) 領(목 령) 嶺(산길 령)
- 돋 보 기 | 傲霜孤節(오상고절) 佳人薄命(가인박명)

12강 〔https://youtu.be/JGXQe7AdcSk〕
- 부수한자 | 傍(곁 방) 傷(다칠 상) 儒(선비 유) 付(줄 부)
- 조합한자 | 儉(검소할 검) 劍(칼 검) 驗(시험할 험) 檢(검사할 검)
- 돋 보 기 | 傷弓之鳥(상궁지조) 季札掛劍(계찰괘검)

13강 〔https://youtu.be/DLT8-r3R7kw〕
- 부수한자 | 克(멜 극) 光(빛 광) 兒(아이 아) 兄(맏 형)
- 조합한자 | 兆(조짐 조) 挑(돋울 도) 跳(뛸 도) 桃(복숭아 도)
- 돋 보 기 | 一寸光陰(일촌광음) 武陵桃源(무릉도원)

22강 〔https://youtu.be/CaP5cZaHwxQ〕
- 조합한자｜ 及(미칠 급) 級(등급 급) 吸(마실 흡) 急(급할 급)
- 조합한자｜ 叔(아재비 숙) 淑(맑을 숙) 督(살필 독) 寂(고요할 적)
- 돋 보 기｜ 殃及池魚(앙급지어) 寂寞一時(적막일시)

23강 〔https://youtu.be/MAN4GS0j6hs〕
- 부수한자｜ 手(손 수) 才(재주 재) 換(바꿀 환) 指(손가락 지)
- 부수한자｜ 擔(멜 담) 捨(버릴 사) 援(끌 원) 拜(절 배)
- 돋 보 기｜ 蓋世之才(개세지재) 捨糧沈舟(사량침주)

24강 〔https://youtu.be/a4mIaAHiWAk〕
- 조합한자｜ 寸(마디 촌) 村(마을 촌) 討(토론할 토) 對(대답할 대)
- 조합한자｜ 專(오로지 전) 傳(전할 전) 轉(구를 전) 團(둥글 단)
- 돋 보 기｜ 寸鐵殺人(촌철살인) 以心傳心(이심전심)

25강 〔https://youtu.be/VHw_KWN4-Gg〕
- 조합한자｜ 寺(절 사) 侍(모실 시) 詩(시 시) 時(때 시)
- 조합한자｜ 待(기다릴 대) 等(등급 등) 持(가질 지) 特(특별 특)
- 돋 보 기｜ 七步成詩(칠보성시) 鶴首苦待(학수고대)

26강 〔https://youtu.be/vhfU-RYFVLk〕
- 부수한자｜ 故(연고 고) 敎(가르칠 교) 散(흩어질 산) 敬(공경할 경)
- 부수한자｜ 敢(감히 감) 數(셈할 수) 放(놓을 방) 改(고칠 개)
- 돋 보 기｜ 敎子采薪(교자채신) 如鳥數飛(여조삭비)

27강 〔https://youtu.be/Op78H6tLQmY〕
- 조합한자｜ 殿(큰집 전) 設(베풀 설) 役(부릴 역) 投(던질 투)
- 조합한자｜ 止(발 지) 肯(즐길 긍) 步(걸음 보) 歲(해 세)
- 돋 보 기｜ 醴酒不設(예주불설) 邯鄲之步(한단지보)

28강 〔https://youtu.be/O97MYt42IKs〕
- 조합한자｜ 正(바를 정) 政(정사 정) 征(칠 정) 整(가지런할 정)
- 조합한자｜ 踐(밟을 천) 錢(돈 전) 賤(천할 천) 殘(해칠 잔)
- 돋 보 기｜ 苛政猛於虎(가정맹어호) 貧賤之交不可忘(빈천지교불가망)

29강 〔https://youtu.be/-68vzDJ2B_E〕
- 조합한자｜ 足(발 족) 促(재촉할 촉) 捉(잡을 착) 踏(밟을 답)
- 부수한자｜ 後(뒤 후) 得(얻을 득) 微(은밀할 미) 徹(통할 철)
- 돋 보 기｜ 吐哺捉髮(토포착발) 得隴望蜀(득롱망촉)

- 돋 보 기 |　地醜德齊(지추덕제)
- 성어탐구 |　무지(無知)함

44강 〔https://youtu.be/t0m8vGs_V5s〕
- 조합한자 |　白(흰 백) 伯(맏 백) 迫(닥칠 박) 拍(칠 박)
- 조합한자 |　靑(푸를 청) 淸(맑을 청) 情(뜻 정) 請(청할 청)
- 돋 보 기 |　伯樂一顧(백락일고)
- 성어탐구 |　학문의 진보

45강 〔https://youtu.be/wCaGsfpistA〕
- 부수한자 |　犬(개 견) 狀(모양 상) 獄(감옥 옥) 獲(얻을 획)
- 부수한자 |　犯(범할 범) 猶(머뭇거릴 유) 獻(드릴 헌) 獸(짐승 수)
- 돋 보 기 |　犬兎之爭(견토지쟁)
- 성어탐구 |　능력이 서로 비슷함

46강 〔https://youtu.be/Rk5AvzvCnLA〕
- 조합한자 |　羊(양 양) 美(아름다울 미) 洋(큰 바다 양) 詳(자세할 상)
- 부수한자 |　虎(범 호) 號(부르짖을 호) 處(곳 처) 虛(터 허)
- 돋 보 기 |　狐假虎威(호가호위)
- 성어탐구 |　환경 영향

47강 〔https://youtu.be/4z8UByOWGbM〕
- 조합한자 |　豚(돼지 돈) 逐(쫓을 축) 遂(이룰 수) 豪(호걸 호)
- 조합한자 |　驛(역말 역) 擇(고를 택) 譯(통역할 역) 澤(윤택할 택)
- 돋 보 기 |　綠林豪傑(녹림호걸)
- 성어탐구 |　융통성 없음

48강 〔https://youtu.be/l5eDqBmAFoo〕
- 조합한자 |　觸(받을 촉) 獨(홀로 독) 燭(촛불 촉) 濁(흐릴 탁)
- 조합한자 |　番(차례 번) 播(뿌릴 파) 飜(날 번) 蕃(우거질 번)
- 돋 보 기 |　覆雨飜雲(복우번운)
- 성어탐구 |　견문이 좁음

49강 〔https://youtu.be/Mp9wV4YUxbo〕
- 조합한자 |　也(어조사 야) 他(남 타) 地(땅 지) 池(못 지)
- 부수한자 |　乙(새 을) 亂(어지러울 란) 乾(하늘 건) 乞(빌 걸)
- 돋 보 기 |　唾面自乾(타면자건)
- 성어탐구 |　뒤늦은 후회

1강

https://youtu.be/L8p-APciR2Y

부자(부수+자원) 좋아 한자 공부

一과 二 부수 한자를 공부해 봅시다.

터닦기 一 부수 한자 공부

씨앗 심기 一(한 일) 三(석 삼) 上(위 상) 下(아래 하)

싹틔우기 **스토리 연상 학습 1**

100미터 경주에서 (일등一等)부터 (삼등三等)까지는 (막상막하莫上莫下)여서 그 순위를 가리기 어려웠다.

나무 키우기	꽃 피우기	열매 맺기

一

한 일, 첫째 일,
온통 일

|8급|
一부수, 총 1획

우주의 맨 처음은 태극뿐이었고, 일(一)에서 도(道)가 성립되고, 천지(天地)가 분리되고, 만물이 변화되어 완성됨[惟初太極 道立於一 造分天地 化成萬物]

• 一國(일국) : 한 나라. 온 나라.
• 萬一(만일) : 있을지도 모르는 뜻밖의 경우.
• 群鷄一鶴(군계일학) : 무리 지어 있는 닭 가운데 있는 한 마리의 학. 여러 평범한 사람들 가운데 있는 뛰어난 한 사람을 이르는 말.

三

석 삼, 셋째 삼

|8급|
一부수, 총 3획

숫자 삼. 삼재(三才)를 이루는 하늘, 땅, 사람을 일컫는 말[數名. 天地人之道也 從三數]

• 再三(재삼) : 두세 번.
• 三經(삼경) : 『시경』, 『서경』, 『주역』으로, 모두 공자가 정리한 책.
• 孟母三遷(맹모삼천) : 맹자의 어머니가 맹자를 교육하기 위하여 집을 세 번이나 옮김.

上 위 상, 올릴 상, 오를 상 |7급| 一부수. 총 3획	물건이 일정한 기준선[一]의 위[丶]에 있음[高也 指事也] 下面的一表示位置的界線, 線上一短横表示在上面的意思. 本義：高處；上面 -『漢典』	• 上京(상경)：시골에서 서울로 올라옴. • 莫上莫下(막상막하)：어느 것이 위고 아래인지 분간할 수 없음. 수준이나 실력이 비슷하여 우열을 가리기 어려운 상황을 가리키는 말. • 雪上加霜(설상가상)：눈 위에 또 서리가 내린다는 뜻으로, 어려운 일이 겹침을 말함. 또는 환난(患難)이 거듭됨의 비유.
下 아래 하, 내릴 하 |7급| 一부수. 총 3획	물건이 일정한 기준선[一]의 아래[丶]에 있음[底也]『說文』後也 又賤也『玉篇』-『康熙』	• 下降(하강)：공중에서 아래로 내림. 기온 따위가 내림. '지체가 낮은 데로 시집간다는 뜻'으로, '공주(公主)나 옹주가 귀족이나 신하에게로 시집감'을 이르는 말. • 眼下無人(안하무인)：눈 아래에 사람이 없다는 뜻으로, 사람이 교만하여 남을 업신여김을 이르는 말. • 燈下不明(등하불명)：등잔 밑이 어둡다. 즉 가까이 있는 것이나, 가까이에서 일어나는 일을 도리어 잘 모를 수 있다는 말.

🔍돋보기

孟母三遷(맹모삼천)　한(漢)나라 유향(劉向)의 《열녀전》에 있다. 그 내용을 보면, 옛날 맹자의 어머니가 묘지 근처로 이사를 했는데 맹자가 상사(喪事)에 대한 것만을 흉내 내므로, 맹자의 어머니는 "자식 기를 만한 곳이 못된다."라 여기고, 시장 근처로 집을 옮겼다. 그런데 이번에는 장사 흉내를 냄으로 이곳도 적절하지 않다고 생각하여, 서당 근처로 집을 옮겼다. 이번에는 맹자가 늘 글 읽는 공부를 하므로 여기가 자식 기르기에 좋은 곳이라 생각하여 드디어 정착했다는 이야기이다. 이는 환경의 중요성을 이르는 말이다.

터닦기 二 부수 한자 공부

씨앗 심기 二(두 이) 五(다섯 오) 井(우물 정) 云(이를 운)

싹틔우기 **스토리 연상 학습 2**

> 조선시대에는 (이경二更)부터 (오경五更)까지 서울 (시정市井)에서 통행금
> 지를 실시했다고[말한다 云].

나무 키우기	**꽃 피우기**	**열매 맺기**
 두 이 |8급| 二부수. 총2획	하늘에 짝한 땅의 수로, 나누어 둘이 됨[地之數也 從耦一 分而爲二, 以象兩『易·繫辭』-『康熙』	• 二更(이경) : 하룻밤을 오경(五更)으로 나누었을 때의 둘째 부분. 즉 밤 9시부터 11시까지의 사이. • 一石二鳥(일석이조) : 한 개의 돌을 던져 두 마리의 새를 잡는다는 뜻으로, 한 가지 일을 해서 두 가지 이익을 얻음을 이르는 말.
五 다섯 오 |8급| 二부수. 총4획	'二+乄'으로, 하늘과 땅[二] 사이의 다섯[乄]을 표기한 것으로, 오행(五行)을 뜻함[五行也 從二, 陰陽天地 膳甥 張 乄, 古文五省] ※ 交午, 縱橫交錯 -『漢典』	• 五更(오경) : 하룻밤을 다섯으로 나눈 시각을 통틀어 말함. 즉 초경(初更)·이경(二更)·삼경(三更)·사경(四更)·오경(五更). 마지막 오경인 3시부터 5시까지, 즉 새벽 4시 전후한 시간을 말함. • 五行(오행) : 우주(宇宙) 간(間)에 쉬지 않고 운행하는 5가지 원소. 즉 金[쇠]·木[나무]·水[물]·火[불]·土[흙]. • 三三五五(삼삼오오) : 3~4인, 또는 5~6인이 떼를 지은 모양. 여기저기 몇몇씩 흩어져 있는 모양.

井 우물 **정**, 저자 **정** | 3급 | 二부수, 총 4획	우물의 가로 나무 2개[=]와 세로 나무 2개[‖][八家爲一井 象構韓形] 風俗通曰 古者二十畝爲一井. 因爲市交易. 故稱市井『段注』 ※ 韓 : 우물 위에 나무로 짜 얹은 틀[木欄]

- 市井(시정) : 인가(人家)가 모인 거리. 사람이 모여 사는 곳.
- 井田法(정전법) : 중국의 하·은·주 3대 때에 실시된 전제(田制). 농지를 우물 정자[井字] 모양으로 9등분 하여 중앙의 한 구역을 공전(公田), 주위의 8구역을 사전(私田)이라 하여 8농가에 나누어 각기 사유(私有)로 하고, 8집에서 공동으로 가운데 공전(公田)을 경작하여 그 수확을 국가에 세금으로 바치게 한 토지 제도.
- 井中之蛙(정중지와) : 우물 안 개구리라는 뜻으로, 식견이 좁음을 비유하는 말.

云 구름 **운**, 이를 **운**, 말할 **운** | 3급 | 二부수, 총 4획	강과 산 위에 움직이는 기운〔구름〕모양[山川氣也 象回轉形 後人加雨作雲 而以云爲云曰之云] 古文省雨 古文上無雨 非省也 二蓋上字象自下回轉而上也『段注』

- 云云(운운) : 글이나 말을 인용하거나 생략할 때에 '이러이러함'의 뜻으로 사용하는 말.
- 云田里(운전리) : 忠南 天安市 木川邑 云田里.
- 不知所云(부지소운) : '말할 바를 모르겠다'의 뜻으로, 무어라고 말해야 좋을지 모름.

井中之蛙(정중지와)	《장자(莊子)》〈추수편(秋水篇)〉에 나오는 말이다. 그 내용을 요약해 보면, 황하(黃河)의 신(神) 하백(河伯)이 처음으로 바다에 와서 그 끝 없음을 보고 놀라 탄식하였다. 이에 북해(北海)의 신(神) 약(若)은 이렇게 말했다. "우물 안에 살고 있는 개구리에게 바다를 이야기해도 알지 못하는 것은, 그가 좁은 장소에서 살았기 때문이고, 여름 벌레에게 얼음을 말해도 알지 못하는 것은, 그가 여름만 살았기 때문이다." 이 말은 황하라는 좁은 곳에서 생활한 하백의 식견이 좁음을 비유하는 말. '정중지와'는 줄여서 '정와(井蛙)' 또는 '정저와(井底蛙)'라고도 한다.

勸學文(권학문)　朱熹(주희)

休林坐石老人行	숲에 쉬면서 돌에 앉아 있으려니 노인이 걸어간다.
三十里爲一日程	하룻길이 30리
若將一月能千里	만일 1달을 가면 천 리를 가니
以老人行戒後生	노인의 걸음거리로 뒷사람을 경계하노라.

勸學文(권학문)　朱熹(주희)

勿謂今日不學而有來日	오늘 배우지 아니하고 내일이 있다고 말하지 말고
勿謂今年不學而有來年	금년에 배우지 아니하고 내년이 있다고 말하지 말라.
日月逝矣 歲不我延	일월이 감이여, 세월이 나를 기다려 주지 않으니
嗚呼老矣 是誰之愆	아 늙음이여, 누구의 허물인가.

https://youtu.be/Chm2ApCjn_w

부자(부수+자원) 좋아 한자 공부

目 부수와 直 조합 한자를 공부해 봅시다.

터닦기 ▶ 目 부수 한자 공부

씨앗 심기 ▶ 目(눈 목) 省(살필 성) 看(볼 간) 睦(화목할 목)

싹틔우기 ▶ ## 스토리 연상 학습 1

〔눈매가 고운 睦〕그의 〔눈 目〕은 자세히 살펴볼〔省, 看〕수록 사람을 끄는 마력을 지녔다.

나무 키우기	꽃 피우기	열매 맺기
 눈 목, 항목 목, 이름 목 │6급│ 目부수, 총 5획	사람의 눈을 옆으로 세운 모양[人眼也 象形]	• 面目(면목) : 얼굴. 체면. 상태나 됨됨이. • 品目(품목) : 물품의 종류를 알리는 이름. • 刮目相對(괄목상대) : 눈을 비비고 상대를 대한다는 뜻이며, 학식이나 업적이 크게 진보함을 말함.
省 볼 성, 살필 성, 밝을 성, 줄일 생, 인색할 생 │6급│ 目부수, 총 9획	'眉＋屮', '少＋目←囧'으로, 눈썹처럼 작은 것[眉, 少]까지도 밝히[囧] 통하여 앎[屮] [視也 從眉省從屮. 古文省, 從少囧 【注】臣鉉等曰:屮, 通識也]	• 省察(성찰) : 허물이나 저지른 일에 대해 반성하여 살핌. • 省略(생략) : 전체에서 일부를 줄이거나 뺌. • 人事不省(인사불성) : 정신을 잃고 의식을 알아차리지 못함을 뜻하며, 또는 사람으로서 예절을 차릴 줄 모름을 말함.

看 볼 간 |4급| 目부수, 총 9획	'手 + 目'으로, 눈[目] 위에 손[手]을 대고 바라봄[睎也 從手下目]	• 看過(간과) : 큰 관심 없이 대강 보아 넘김. • 看護(간호) : 환자나 병든 사람을 시중드는 것과 복지의 증진, 유지 및 회복에 필수적이거나 도움이 되는 행위. • 走馬看山(주마간산) : 말을 타고 달리면서 산을 바라본다는 뜻이며, 바빠서 자세히 살펴보지 않고 대강 보고 지나감을 이름.
睦 睦 눈매 고울 목, 화목할 목 |3급| 目부수, 총 13획	'目 + 坴(륙)'으로, 순(順)한 눈[目]으로 바라보는 고운 눈매[目順也 從目坴聲 一曰敬和也]	• 不睦(불목) : 서로 화목하지 못함. 서로 뜻이 맞지 않음. • 上和下睦(상화하목) : 위에서 사랑하고 아래에서 공경(恭敬)하여 화목함. • 親睦圖謀(친목도모) : 서로 친하고 화목하기 위하여 노력함.

돋보기

刮目相對(괄목상대) 《삼국지》에 있는 이야기로, 그 내용을 요약해 보면, 오(吳)나라 손권(孫權)이 부하 장수 여몽(呂蒙)이 무술만 연마하고 학식이 없는 것을 염려하였다. 이에 여몽은 손권의 권유에 따라 학문을 열심히 갈고 닦았다. 후일 재상 노숙(魯肅)이 어느 날 여몽을 만났을 때, 그가 전과 달리 매우 박식함에 깜짝 놀랐다. 이에 여몽은 다음과 같이 말했다. "선비란 사흘이 지난 뒤에 만났을 땐 눈을 비비고 대할 정도로 달라져야 하는 법이라네(士別三日, 卽當刮目相對)." 여몽은 노숙이 죽은 뒤에 손권을 보좌하여 촉(蜀)나라 관우(關羽)를 사로잡는 등 큰 공훈을 세워 오나라에서 가장 추앙받는 명장이 되었다.

直 조합 한자 공부

씨앗 심기 直(곧을 직) 値(값 치) 植(심을 식) 置(둘 치)

싹틔우기 **스토리 연상 학습 2**

간이나 신장은 (정직正直)하여 관리하지 않고 (방치放置)하면 (이식移植) 수술을 해야 하는 혹독한 (가치價値)를 치른다.

나무 키우기	꽃 피우기	열매 맺기
直 直 바로 **직**, 곧을 **직** |7급| 目부수, 총 8획	'十 + 目 + ㄴ'으로, 지금 열 눈[十目]으로 주시(注視)하니, 그 숨겨진[ㄴ] 진상(眞相)이 바로 보임[正見也. 從ㄴ 從十從目. 橾, 古文直. 〖注〗徐鍇曰:ㄴ, 隱也. 今十目所見是直也. 〖注〗橾, 古文直]	• 直線(직선) • 以實直告(이실직고) : 사실 그대로 말함. • 單刀直入(단도직입) : 혼자서 칼을 들고 거침없이 적진으로 돌진한다는 뜻.
値 値 만날 **치**, 마땅할 **치**, 값 **치**, 심을 **치** |3급| 人부수, 총 10획	'亻 + 直(직)'으로, 피차간[人]에 서로 적당한 값을 얻음[持也 從人直聲] 持也 : 持各本作措. 措者, 置也. 『段注』	• 價値(가치) • 平均値(평균치) • 下方値換(하방치환) : 화학 실험을 할 때 발생하는 공기보다 무거운 기체를 모으는 방법.

植
심을 식
| 7급 |
木부수, 총 12획

'木 + 直(직)'으로, 문을 반듯하게 세우듯, 나무[木]를 곧게[直] 심음[戶植也 從木直聲] 戶植也 : 高曰. 植, 戶植也. 植當爲直立之木. 『段注』

• 移植(이식) : 식물 따위를 옮겨 심음. 살아있는 조직이나 장기를 생체로부터 떼어내어 같은 개체의 다른 부분, 또는 다른 개체에 옮겨 붙이는 일.
• 植民(식민) : 자국의 경제적 발전을 위해 그 정치적 종속관계를 가진 땅에 많은 국내인(國內人)을 보내어 살게 하는 일, 또는 그 이주한 이민.

置
둘 치, 베풀 치
| 4급 |
网부수, 총 13획

'网 + 直'으로, 법망[网]에서 풀어줌[直][赦也 從网直〖注〗徐鍇曰 : 從直, 與罷同意] 赦也 : 支部曰 : 赦, 置也. 『段注』

• 放置(방치) : 내버려 둠.
• 備置(비치) : 미리 마련하여 갖추어 둠.
• 置之度外(치지도외) : 내버려 두고 상대하지 않음. 도외시(度外視)함.

單刀直入(단도직입) 중국 송(宋)나라 석도원(釋道原)이 쓴 《전등록(傳燈錄)》에 있는 내용으로, "만약 작가가 장수가 되어 전쟁터에 나선다면, 칼 한 자루를 쥐고 곧바로 적진으로 뛰어 들어갈 것이지, 이러쿵저러쿵하지는 않는다(若是作家戰將 便須單刀直入 莫更如何若何)."라는 구절이 있다. 여기서 작가(作家)는 선종(禪宗)의 문답에 등장하는 승려를 가리킨다. 글 내용의 요지는 목표에 확신을 가지고 용맹하게 온 힘을 다해 돌진하는 것을 뜻하며, 주로 말을 할 때 부연 설명을 붙이지 않고 요점만 정확하고 바르게 전달하는 것을 비유한다.

勸學文(권학문)　白樂天(백낙천)

有田不耕倉廩虛	밭이 있어도 갈지 않으면 곳간은 비고
有書不教子孫愚	책이 있어도 가르치지 않으면 자손이 어리석다.
倉廩虛兮歲月乏	창고가 빔이어, 세월이 지나면 곤궁해지고
子孫愚兮禮義踈	자손이 어리석음이여 예의가 어긋나고 소홀함이여.
若惟不耕與不教	갈지 않고 가르치지 않으면
是乃父兄之過與	이는 모두 부모의 허물일지라.

勸學文(권학문)　眞宗皇帝(진종황제)

富家不用買良田	집을 부유하게 하려 좋은 밭을 사려 말라,
書中自有千鐘粟	책 속에 천 종의 곡식이 있다.
安居不用架高堂	편하게 살려고 높은 집을 지으려 말라,
書中自有黃金屋	책 속에 황금 집이 있다.
出門莫恨無人隨	문밖에 나섬에 따르는 이 없다고 한하지 말라,
書中車馬多如簇	책 속에 마차와 말이 무수히 많다.
娶妻莫恨無良媒	장가가려는 데 매파 없다 한하지 말라,
書中有女顏如玉	책 속에 옥같이 예쁜 여인이 있다.
男兒欲遂平生志	남아가 평소에 뜻을 펴고자 하면,
六經勤向窗前讀	모름지기 창 앞에서 육경은 부지런히 읽어야 하리.

https://youtu.be/QBSpAHMxnyA

부자(부수+자원) 좋아 한자 공부

見 부수와 藋 조합 한자를 공부해 봅시다.

터닦기 見 부수 한자 공부

씨앗 심기 見(볼 견) 親(친할 친) 視(볼 시) 覺(깨달을 각)

싹틔우기 스토리 연상 학습 1

> 어머니와 글씨 대결에서 〔깨달음 覺〕을 얻은 한석봉은 열심히 공부하여 과거시험에 급제하였고, 그가 남긴 (친필親筆)을 안동 도산서원에 가면 지금도 〔볼 見, 視〕수 있다.

나무 키우기	꽃 피우기	열매 맺기
見 **볼 견, 뵐 현** │5급│ 見부수, 총 7획	'目 + 儿'으로, 사람[儿]이 눈[目]으로 봄[視也 從目儿]	· 見聞(견문) · 謁見(알현) : 지체 높은 사람을 찾아뵙는 일. · 見物生心(견물생심) : 물건을 보면 갖고 싶은 욕심이 생김.
親 **친할 친, 어버이 친, 친히 친** │6급│ 見부수, 총 16획	'見 + 亲(친)'으로, 부모가 친히 직접 자식을 돌보며[見] 정(情)이 들어 친해짐[至也 從見亲聲. 父母者 情之取至者也]	· 親舊(친구) · 親權(친권) : 부모가 미성년인 자식을 위하여 가지는 권리나 의무를 통틀어 일컬음. · 事親以孝(사친이효) : 삼국통일의 원동력이 된 화랑의 세속오계의 하나이며, 어버이를 섬김에 효도로써 함.

視 視

볼 시

| 4급 |

見부수, 총 12획

'見 + 示(시)'로, 목적을 가지고 자세히 쳐다봄[見][瞻也 從見示聲] 瞻也：視不必皆臨. 則瞻與視小別矣. 渾言不別也『段注』

- 監視(감시)
- 虎視眈眈(호시탐탐) : 범이 먹잇감을 노린다는 뜻이며, 날카로운 눈으로 기회를 엿보는 형세.
- 一視同仁(일시동인) : 모두를 평등하게 보아 똑같이 사랑함.

覺 覺

깨달을 각

| 4급 |

見부수, 총 20획

'見 + 學(학)'으로, 사물을 보고[見] 그 이치를 깨달음[悟也 從見學省聲 一曰發也]

- 味覺(미각)
- 警覺(경각) : 가벼운 벌(罰)로 뒷일을 경계(警戒)함. 즉 타일러 깨닫도록 함.
- 大悟覺醒(대오각성) : 크게 깨달아서 번뇌나 의혹이 다 없어짐.

 돋보기

一視同仁(일시동인)　중국 당나라 때 문장가 한유(韓愈)가 지은 〈원인(原人)〉이라는 글에 있다. "성인은 모든 사람을 똑같이 보고 사랑하기 때문에 가까운 사람도 돈독히 대하고, 먼 데 있는 사람도 다 같이 그 재주에 따라 등용한다(聖人 一視而同仁 篤近而擧遠)."는 내용이다. 이 문장의 요지는 성인은 모든 사람을 평등하게 보아 똑같이 대한다는 말이다.

터닦기 藋 조합 한자 공부

씨앗 심기 觀(볼 관) 權(권세 권) 歡(기쁠 환) 勸(권할 권)

싹틔우기 **스토리 연상 학습 2**

(권력權力)의 〔기쁨 歡〕을 누리기 위해 정권 연장을 (권유勸誘)했던 수많은 독재자들의 비참한 말로를 우리는 똑똑히 〔보아 觀〕 왔다.

나무 키우기	꽃 피우기	열매 맺기

觀 觀
볼 관
|5급|
見부수, 총 25획

'見 + 藋(관)'으로, 황새가 먹잇감을 자세히 살펴봄[見][諦視也 從見藋聲] 諦視也：宷諦之視也. 穀梁傳曰 常事曰視. 非常曰觀. 凡以我諦視物曰觀『段注』

• 參觀(참관)
• 敎觀兼修(교관겸수)：불교의 교리체계인 교(敎)와 실천수행 방법인 지관(止觀)을 함께 닦아야 한다는 고려 대각국사 의천(義天)의 사상. 교관병수(敎觀幷修).
• 袖手傍觀(수수방관)：소매에 손을 넣고 곁에서 그저 바라만 보고 있다는 뜻이며, 응당 해야 할 일에 간섭하지 않고 그대로 내버려 두는 것을 이름.

權 權
저울질할 권, 권세 권
|4급|
木부수, 총 22획

'木 + 藋(관)'으로, 노란 꽃이 피는 황화목(黃華木)[木]으로 만든 저울[黃華木 從木藋聲 一曰反常. 稱錘也『玉篇』·『康熙』

• 權輿(권여)：사물의 시초.
• 權不十年(권불십년)：권력이 10년을 가지 못함. 즉 아무리 막강한 권력도 영원할 것 같지만 결국 오래 가지 못함을 뜻함.
• 權在足下(권재족하)：권한은 오로지 당신에게 있다는 뜻이며, 남에게 도움을 청할 때 쓰는 말.

歡 기쁠 환 │4급│ 欠부수, 총 22획	'欠 + 雚(관)'으로, 사람이 입을 크게 벌려[欠] 소리 지르며 기뻐함[喜樂也 從欠雚聲]	• 歡迎(환영) • 歡呼(환호) • 歡呼雀躍(환호작약) : 기뻐서 소리치며 날뜀.
勸 권할 권 │4급│ 力부수, 총 20획	'力 + 雚(관)'으로, 어떤 일에 부지런히 힘써[力] 잘하기를 권장함[勉也 從力雚聲]	• 勸誘(권유) : 상대편이 어떤 일을 하도록 권함. • 勸上搖木(권상요목) : 나무에 오르도록 해 놓고 다시 흔들어 떨어뜨린다는 뜻이며, 남을 부추겨 놓고 낭패를 보도록 방해함을 이르는 말. • 勸善懲惡(권선징악) : 착한 행실을 권장하고 악한 행실을 징계함.

🔍 돋보기

權輿(권여) 《시경》〈진풍(秦風)〉에 있다. 그 내용의 일부를 보면 다음과 같다.

"예전엔 임금님께서 나를 큰 집에서 융숭하게 대접하시더니, 지금은 겨우 끼니 정도 채우게 하네. 아! 슬프도다. 처음과 같지 않음이여(於我乎 夏屋渠渠 今也每食無餘 于嗟乎 不承權輿)."

이 시는 진(秦)나라 임금이 선비 대우하기를 시종일관(始終一貫)하지 아니함을 풍자한 것이다.

權輿에서 권(權)은 저울의 추이고, 여(輿)는 수레의 차대(車臺)이다. 저울을 만들기 위해서는 먼저 추를 만들고, 수레를 만들기 위해서는 먼저 차대부터 만들어야 함에서 유래한 것으로, 사물의 시작(始作), 창시(創始), 기원(起源), 원조(元祖) 등을 말한다. 유사어로, 파벽(破僻), 효시(嚆矢), 남상(濫觴), 파천황(破天荒), 미증유(未曾有), 전대미문(前代未問), 전인미답(前人未踏) 등이 있다.

符讀書城南〔집 떠나 공부하는 아들 부에게〕 韓愈(한유)

木之就規矩	나무가 네모지거나 둥글게 되는 것은
在梓匠輪輿	바퀴나 수레를 만드는 목수 손에 달려있고
人之能爲人	사람이 사람다울 수 있는 것은
由腹有詩書	그 안에 공부한 것〔詩書〕이 들어있기 때문이다.
詩書勤乃有	공부는 부지런해야 갖출 수 있는 것이라
不勤腹空虛	게으름을 피워서는 속이 비게 되느니라.
欲知學之力	공부의 힘을 알고 싶다면 먼저
賢愚同一初	현명한 이와 어리석은 이가 처음에는 같았던 것을 알아야 하느니
由其不能學	배우지 못한 것 때문에
所入遂異閭	마침내 사는 곳이 달라지게 되는 것이다.
兩家各生子	두 집에서 따로 자식을 낳으면
提孩巧相如	아이 때는 재주가 다를 것이 없어서
少長聚嬉戲	아이 때 자라면서 모여 놀 때에
不殊同隊魚	무리 지은 물고기와 다를 것이 없지만
年至十二三	나이가 열두어 살 무렵이 되면
頭角稍相疏	기개와 재능이 조금씩 벌어지고
二十漸乖張	스무 살에 이르면 점점 더 달라져서
清溝映汙渠	맑은 물을 더러운 물에 비처보는 것처럼 되고
三十骨骼成	서른에는 서로 다른 골격이 되어
乃一龍一豬	하나는 용이 되고 하나는 돼지가 되는 것이니

https://youtu.be/Ae7OUptMbbE

부자(부수+자원) 좋아 한자 공부

□ 부수와 同 조합 한자를 공부해 봅시다.

터닦기 . 口 부수 한자 공부

씨앗 심기 口(입 구) 名(이름 명) 右(오른 우) 吉(길할 길)

싹틔우기 스토리 연상 학습 1

결혼식장 (입구入口) (좌우左右)에는 신랑, 신부의 (성명姓名)과 함께 (길사 吉事)를 알리는 문구가 적혀있었다.

나무 키우기	꽃 피우기	열매 맺기
 입 구, 식구 구, 말 구 |7급| 口부수, 총3획	사람이 먹거나 말을 하는 데 사용하는 입 모양[人所以言食也 象形]	• 人口(인구) • 戶口(호구) : 호적상으로 집의 수효와 사람의 수효. • 口血未乾(구혈미건) : 입속의 피가 아직 마르지 않음. 즉 맹세한 지 얼마 되지 않음.
 이름 명 |7급| 口부수, 총6획	'口 + 夕'으로, 저녁[夕]에는 어두워서 사람이 보이지 않기 때문에 자기 이름을 대어 밝힘[口] [自命也 從口從 夕 夕者 冥也 冥不相見 故以口自名]	• 實名(실명) : 가명(假名), 아호(雅號) 등에 대하여 진짜 이름. • 有名無實(유명무실) : 명성은 있으나 실제는 없다는 뜻이며, 겉은 훌륭하지만 속은 그렇지 않음을 비유하는 말. • 名門巨族(명문거족) : 이름나고 세력이 있는 큰 집안. 즉 명문귀족(名門貴族).

4강

右
도울우, 오른쪽우,
숭상할우
|7급|
口부수, 총 5획

'又 + 口'로, 손[又]과 입[口]으로 서로 도움[手口相助 從又從口]

- 右側(우측)
- 男左女右(남좌여우) : 음양설에서, 왼쪽이 양(陽)이고 오른쪽은 음(陰)이므로, 남자는 왼쪽, 여자는 오른쪽을 중하게 여김. 이 같은 이유로 맥·손금·자리 등도 여자는 오른쪽을, 남자는 왼쪽을 취함.
- 左顧右眄(좌고우면) : 왼쪽을 바라보고 오른쪽을 돌아봄. 또는 앞뒤를 재고 망설여 일을 결정짓지 못함.

吉
길할길
|5급|
口부수, 총 6획

'士 + 口'로, 착한 말[口]을 하는 선비[士][善也 從士口]

- 吉事(길사) : 혼례·환갑 등의 경사스러운 일.
- 吉兆(길조) : 좋은 일이 있을 징조, 즉 상서(祥瑞)로운 조짐.
- 立春大吉(입춘대길) : 입춘을 맞이하여 길운을 기원하는 글.

돋보기

口血未乾(구혈미건) 《춘추좌씨전》〈양공편〉에 있는 내용이다. "초나라 군주 자작이 정나라를 공격했다. 그러자 정나라 공자 사(駟)가 초나라와 화친을 맺으려 하자, 공자 공(孔)과 교(蟜)가 '큰 나라[진(晉)]와 맹서를 하고, 그 맹서할 때 입에 바른 피가 아직 마르지도 않았는데 배반해도 좋은가?'(楚子伐鄭 子駟將及楚平 子孔子蟜曰 與大國盟 口血未乾而背之 可乎)"라는 글이다. 이글의 요지는 진(晉)나라와 맹약을 맺은 지가 얼마 되지도 않았는데, 이를 배반하고 초(楚)나라와 다시 맹약을 맺으려 함에 대한 비판이다. 여기에 '구혈미건'이 인용되었다.

터닦기 ▶ 同 조합 한자 공부

씨앗 심기 ▶ 同(같을 동) 洞(마을 동) 銅(구리 동) 桐(오동나무 동)

싹틔우기 ▶ **스토리 연상 학습 2**

〔고을 洞〕의 이름은 그 지역의 특징과 (동일同─)한 경우가 많다. 서울의 오금동(梧琴洞)은 〔오동나무 桐〕로 거문고를 만드는 곳이며, 동작동(銅雀洞)은 〔구릿 銅〕빛 돌이 많아서라 한다.

나무 키우기	꽃 피우기	열매 맺기

같을 동,
한 가지 동

|7급|
口부수, 총 6획

'丹 + 口'로, 서로 중복(重覆)되는[丹] 말[口][合會也 從丹 從口]

• 同族(동족)
• 黨同伐異(당동벌이) : 옳고 그름을 따지지 않고, 의견이 같은 사람은 한패가 되고, 의견이 다른 사람을 물리친다는 말.
• 同價紅裳(동가홍상) : 같은 값이면 다홍치마. 즉 같은 조건이면 좀 더 낫고 편리한 것을 택함.

洞

물 빨리 흐를 동,
마을 동, 통할 통

|7급|
水부수, 총 9획

'氵 + 同(동)'으로, 빨리 흘러 내려가는 물[水]줄기[疾流也 從水同聲] 又深也, 朗徹也 又通也 又貫也 亦貫徹之意 又洞洞, 質慤貌-『康熙』

• 洞里(동리) : 마을. 또는 지방행정 구역인 동(洞)과 리(里)의 총칭.
• 洞察(통찰) : 환히 내다봄. 꿰뚫어 봄.
• 洞房華燭(동방화촉) : 부인(婦人)의 방에 촛불이 아름답게 비친다는 뜻이며, 신랑이 신부의 방에서 첫날밤을 지내는 일. 또는 결혼식 날 밤이나 혼례를 이르는 말.

銅 구리 동 |4급| 金부수, 총 14획	'金 + 同(동)'으로, 붉은색의 금속[金] [赤金也 從金同聲] 赤金也 : 銅色本赤. 今之白銅, 化爲之耳.『段注』

- 銅鏡(동경) : 구리를 재료로 하여서 만든 거울.
- 銅像(동상) : 구리로 그 사람의 형상을 만들어 세운 기념상의 총칭.
- 銅頭鐵身(동두철신) : 머리부터 몸 전체가 쇠로 되어 있다는 뜻이며, 성질이 모질고 질기며 거만한 사람을 비유하는 말.

桐 오동나무 동 |3급| 木부수, 총 10획	'木 + 同(동)'으로, 거문고 등 악기를 만드는 재료로 쓰이는 오동나무[木] [榮也 從木同聲] 榮, 桐木『爾雅·釋木』 嶧陽孤桐『書·禹貢』-『康熙』

- 梧桐(오동)
- 碧梧桐(벽오동) : 정원수나 가로수로 많이 심으며, 열매도 먹는 벽오동 나무.
- 梧桐斷角(오동단각) : 오동나무가 뿔을 자른다는 뜻이며, 부드러운 것이 강함을 이기는 것을 비유함.

🔍 **돋보기**

梧桐斷角(오동단각) 《회남자(淮南子)》에 있는 말로, 《강희자전》에서는 "연약한 오동나무가 견고한 뿔을 자른다는 이 말은 부드러운 것이 강(强)한 것을 이긴다는 뜻이다(梧桐斷角【註】柔勝剛也)."로 풀이하고 있다. 노자(老子)《도덕경》 전체를 일관하는 말이 바로 이 '부드러운 것이 강한 것을 이긴다.'라 해도 과언이 아닐 것이다. 특히, 제36장에서는 어떻게 '부드럽고 약한 것이 강한 것을 이기는지'를 구체적으로 설명하고 있다.
"그것을 오므라들게 하려면, 반드시 잠시 그것을 펴 주어야 하고, 그것을 약하게 하려고 하면, 반드시 잠시 그것을 강하게 해주어야 하며, 그것을 없애고자 하면, 반드시 잠시 그것을 성하게 해주어야 한다.〈하략〉등" 여러 방법을 제시하고 있다.
여기에서는 '부드럽고 약한 것이 강한 것을 이긴다.'는 눈에 잘 보이지 않는 총명함, 즉 미명(微明)을 강조했다.

符讀書城南〔집 떠나 공부하는 아들 부에게〕 韓愈(한유)

飛黃騰踏去	하나는 말에 올라 내쳐 달리고
不能顧蟾蜍	하나는 돌아보지도 못하는 두꺼비가 되는 것이며
一爲馬前卒	하나는 말 앞에 서는 졸병이 되어
鞭背生蟲蛆	채찍 맞은 등에서 구더기나 생기지만
一爲公與相	하나는 작위를 받고 재상이 되어
潭潭府中居	큰 뜻 품고 고래등 같은 집주인이 되는 것이다.
問之何因爾	왜 그런지 묻는다면
學與不學歟	배우고 배우지 않음의 차이라네.
金璧雖重寶	금과 옥이 귀중한 보물이지만
費用難貯儲	쓰려면 돈이 들고 지니기도 어렵지만
學問藏之身	학문은 몸 안에 채워두는 것이라서
身在則有餘	채우고 채워도 오히려 남는 곳이 있나니
君子與小人	군자와 소인은
不繫父母且	부모의 신분에 매인 것이 아닌 것이다.
不見公與相	너는 보았겠지 공경과 재상도
起身自犁鋤	그 출신이 농사짓는 사람들이었음을
不見三公後	또 보았겠지 공경과 재상의 후예들이
寒饑出無驢	가난해져서 나귀도 없이 출입하던 것을.

5강

https://youtu.be/J2rLKnCODeA

부자(부수+자원) 좋아 한자 공부

古와 咎 조합 한자를 공부해 봅시다.

터닦기 ▸ 古 조합 한자 공부

씨앗 심기 ▸ 古(옛 고) 苦(쓸 고) 姑(시어머니 고) 枯(마를 고)

싹틔우기 ▸ **스토리 연상 학습 1**

〔옛적 古〕 폭군들은 자신의 심기를 〔괴롭히 苦〕면 〔잠시 姑〕도 참지 못하고 마치 (고목枯木)을 자르듯 신하들의 목을 베었다.

나무 키우기	꽃 피우기	열매 맺기
古 옛 고, 오래 고 |6급| 口부수, 총 5획	'十 + 口'로, 입[口]으로 서로 전함이 열[十] 사람에 이르면 옛일이 됨[故也 從十口 識前言者也. 𣥐, 古文古. 〖注〗臣鉉等曰: 十口所傳是前言也.〖注〗𡇢, 古文古]	• 古稀(고희): 두보의 곡강시에 나오는 말이며, 일흔 살까지 산다는 것은 옛부터 드문 일이다〔人生七十古來稀〕에서 '70세'를 일컫는 말. • 萬古風霜(만고풍상): 사는 동안에 겪은 많은 고생. • 法古創新(법고창신): 옛것을 본받아 새로운 것을 창조함.
苦 쓸 고, 괴로울 고 |6급| 艹부수, 총 9획	'艹 + 古(고)'로, 맛이 매우 쓴 씀바귀 풀[艹] [大苦, 苓也 從艹古聲]	• 苦杯(고배): 쓴 즙이 담긴 잔. 즉 쓰라린 경험. • 苦肉之策(고육지책): 적을 속이는 수단으로써, 제 몸을 괴롭히는 일도 감내하고 쓰는 계책. • 苦盡甘來(고진감래): 쓴 것이 다하면 단 것이 온다는 뜻이며, 고생 끝에 낙이 온다는 말.

姑 姑	'女 + 古(고)'로, 남편의 어머니[女] [夫母也 從女古聲]	• 姑婦(고부) : 시어머니와 며느리.
시어머니 고, 잠시 고		• 姑且(고차) : 잠시. 우선.
|3급| 女부수, 총8획		• 因循姑息(인순고식) : 일을 함에 있어 늘 하던 대로만 하고, 눈앞의 편안함만을 찾는 행태를 말함. 즉 임시변통으로 처리하는 것. 또는 우물쭈물하며 결단하지 못할 때를 가리킨 말.

枯 枯	'木+古(고)'로, 나무[木]가 말라 죽음[槁也 從木古聲『夏書』曰唯箇輅枯. 枯 木名也]	• 枯木(고목)
마를 고, 말라 죽을 고		• 枯渴(고갈) : 탈진이나 영양실조를 말함.
|3급| 木부수, 총9획		• 枯木生花(고목생화) : 마른 나무에 꽃이 피었다는 뜻이며, 불우했던 사람이 뜻밖의 행운을 만남. 나이가 들어 운수가 좋음.

🔍 돋보기

法古創新(법고창신) 조선 후기 실학자 박제가(朴齊家)의 문집인 《초정집(楚亭集)》 서문(序文)에 나오는 말이다. 이 글에서 연암 박지원은 "진실로 옛것을 본받되 변화할 줄 알아야 하고, 새 것을 만들되 근본을 잃어서는 안된다(苟能法古而知變 刱新而能典)."라 했으며, 또 "지나치게 옛것에 매달리면, 때가 묻을 염려가 있고, 새로운 것에만 매달리면, 근거가 없어 위험하다."고 했다. 즉 법고(法古)에만 치중하면 고루해지고, 창신(創新)에만 몰두하면 정체불명의 근본이 없는 얼치기가 돼버림을 경계한 것이다. 옛것을 본받는 일과 새로운 것을 창조하는 일은 동전의 앞뒤와 같아서 균형을 이뤄야 실패하지 않는다는 것이다.

터닦기	各 조합 한자 공부

씨앗 심기	各(각각 각) 落(떨어질 락) 略(다스릴 략) 洛(강 이름 락)

싹틔우기	스토리 연상 학습 2

(전략戰略)의 요충지였던 (낙동강洛東江)은 함백산의 (각各) 줄기 따라 형성된 (촌락村落)들에서 발원하였다.

나무 키우기	꽃 피우기	열매 맺기

各

각각 **각**

| 6급 |
口부수, 총 6획

'口+夂'로, 늦게 와서[夂] 각각 그 하는 말[口]이 다름[異詞也 從口夂 夂者 有行而止之 不相聽意]

• 各國(각국)
• 各處(각처) : 여러 곳, 모든 곳.
• 各自圖生(각자도생) : 사람들이 제각기 살아갈 방법을 도모함.

落

떨어질 **락**,
마을 **락**

| 5급 |
艹부수, 총 13획

'艹+洛(락)'으로, 나뭇가지의 잎[艹]이 말라서 떨어짐[凡 艹曰零 木曰落 從艹洛聲]
※ 풀이 시들어짐은 '零' 자를 쓰고, 나무가 시들어짐은 '落'를 쓴다.

• 落葉(낙엽)
• 破落戶(파락호) : 양반집 자손으로서 집안의 재산을 몽땅 털어먹는 난봉꾼을 말함.
• 平沙落雁(평사낙안) : 모래톱에 내려앉은 기러기라는 뜻이며, 글씨를 예쁘게 잘 쓰는 것. 또는 아름다운 여인의 맵시 따위를 비유하는 말.

略

다스릴 **략**,
대략 **략**, 꾀 **략**

|4급|
田부수, 총 11획

'田+各(각)'으로, 천하[田]를 소유하고 경영하여 다스림 [經略土地也 從田各聲]

• 智略(지략) : 슬기로운 계략. 즉 슬기와 꾀.
• 略歷(약력) : 간략(簡略)하게 적은 이력(履歷)을 말함.
• 中傷謀略(중상모략) : 터무니없는 말로 헐뜯거나 남을 해치려고 속임수를 써서 일을 꾸밈.

洛

강 이름 **락**

|3급|
水부수, 총 9획

'氵+各(각)'으로, 중국 합수현(合水縣) 백어산(白於山)에서 발원하여 위수로 들어가는 강 이름[水. 出左馮翊歸德北夷界中 東南入渭 從水各聲] ※洛水(낙수) : 중국 황하 상류에 낙양을 중심으로 두 개의 지류를 이루는 강물.

• 洛水(낙수) : 중국 섬서·하남의 두 성을 흐르는 강.
• 洛陽(낙양) : 중국의 지명.
• 洛陽紙貴(낙양지귀) : "낙양의 종이가 귀해졌다."는 뜻이며, 문장이나 저서가 호평을 받아 잘 팔림. 또는 쓴 글의 평판이 널리 알려짐.

洛陽紙貴(낙양지귀) 《진서(晉書)》〈좌사전(左思傳)〉에 있는 이야기이다. 제(齊)나라 좌사(左思)는 문장을 짓는 데 뛰어난 소질을 갖고 있었으나 얼굴이 못생긴 데다가 날 때부터 말더듬이였기 때문에, 사람을 대하기 싫어하여 항상 집 안에 틀어박혀 창작에만 열중했다. 그러다가 제나라의 수도인 임치의 모습을 운문(韻文)으로 엮은 제도부(齊都賦)를 완성한 후, 촉(蜀)나라 서울이었던 성도(成都), 오(吳)나라 서울인 건업(建業), 위(魏)나라 서울인 업(鄴)을 노래한 삼도부(三都賦)를 지었는데, 황보밀(皇甫謐)이 크게 칭찬한 후 널리 알려지게 되었고, 사공(司空) 장화(張華)가, "반고(班固)나 장형(張衡)과 맞먹는 작품으로, 읽는 사람으로 하여금 다 읽고 나서도 그 여운(餘韻)을 남게 하고, 여러 날이 지나도 그 감명(感銘)을 새롭게 한다."라고 평했는데, 이후 많은 사람들이 이 삼도부를 다투어 베껴서 낙양(洛陽)의 종잇값이 오르게 되었다는 것이다.

符讀書城南〔집 떠나 공부하는 아들 부에게〕 韓愈(한유)

文章豈不貴	문장이 어찌 귀하지 않겠느냐
經訓乃菑畬	경서 속 가르침은 마음의 밭을 가는 것이다.
潢潦無根源	땅 위를 흐르는 빗물은 그 근원이 없어
朝滿夕已除	아침에 그득했다가도 저녁이면 말라버리듯
人不通古今	사람이 고금의 일을 밝히 알지 못하면
馬牛而襟裾	소나 말에 옷 입혀놓은 격이니
行身陷不義	몸의 행함이 바름이 되지 못하면서
況望多名譽	하물며 이름 얻기를 바라겠느냐.
時秋積雨霽	철은 가을이고 장맛비도 그쳐서
新涼入郊墟	서늘한 기운이 온 들녘에 가득하니
燈火稍可親	등불 점점 가까이해야 할 때고
簡編可卷舒	책을 펼쳐 공부하기 좋은 때로다.
豈不旦夕念	어찌 아침과 저녁으로 읽지 않을 것이며
爲爾惜居諸	가는 세월 너를 위해 아끼지 않을 수 있겠느냐.
恩義有相奪	자애와 독려란 앞을 다투는 일이지만
作詩勸躊躇	시를 지어 멈칫거리는 네게 공부하기 권하노라.

《古文眞寶前集》

6강

https://youtu.be/VDntqjqptWU

부자(부수+자원) 좋아 한자 공부

單과 曾 조합 한자를 공부해 봅시다.

터닦기 單 조합 한자 공부

씨앗 심기 單(홑 단) 彈(탄알 탄) 戰(싸울 전) 禪(터 닦을 선)

싹틔우기 ## 스토리 연상 학습 1

한 (선사禪師)는 만인의 (지탄指彈)을 받는 일도 그 발단은 (단순單純)한 [싸움 戰]에서 시작된다고 했다.

나무 키우기	**꽃 피우기**	**열매 맺기**
單 클 단, 엷을 단, 홑 단, 단순할 단, 오랑캐 이름 선 |4급| 口부수, 총 12획	'吅+田'으로, 곡식 따위를 까부는 크고 엷은 키[田←箕] [大也 從吅串, 吅亦聲] 箕屬 『說文』弃糞器也『玉篇』-『康熙』	• 單純(단순) : 복잡하지 않고 간단함. • 單一民族(단일민족) : 단일한 인종으로 구성되어 있는 민족. • 子子單身(혈혈단신) : 의지할 곳 없는 외로운 홀몸.
彈 탄알 탄, 튕길 탄, 힐책할 탄, 탄핵할 탄 |4급| 弓부수, 총 15획	'弓+單(단)'으로, 활[弓]로 탄알이나 화살을 쏘아 날아가게 함[行丸也 從弓單聲]	• 彈壓(탄압) • 以珠彈雀(이주탄작) : "귀중한 구슬로 새를 쏜다."는 뜻이며, 작은 것을 얻으려다가 큰 것을 손해 보게 됨. • 對牛彈琴(대우탄금) : "소를 마주 대하고 거문고를 탄다."는 뜻이며, "어리석은 사람은 아무리 도리(道理)를 가르쳐도 알아듣지 못함"을 이르는 말.

戰 戰 싸울 **전**, 두려울 **전** |6급| 戈부수, 총 16획	'戈+單(단)'으로, 창[戈]을 들고 적과 싸우는 것[鬪也 從戈單聲]	• 骨肉相戰(골육상전) : '골육상쟁'과 같은 말이며, 형제나 같은 민족끼리 서로 다툼을 뜻함. • 鯨戰蝦死(경전하사) : 고래 싸움에 새우가 죽는다는 뜻으로, 강자끼리 싸우는 틈에 끼어 약자가 아무런 상관없이 화를 입는다는 말. • 戰戰兢兢(전전긍긍) : 겁을 먹고 벌벌 떨며, 조심해 몸을 움츠리는 것으로, 어떤 위기감에 떠는 심정을 비유함.
禪 禪 터 닦을 **선**, 봉선(封禪) **선**, 선위할 **선**, 좌선할 **선** |3급| 示부수, 총 17획	'示 + 單(단)'으로, 천자가 흙으로 단(壇)을 만들어 하늘에 제사[示]를 지내고, 터를 닦아 산천에 제사 지내던 일[祭天也 從示單聲]	• 禪師(선사) : 높은 도(道)를 쌓은 승려를 높여 부르는 말. • 口頭禪(구두선) : 실행함이 없이 말로만 거창하게 떠들어대는 일. • 禪讓放伐(선양방벌) : 고대 중국에서 임금의 자리를 세습하지 않고, 덕이 있는 이에게 물려주는 일과 악정을 행하는 제왕을 몰아내어 토벌한 일.

◑ 돋보기

對牛彈琴(대우탄금)

중국 양(梁)나라 때의 승려 우(祐)가 편찬한 《홍명집(弘明集)》〈이혹론(理惑論)〉에 나오는 이야기이다.

후한(後漢) 모융(牟融)이 불교학에 밝았는데, 유학자에게 불교를 설명할 때 『시경』, 『서경』 등의 유교 경전을 인용했다. 이에 유학자들이 이의(異議)를 제기하자, 공명의(公明儀)의 고사를 소개했다. 그 고사 내용을 보면, "노나라의 공명의가 하루는 소에게 청각(淸角)이라는 고상한 곡조를 거문고로 연주해 주었으나 소는 계속 풀을 뜯어 먹고 있었다. 그래서 이번에는 모기와 등애의 울음소리와 젖을 먹고 있는 송아지 울음소리를 흉내냈다. 그러자 소가 꼬리를 흔들면서 귀를 세우고 그 소리를 다소곳이 들었다."는 것이다. 이는 소의 마음에 맞았기 때문이다. 모융이 『시경』을 인용하여 불교를 유학자들에 설명한 것도 이와 같은 이유에서였던 것이다.

| 터닦기 | 曾 조합 한자 공부 |

| 씨앗 심기 | 曾(일찍 증) 僧(중 승) 增(더할 증) 憎(미워할 증) |

싹틔우기   스토리 연상 학습 2

〔일찍이 曾〕한 〔스님 僧〕은 즉문즉답에서 남을 (증오憎惡)하기보다 나를 〔더욱 增〕 성숙시키는 계기로 삼아야 한다고 했다.

| 나무 키우기 | 꽃 피우기 | 열매 맺기 |

曾
말 첫마디 증,
거듭 증, 포갤 증,
일찍 증

|3급|
曰부수, 총 12획

'八+曰+囱(창)'으로, 말할[曰] 때 입에서 기(氣)가 분산됨 [八] [詞之舒也. 從八從曰, 囧聲] ※囧者, 囱古文

• 未曾有(미증유) : 지금까지 아직 한 번도 있어 본 적이 없음.
• 孔孟顏曾(공맹안증) : 공자, 맹자, 안회(顏回), 증삼(曾參)의 네 성현을 말함.
• 曾參殺人(증삼살인) : "증삼이 사람을 죽이다." 는 뜻이며, 터무니가 없는 말이라도 여러 사람이 되풀이하면 믿지 않을 수 없음.

僧
중 승

|3급|
人부수, 총 14획

'亻 + 曾(증)'으로, 부처님[浮屠:佛佗]의 도를 닦는 사람 [亻] [浮屠道人也 從人曾聲]

• 禪僧(선승) : 선종의 승려. 또는 참선하는 승려.
• 落髮爲僧(낙발위승) : 머리를 깎고서 승려가 됨.
• 半僧半俗(반승반속) : 반은 승려고, 반은 속인 이라는 뜻으로, 어중간하여 무엇이라고 분명하게 명목을 붙이기 어려움을 이르는 말.

增 더할 증 |4급| 土부수, 총 15획	'土 + 曾(증)'으로, 흙[土]을 더 보태어 쌓음[益也 從土 曾聲] ※ 曾益其所不能『孟子』:曾→增.	• 增築(증축) • 歲加月增(세가월증):해마다 달마다 늘어남. • 日增月加(일증월가):나날이 다달이 자꾸자꾸 불어감.
憎 미워할 증 |3급| 心부수, 총 15획	'忄 + 曾(증)'으로, 마음[忄]속으로 혐오감을 느껴 꺼림[惡也 從心曾聲]	• 愛憎(애증):사랑과 미워함. • 盜憎主人(도증주인):도둑은 주인이 자기를 제지하여 재물을 얻지 못하게 하므로 이를 미워한다는 뜻으로, 사람은 다만 자기 형편에 맞지 않으면 이를 싫어한다는 말. • 面目可憎(면목가증):얼굴 생김새가 밉살스러움.

돋보기

曾參殺人(증삼살인) 《전국책(戰國策)》〈진책(秦策)〉에 나온다.

증자가 노(魯)나라의 비(費)라는 곳에 있을 때의 일이다. 이곳 사람 중에 증자[본명 : 증삼]와 동명이인(同名異人)이 있었는데, 그가 사람을 죽였다. 그런데 어떤 사람이 증삼의 어머니에게 뛰어와서 "증삼이 사람을 죽였다."고 말하자, 증자의 어머니는 "내 아들은 사람을 죽일 사람이 아니다."하고 태연히 베틀에서 계속 베를 짜고 있었다. 그러나 조금 있다가 또 한 사람이 달려와서 "증삼이 사람을 죽였습니다."고 했다. 그래도 아들을 믿는 어머니는 여전히 베틀의 베를 짰다. 또 얼마 있다가 어떤 사람이 와서 같은 소식을 전했다. 이때에는 너무나 놀라 증삼의 어머니가 베틀에서 황급히 뛰어 내려와 담을 넘어 달려갔다는 이야기이다. 이로부터 터무니가 없는 말이라도 여러 사람이 되풀이하면 믿게 된다는 삼인성호(三人成虎)와 같은 뜻을 갖게 되었다.

春興〔봄의 흥취〕 鄭夢周(정몽주)

春雨細不滴	봄비 가늘어서 방울지지 않더니
夜中微有聲	밤중에 어렴풋이 빗소리 들리는구나.
雪盡南溪漲	눈 녹아 남쪽 시냇물 불났을 듯한데
草芽多少生	새싹이 얼마나 돋아났을까?

〈圃隱先生集〉

閨情〔규방의 애틋한 마음〕 李媛(이원)

有約來何晚	온다고 약속하고선 어찌 이리 늦은가?
庭梅欲謝時	뜰의 매화가 떨어지려 하네.
忽聞枝上鵲	문득 나뭇가지 위의 까치 소리 듣고
虛畫鏡中眉	부질없이 거울을 보며 눈썹 그리네.

〈大東詩選〉

7강

https://youtu.be/qNtAe5cM2cl

부자(부수+자원) 좋아 한자 공부

舌과 兌 조합 한자를 공부해 봅시다.

터닦기 ▶ 舌 조합 한자 공부

씨앗 심기 ▶ 舌(혀 설) 話(말할 화) 活(살 활) 憩(쉴 게)

싹틔우기 ▶ ## 스토리 연상 학습 1

《사기》에, 장의가 부인과 (대화對話) 중 "내 〔혀 舌〕가 〔살아 活〕 남아있는가?"라 했는데, 이는 혀가 지금 〔쉬고 憩〕 있지만 후일 큰일을 해낼 수 있음을 말한 것이다.

나무 키우기 | **꽃 피우기** | **열매 맺기**

舌

혀 설

|4급|
舌부수, 총 6획

'口＋干(간)'으로, 입[口]에 있는 것으로, 맛을 분별하는 혀[在口所以言別味者也 從干從口 干亦聲]

- **毒舌**(독설) : 악독(惡毒)하게 혀를 놀려 남을 해치는 말.
- **視吾舌**(시오설) : "내 혀를 보라"는 뜻으로, 언변으로 천하도 움직이겠다는 자신감의 표현.
- **齒亡舌存**(치망설존) : '이는 빠져 없어도 혀는 남아 있다.'라는 뜻으로, 강한 자는 망하기 쉽고 유연한 자는 오래 존속됨을 비유한 말.

話

말할 화,
이야기 화

|7급|
言부수, 총 13획

'言＋昏(괄)'로, 사람들이 모여서 어떤 사물이나 사실, 현상에 대하여 일정한 줄거리를 가지고 말함[言] [會合善言也 從言昏聲]

- **話頭**(화두) : 이야기의 말머리. 불교에서, 참선하는 이에게 도를 깨치게 하기 위하여 내는 문제.
- **萬端情話**(만단정화) : 여러 가지 정다운 이야기.
- **閑談說話**(한담설화) : 심심풀이로 하는 이야기. 그리 긴요하지 않은 말.

活 물 콸콸 흐르는 소리 괄, 살 활 |7급| 水부수, 총 9획	'氵+舌←昏(괄)'로, 물[氵]이 콸콸 흐르는 소리[水流聲也 從水昏聲] 流聲也 : 衛風, 北流活活. 毛傳曰活活, 流也. 按傳當作流貌『段注』	・活潑(활발) ・流浪生活(유랑생활) : 정처 없이 떠돌아다니며 사는 일. ・死中求活(사중구활) : 죽을 고비에서 살길을 찾는다는 뜻이며, 난국을 타개하기 위해 감히 위험한 상태에 뛰어듦.
憩 쉴 게 |3급| 心부수, 총 16획	'舌+息'으로, 동자는 '愒, 憩, 憇, 愒'. 혀[舌], 코, 귀, 마음 등의 활동을 중지함[息] [本作愒 或作憩 亦書作憇]『集韻』召伯所憩『詩·召南』愒 : 息也『廣韻』-『康熙』	・憩潮(게조) : 밀물과 썰물이 바뀔 때 일어나는 조류의 정지 상태. ・倦憩(권게) : 권태를 느끼어 쉼. ・休憩室(휴게실)

돋보기

齒亡舌存(치망설존) 《설원》<경신(敬愼)>편에 있는 이야기이다.

노자는 병석에 누운 스승 상창(常摐)을 찾아뵙고 "선생님께서 병이 깊으시니 제자들에게 남기실 가르침은 없으신지요?"라 물었다.

다음은 스승 상창과 제자 노자와의 대화 중 일부이다.

> 상창 : 입을 크게 벌리고 노자에게 보여 주면서 말하기를, 내 혀가 있느냐?(張其口而示老子曰 吾舌存乎)
>
> 노자 : 예, 있습니다.(老子曰 然)
>
> 상창 : 이빨이 있느냐?(吾齒存乎)
>
> 노자 : 없습니다.(老子曰 : 亡)
>
> 상창 : 너는 알겠느냐?(常摐曰 : 子知之乎)
>
> 노자 : 혀가 남아 있다는 것은 부드럽다는 것이 아닙니까? 이빨이 없다는 것은 그것이 강하다는 것이 아닙니까?(老子曰 : 夫舌之存也 豈非以其柔耶 齒之亡也 豈非以其剛耶)

이는 "강한 이는 빠져 없지만 부드러운 혀는 남아 있다."는 것으로, 강한 자는 쉽게 망하고, 유연한 자는 오래 존속됨을 깨우친 말.

터닦기 兌 조합 한자 공부

씨앗 심기 說(말씀 설) 稅(세금 세) 脫(벗을 탈) 銳(날카로울 예)

싹틔우기 **스토리 연상 학습 2**

> (탈세脫稅)하는 사람들은 〔예리한 銳〕세무조사에도 교묘하게 〔말 說〕을 잘 꾸며 과세를 모면한다.

나무 키우기 | **꽃 피우기** | **열매 맺기**

說

말씀 **설**, 달랠 **세**, 기쁠 **열**

|5급|
言부수, 총 14획

‘言 + 兌(열)’로, 자기의 생각을 남이 알기 쉽게 풀어서 말함[言] [釋也 從言兌聲 — 曰:談說]

· 演說(연설)
· 遊說(유세) : 자기의 의견 또는 자기 소속 정당의 주장을 선전하며 돌아다님.
· 說樂(열락) : 기뻐하고 즐거워함.

稅

세금 **세**

|4급|
禾부수, 총 12획

‘禾 + 兌(예)’로, 국가가 필요한 경비로 사용하기 위하여 국민이나 주민으로부터 거두어들이는 조세[禾] [租也 從禾兌聲]

· 稅收(세수) : 국민에게 조세를 징수하여 얻은 정부의 수입.
· 課稅(과세) : 세금을 정하여 그것을 내도록 의무를 지움.
· 稅熟貢新(세숙공신) : 곡식이 익으면 부세(負稅)하여 국용(國用)으로 준비하고, 신곡(新穀)이 나오면 이를 종묘에 제사 올림을 말함.

脫 여윌 탈, 살 빠질 탈, 벗을 탈 |4급| 肉부수, 총 11획	'月 + 兌(태)'로, 살[肉]이 빠져 여윔[消肉臞也 從肉兌聲]	• 脫落(탈락) • 足脫不及(족탈불급) : 발 벗고 뛰어도 따라가지 못한다는 뜻이며, 능력이나 재질 등의 차이가 두드러짐을 이르는 말. • 穎脫而出(영탈이출) : 뾰족한 송곳 끝이 주머니를 뚫고 나온다는 뜻이며, 뛰어나고 훌륭한 재능(才能)은 반드시 밖으로 드러남을 이르는 말.
銳 날카로울 예 |3급| 金부수, 총 15획	'金 + 兌(예)'로, 까끄라기나 바늘처럼 날카로운 쇠붙이[金] [芒也 從金兌聲]	• 銳鋒(예봉) : 창이나 칼 따위의 날카로운 끝을 말하며, 말이나 글의 경우에는 날카로운 논조나 표현. • 銳角(예각) : 직각보다 작은 각. 즉 0°보다는 크고 90°보다는 작은 각. • 少壯氣銳(소장기예) : 나이 젊고 건강한 사람은 기운(氣運)이 왕성하고 예리하다는 뜻이며, 유사 성어로는 年少氣銳(연소기예), 銳氣方壯(예기방장)이 있음.

돋보기

穎脫而出(영탈이출)　안국선(安國善)이 쓴 〈금수회의록〉에 나온다.

이 말의 원 출전은 《사기》〈평원군우경열전〉에 있다.

조(趙)나라가 진(秦)의 공격을 받자, 왕이 초(楚)나라로 도움을 요청하기 위해 평원군을 파견하기로 했다. 평원군은 자신의 식객 중에서 문무를 겸비한 20명을 뽑아 가기로 했는데, 19명을 뽑은 뒤 1명을 결정하지 못했다. 이때 모수(毛遂)가 자신을 데려가 달라고 말했다. 이것이 모수자천(毛遂自薦)이다.

　평원군은 "재주가 있었다면 주머니 속 송곳과 같아서 벌써 알았을 터인데."라 말하며 모수를 거절했다. 그러자 모수는 "만약 저를 일찍이 당신의 주머니 속에 넣어주었다면, 송곳 끝이 아니라 자루까지 뚫고 나왔을 것입니다(使遂蚤得處囊中 乃穎脫而出 非特其末見而已)."라 했다.

평원군이 말한 '송곳 끝이 주머니를 뚫고 나온다.'는 이 말은 뛰어난 재능이 있는 사람은 반드시 알려지기 마련이다는 뜻이다. 유사 성어로는 낭중지추(囊中之錐)가 있다.

偶吟(우음)　宋翰弼(송한필)

花開昨夜雨	지난 밤비에 꽃이 피더니
花落今朝風	오늘 아침 바람에 꽃이 지누나.
可憐一春事	가련하도다, 봄날의 일이
往來風雨中	비바람 속에 오고 가네.

〈雲谷集〉

山寺(산사)　李達(이달)

寺在白雲中	절이 흰 구름 속에 있는데
白雲僧不掃	흰 구름을 중은 쓸지 않고
客來門始開	객이 와서 비로소 문이 열리니
萬壑松花老	온 골짜기에 송홧가루가 날리네.

https://youtu.be/tTneci9FICs

부자(부수+자원) 좋아 한자 공부

言 부수와 音 조합 한자를 공부해 봅시다.

터닦기 言 부수 한자 공부

씨앗 심기 變(변할 변) 誇(자랑할 과) 謁(아뢸 알) 誕(거짓 탄)

싹틔우기 스토리 연상 학습 1

> 곡부시에서는 공자 (탄생일誕生日)을 스승의 날로 삼아야 한다면서 공자
> 영정에 (배알拜謁)하고, 그 시대별 (변천變遷) 과정을 (과대誇大)하게 홍보
> 했다.

나무 키우기	**꽃 피우기**	**열매 맺기**
變 변할 **변**, 재앙 **변** |5급| 言부수, 총 23획	'夊 + 䜌(련)'으로, 있던 것을 고쳐[夊] 변하게 함[更也 從夊䜌聲] 易也 『小爾雅』化也, 通也 『廣韻』-『康熙』	• 變遷(변천) • 臨機應變(임기응변): 어떤 일을 당하여 적절하게 반응하고 변통함을 뜻함. • 變化無雙(변화무쌍): 세상이 변하여 가는 것이 더할 수 없이 많고 심함.
誇 자랑할 **과**, 과장할 **과** |3급| 言부수, 총 13획	'言 + 夸(과)'로, 실제보다 부풀려 자랑하여 말함[言] [誋也 從言夸聲]	• 誇張(과장) • 誇大妄想(과대망상): 이치에 어긋나는 헛된 생각. • 自誇自尊(자과자존): 제 스스로를 자랑하고 높임.

| 謁 아뢸 **알**, 뵐 **알**

\|3급\|
言부수, 총 16획 | '言 + 曷(갈)'로, 직접 대면하여 자기의 생각을 말함[言] [白也 從言曷聲] | • 歲謁(세알): 세배(歲拜)를 말하며, 옛날 그믐날이나 설날에 사당에 가서 인사드리던 일.
• 謁聖及第(알성급제): 조선 시대에, 임금이 성균관 문묘에 참배한 뒤 보이는 과거 시험에 합격하던 일.
• 出必告之 返必拜謁(출필곡지 반필배알): 밖에 나갈 때는 반드시 말씀을 드리고, 돌아와서는 반드시 아뢰어야 함. |
| 誕 거짓 **탄**, 방종할 **탄**, 날 **탄**

\|2급\|
言부수, 총 14획 | '言 + 延(연)'으로, 실제보다 과장하여 하는 말[言] [詞誕也 從言延聲] 徐曰: 妄爲大言也. 欺也『廣韻』乃逸乃諺 旣誕『書·無逸』-『康熙』 | • 誕生(탄생)
• 聖誕日(성탄일)
• 荒誕無稽(황탄무계): 허황되고 근거가 없음. 또는 언행이 터무니없고 믿을 수 없는 것을 비유하는 말. |

荒誕無稽(황탄무계) 《장자》〈천하(天下)〉편에 나오는 말이다.

그 내용의 일부를 보면, 다음과 같다.

"그는 아득한 이론에 황당한 말과 종잡을 수 없는 말로 하였고, 때로는 마음대로 논하였지만 치우치는 일이 없었으며, 한 가지에만 얽매인 견해를 주장하지는 않았다."

　　以謬悠之說(이류유지설) 荒唐之言(황당지언)
　　無端崖之辭(무단애지사) 時恣縱而不儻(시자종이부당)

여기에서 황탄무계(荒誕無稽), 황당무계(荒唐無稽)라는 말이 나오게 되었다. '荒誕(荒唐)'은 언행이 거칠고 줏대가 없어서 취할 만한 것이 없다는 말이고, '無稽'는 유례를 찾아볼 수 없다는 뜻이다. 즉, 하는 일이 너무나 어처구니가 없어서 달리 그런 경우를 찾을 수 없다는 말로, 사람의 언행이 터무니없고 허황하여 믿을 수 없는 경우를 비유한다.

터닦기 ▶ 音 조합 한자 공부

씨앗 심기 ▶ 音(소리 음) 暗(어두울 암) 韻(운율 운) 響(울릴 향)

싹틔우기 ▶ **스토리 연상 학습 2**

> 베토벤의 〔운치있는 韻〕(음악音樂)의 대작은 청력 손상 이후 〔어두운 暗〕
> 현실 극복 과정에서 (반향反響)된 것이 많다.

| 나무 키우기 ▶ | 꽃 피우기 ▶ | 열매 맺기 ▶ |

音
소리 음

|6급|
音부수, 총 9획

'言 + 一'로, 사람의 마음속 생각이 발음기관을 통해 일정하게 조절되어[一] 나오는 구체적이고 물리적인 소리[言] [聲也 生於心 有節於外 謂之音. 從言含一]

• 騷音(소음)
• 知音(지음) : 종자기(鍾子期)가 백아(伯牙)의 거문고 소리를 잘 알아들음에서, 자기의 속마음까지 알아주는 절친한 친구.
• 亡國之音(망국지음) : 나라를 망치는 음악이란 뜻이며, '저속하고 난잡한 음악'을 일컫는 말.

暗
어두울 암,
남몰래 암, 외울 암

|4급|
日부수, 총 13획

'日 + 音(음)'으로, 햇빛[日]이 없어 어두워 아무것도 보이지 않음[日無光也 從日音聲]

• 暗賣(암매) : 물건을 몰래 파는 것.
• 暗黑天地(암흑천지) : 하늘과 땅이 캄캄하고 어두운 모양. 부도덕한 행위나 범죄 등이 거리낌 없이 제멋대로 저질러지는 세상.
• 暗中摸索(암중모색) : "어둠 속에서 손을 더듬어 찾는다."는 뜻이며, 어림짐작으로 사물을 알아내려 함.

韻 운율 운, 운치 운 |3급| 音부수, 총 19획	'音 + 員(원)'으로, 여러 소리[音]가 조화를 이루어 고상하고 우아한 멋을 이룸[和也 從音員聲 裴光遠云 : 古與均同 未知其審]	• 韻文(운문) : 일정한 운자를 끝에 사용하여 성조를 고른 글을 말하며, 여기에는 시(詩), 부(賦) 등. • 韻致(운치) : 고아(高雅)한 품격을 갖춘 멋. • 風流韻事(풍류운사) : 자연과 친하여 시가(詩歌) 따위를 지어서 즐김, 또는 그 일.
響 울릴 향 |3급| 音부수, 총 22획	'音 + 鄕(향)'으로, 큰 소리[音]가 서로 반향되어 울림[聲也 從音鄕聲] 應聲也『玉篇』 惟影響『書·大禹謨』-『康熙』	• 反響(반향) : 소리가 어떤 장애물에 부딪쳐서 되울리는 현상. 또는 어떤 일의 영향을 받아 일어나는 움직임. • 四方響應(사방향응) : 어떤 주창(主唱)에 응(應)하여 모든 사람이 함께 행동함. • 言中有響(언중유향) : 말 속에 울림이 있다는 뜻으로, 말에 나타난 내용 이상의 깊은 뜻이 있음.

돋보기

亡國之音(망국지음)

《한비자》〈십과편〉에 나온다. 위(衛)나라의 영공(靈公)이 진(晉)나라로 가는 도중 복수(濮水) 근방에서 멋진 음악을 들었다. 진나라에 도착하자 영공은 진나라의 평공(平公)에게 이 곡을 손수 연주해 주었다. 평공이 악사 사광(師曠)을 불러 듣게 하니, 사광이 깜짝 놀라며 영공의 손을 잡고, "이 곡은 망국의 음악입니다."라 말하며, 관련 이야기를 들려주었다. "옛날 사연(師延)이라는 유명한 악사가 신성백리(新聲百里)라는 음탕한 음악을 지어 은(殷)나라 주왕(紂王)에게 바쳤다. 주왕은 이 음악을 즐기며 주지육림(酒池肉林)에 빠져 주나라 무왕에게 멸망했고, 사연은 복수(濮水)에 빠져 죽었는데, 이로 인해 사람들은 이 노래를 '망국의 음악'이라 불렀다."는 이야기다.

閨怨(규원)　　林悌(임제)

十五越溪女	십오 세 아리따운 소녀
羞人無語別	작별할 때 수줍어 말도 못하고
歸來掩重門	돌아와 덧문을 닫고
泣向梨花月	배꽃에 걸린 달 보고 눈물짓네.

〈林白湖集〉

送白光勳還鄕〔백광훈의 환향을 전송함〕　　林億齡(임억령)

江月圓復缺	강 위의 달은 둥글었다가 다시 이지러지고
庭梅落又開	뜰의 매화는 떨어지고 또 피네.
逢春歸未得	봄이 되어도 돌아갈 수 없어
獨上望鄕臺	홀로 망향대에 올라있다.

〈石川集〉

9강

https://youtu.be/JoFaHc0GWtg

부자(부수+자원) 좋아 한자 공부

欠 부수와 次 조합 한자를 공부해 봅시다.

欠 부수 한자 공부

歌(노래 부를 가) 歎(탄식할 탄) 欲(탐낼 욕) 欺(속일 기)

스토리 연상 학습 1

> 한신의 〔거짓 欺〕 속임수에 포위당한 초나라 병사들은 구슬픈 초나라 〔노래 歌〕 소리가 들려오자 고향에 가고 〔싶은 欲〕 충동으로 여기저기에서 〔탄식歎息〕했다.

나무 키우기	꽃 피우기	열매 맺기

歌 　　 노래 부를 가

|7급|
欠부수, 총 14획

'欠＋哥(가)'로, 입을 크게 벌려[欠] 노래함[詠也 從欠哥聲]

- 歌謠(가요)
- 輓歌(만가) : 상여를 메고 갈 때 부르는 노래, 또는 죽은 사람을 애도하는 노래.
- 四面楚歌(사면초가) : 사방에서 들리는 초나라의 노래라는 뜻이며, 적에게 둘러싸인 상태나 누구의 도움도 받을 수 없는 고립 상태에 빠짐을 이르는 말.

歎 　　 탄식할 탄, 감탄할 탄

|4급|
欠부수, 총 15획

'欠＋堇←鸛(난)'으로, 감동(感動)하여 읊조림[欠] [吟也 謂情有所悅 吟歎而歌 從欠鸛省聲]

- 歎息(탄식)
- 風樹之歎(풍수지탄) : "樹欲靜而風不止(수욕정이풍부지) 子欲養而親不待(자욕양이친부대)"의 준말이며, 부모가 살아 계실 때 효도하지 않으면 돌아가신 뒤에 한탄하게 된다는 뜻임.
- 亡羊之歎(망양지탄) : 달아난 양을 찾다가 여러 갈래 길에 이르러 길을 잃었다는 뜻으로, 학문의 길이 다방면이면 진리를 얻기가 어려움.

欲 탐낼 **욕**, 욕심낼 **욕**, 하고자 할 **욕** |3급| 欠부수, 총 11획	'欠 + 谷(곡)'으로, 부족[欠]을 채우기 위해 지나치게 탐내는 욕심[貪欲也 從欠谷聲]	• 欲求(욕구) • 欲速不達(욕속부달) : 빨리하고자 하면 도달하지 못함. • 騎馬欲率奴(기마욕솔노) : "말을 타면 종을 거느리고 싶다."라는 뜻으로, 사람의 욕심은 끝이 없다는 말.
欺 속일 **기**, 거짓 **기** |3급| 欠부수, 총 12획	'欠+其(기)'로, 부족함[欠]을 속여 거짓으로 말하거나 행동함[詐欺也 從欠其聲]	• 欺弄(기롱) : 속이어 농락함. • 可欺以方(가기이방) : '君子可欺以其方(군자가기이기방)'의 준말이며, 군자는 그럴듯한 방법으로 속일 수 있음을 뜻함. 옛날 산 물고기를 鄭(정)나라 子產(자산)이 선물로 받자 자산은 살아 있는 물고기를 차마 잡아먹을 수 없어 정원을 관리하는 校人(교인)에게 연못에 넣어 잘 살게 하라고 보냈다. 교인은 물고기를 다 잡아먹고 태연하게 그렇게 했노라 보고 하니, 아무것도 모르는 자산은 그 물고기가 제 있을 곳을 얻었다며 기뻐했다. 교인은 밖으로 나와 자못 자랑스러운 듯이 이렇게 말했다. "누가 자산을 보고 지혜 있는 사람이라 하는가? 이미 삶아 먹은 것도 모르고 제 있을 곳을 얻었구나, 제 있을 곳을 얻었구나 하지 않겠는가? 그러므로 군자는 그럴듯한 방법으로 속일 수는 있어도, 그 도리가 아닌 것으로는 속이기 어려운 것이다." • 欺人取物(기인취물) : 사람을 속여 돈이나 물건을 빼앗음.

亡羊之歎(망양지탄) 《열자》에 나오는 이야기이다. 양자의 이웃집에서 양 한 마리가 달아나자, 양의 주인이 동네 사람들과 함께 찾아 나섰다. 그러나 갈림길이 많아서 찾지 못했다[多岐亡羊]. 양자는 그 말을 듣고는 말도 하지 않고 하루 종일 웃는 얼굴을 보이지 않았으나 아무도 그 이유를 알지 못했다. 이에 제자 '심도자'가 그 뜻을 알고 말했다. "갈림길이 많기 때문에 양을 잃어버리고, 다 방면으로 배우기 때문에 학자는 본래 배우는 그 목적을 잃는다. 학문이란 그 근본은 같으며, 끝에서 가서 서로 달라지는 것이니, 그렇지 못한 현실을 안타까워하신 것이다(都子曰 大道 以多岐亡羊 學者以多方喪生 學非本不同 非本不一而末異若是 唯歸同反一 爲亡得喪)." 이 이야기는 학문의 길이 여러 갈래면 그 진리를 깨닫기 어려움을 말해준 것이다.

터닦기 ▶ 次 조합 한자 공부

씨앗 심기 ▶ 次(버금 차) 資(재물 자) 姿(맵시 자) 恣(방자할 자)

싹틔우기 ▶ **스토리 연상 학습 2**

〔맵시 姿〕있는 자동차를 타고 (방자放恣)게 행동하는 그는 재벌에〔버금 次〕가는 (자산가資産家)로 알려져 있다.

나무 키우기	**꽃 피우기**	**열매 맺기**
次 버금 **차**, 차례 **차** |4급| 欠부수, 총 6획	'欠 + 二(이)'로, 치밀하지 못하여[欠] 더 앞으로 나가지 못하고 두 번째에 머무름[不前不精也 從欠二聲]	• 次點(차점) • 維歲次(유세차) : '이 해의 차례'란 뜻이며, 제문(祭文)의 첫머리에 쓰는 문투. • 造次顚沛(조차전패) : '엎어지고 넘어지는 급한 순간'이라는 뜻이며, 매우 다급한 경우를 비유함.
資 재물 **자**, 신분 **자**, 도울 **자** |4급| 貝부수, 총 13획	'貝 + 次(차)'로, 돈[貝]이나 그 밖의 여러 값나가는 물건[貨也 從貝次聲]	• 資産(자산) • 資格(자격) : 일정한 신분이나 지위. 일정한 신분이나 지위를 가지고 일을 하는데 필요한 조건이나 능력. • 負薪之資(부신지자) : 아주 천하고 보잘것없는 출신. 또는 자기의 타고난 자질을 겸손하게 이르는 말.

姿

맵시 **자**, 모양 **자**

| 4급 |
女부수, 총 9획

'女 + 次(차)'로, 사람[女]이 곱게 매만져 모양새를 냄[態也 從女次聲]

· 姿勢(자세)
· 姿容(자용) : 모습이나 모양.
· 蒲柳之姿(포류지자) : 갯버들의 잎은 일찍 시들어 떨어지는 데서 몸이 쇠약함. 또는 선천적으로 유약한 체질을 비유한 말.

恣

방자할 **자**,
멋대로 **자**

| 3급 |
心부수, 총 10획

'心 + 次(차)'로, 삼가는 마음[心]이나 태도가 없이 건방지게 행동함[縱也 從心次聲]

· 恣行(자행) : 방자하게 제멋대로 행함. 또는 그 행동.
· 恣意的(자의적) : 일정한 질서를 무시하고 제멋대로 하는 것.
· 放恣無忌(방자무기) : 건방지고 꺼림이 없이 행동함.

🔍 돋보기

蒲柳之姿(포류지자)

《세설신어》〈언어편〉에 나오는 이야기이다. 동진(東晉)의 양주(揚州) 자사 은호(殷浩)의 밑에서 차관으로 생활한 고열(顧悅)은 과중한 정무(政務)로 건강을 해쳐 30대에 등이 굽고 머리가 백발이 되었다. 어느 날 간문제(簡文帝)가 그 이유를 물으니, 다음과 같이 자신을 낮추어 대답했다.

"갯버들은 가을이 오면 먼저 잎이 떨어지고, 소나무와 잣나무는 서리를 맞고도 더욱더 무성해진다[蒲柳之姿 望秋而落 松栢之質 凌霜猶茂(포류지자 망추이락 송백지질 능상유무)]."

여기에서 고열은 자신을 '포류지자(蒲柳之姿)'에, 간문제를 '송백지질(松栢之質)'에 비유함에서 나온 말이다.

山房(산방)　李仁老(이인로)

春去花猶在	봄은 가도 꽃은 아직 피어 있고
天晴谷自陰	하늘은 맑은데도 골짜기는 어둡네.
杜鵑啼白晝	소쩍새 한낮에도 우니
始覺卜居深	이제야 사는 곳이 깊은 산골임을 알겠네.

題僧舍(제승사)　李崇仁(이숭인)

山北山南細路分	산의 남쪽과 북쪽이 좁은 길로 나뉘고
松花含雨落繽紛	비 머금은 송홧가루 어지러이 날리네.
道人汲井歸茅舍	도인이 물길어 띠 집으로 돌아오는데
一帶靑煙染白雲	한줄기 푸른 연기 흰 구름을 물들이네.

10강

https://youtu.be/bYAXtsD6wlE

부자(부수+자원) 좋아 한자 공부

人 부수와 수 조합 한자를 공부해 봅시다.

| 터닦기 | 人 부수 한자 공부 |

| 씨앗 심기 | 人(사람 인) 仁(어질 인) 信(믿을 신) 來(올 래) |

싹틔우기 │ 스토리 연상 학습 1

〔사람 人〕들은 현세에 〔어진 仁〕 일을 많이 하면 (내세來世)에 극락이나 천당에 간다고 〔믿어 信〕왔다.

| 나무 키우기 ▶ | 꽃 피우기 ▶ | 열매 맺기 ▶ |

人

사람 **인**

| 8급 |
人부수, 총 2획

세상의 만물 중 가장 존귀한 사람의 모습[天地之性最貴者也 此籒文 象臂脛之形]

- 人間(인간)
- 未亡人(미망인) : 남편을 여읜 여자.
- 傍若無人(방약무인) : 곁에 사람이 없는 것처럼 거리낌 없이 함부로 행동함.

仁

어질 **인**

| 4급 |
人부수, 총 4획

'亻 + 二'로, 두[二] 사람[亻]이 서로 친하게 지내고 사랑함[親也 從人二 【注】臣鉉等曰:仁者兼愛, 故從二]

- 仁義(인의) : 어진 것과 의로운 것.
- 仁術(인술) : 인(仁)을 행하는 방법. 사람을 살리는 어진 기술이란 뜻으로, '의술(醫術)'을 이름.
- 仁者無敵(인자무적) : 어진 사람은 적이 없음.

信 정성 信, 믿을 信, 편지 信 |6급| 人부수, 총 9획	'亻+言'으로, 말[言]을 성실하게 하는 사람[亻] [誠也 從人言]	• 信義(신의) • 書信(서신) : 편지. • 信賞必罰(신상필벌) : 공이 있는 사람에게 진실로 상을 주고, 죄가 있는 사람에게 반드시 벌을 줌.
來 올래 |7급| 人부수, 총 8획	주나라가 하늘로부터 받은 상서로운 보리[來麰] [周所受瑞麥來麰 一來二縫 象芒束之形 天所來也, 故爲行來之來]	• 來日(내일) • 興盡悲來(흥진비래) : 즐거운 일이 다하면 슬픈 일이 온다는 뜻으로, 세상일이란 돌고 돎. • 說往說來(설왕설래) : 시비의 분별을 위해 옥신각신함.

未亡人(미망인)	《춘추좌씨전》의 〈장공편(莊公篇)〉에 나오는 말이다. 그 내용을 보면, 남편과 함께 죽어야 할 것을, 아직 죽지 못하고 있는 사람이란 뜻으로, 남편을 여읜 여자. 과부(寡婦)가 스스로를 겸손(謙遜)하게 일컫는 말이다.

터닦기 今 조합 한자 공부

씨앗 심기 今(이제 금) 吟(신음할 음) 含(머금을 함) 貪(탐할 탐)

싹틔우기 **스토리 연상 학습 2**

〔지금 今〕가게에 들어가서 피자와 치킨을 선택하여 먹을 경우, 어떤 이는 음식점에 온 것만으로도 기뻐 흥겨운 노랫가락을 절로 〔읊조리 吟〕지만, (식탐가食貪家)는 자기 할당 분을 입에 〔머금고 含〕또 다른 먹을 대상을 생각한다.

나무 키우기	**꽃 피우기**	**열매 맺기**
 이제 금 ｜6급｜ 人부수, 총 4획	'스 + ㄱ'으로, 지금 모임[스]에 있음[ㄱ] [是時也 從스ㄱ ㄱ, 古文及 是時也 : 今者對 古之偁. ※ ㄱ, 逮也 ㄱ亦聲 『說文』	• 今日(금일) • 今週(금주) • 今時初聞(금시초문) : 이제야 비로소 처음으로 들음.
 신음할 음, 탄식할 음, 읊을 음 ｜3급｜ 口부수, 총 7획	'ㅁ + 今(금)'으로, 입[ㅁ]으로 앓는 소리를 냄[呻也 從口 今聲]	• 吟味(음미) • 吟詠(음영) : 시부를 읊조림. • 吟風弄月(음풍농월) : 맑은 바람을 쐬며 시를 읊고 달을 바라보며 글을 지어 즐겁게 놂.

머금을 **함**,
용납할 **함**
|3급|
口부수, 총 7획
	'口 + 今(금)'으로, 입[口]속에
	음식을 머금고 있음[嗛也
	從口今聲『說文』銜也『廣
	韻』包也, 容也『正韻』-『康
	熙』]
		• 包含(포함)
		• 含蓄(함축)
		• 含哺鼓腹(함포고복) : "음식을 먹으며 배를 두
		  드린다."라는 뜻으로, 천하가 태평하여 즐거
		  운 모양.

 탐할 **탐** |3급| 貝부수, 총 11획	'貝 + 今(금)'으로, 어떤 물건 [貝]을 차지하고 싶은 지나 친 욕심을 냄[欲物也 從貝 今聲]	• 貪食(탐식) • 貪慾(탐욕) • 小貪大失(소탐대실) : 작은 것을 탐내다가 오히 려 큰 것을 잃음.

含哺鼓腹(함포고복) 《십팔사략(十八史略)》에 나오는 말이다. 요(堯)임금이 하루하루 태평하게 지내던 어느 날 정말로 세상이 잘 다스려지고 있는지 직접 알아보기 위해 미복(微服)을 하고 나갔다. 어느 네거리에 이르자, 아이들이 손을 맞잡고 노래를 불렀다.

"우리가 이처럼 사는 것은 모두가 임금님의 지극한 덕이네.

우리는 아무것도 알지 못하지만 임금님이 정하신 대로 살아가네.

〔立我烝民 莫匪爾極 不識不知 順帝之則〕"

마음이 흐뭇해진 요임금은 어느 새 마을 끝까지 걸어갔다. 이번에는 한 노인이 배를 두드리고 발로 땅을 구르며〔鼓腹擊壤〕흥겹게 노래를 부르고 있었다.

"해가 뜨면 일하고 해가 지면 쉬네.〔日出而作 日入而息〕

밭을 갈아먹고 우물을 파서 마시니〔耕田而食 鑿井而飲〕

임금님의 공이 내게 어디에 있는가?〔帝力何有于我哉〕"

요임금은 임금의 공을 전혀 느끼지 못하면서 태평하게 사는 노인의 모습에서 크게 만족했다는 글이다.

閨怨(규원) 王昌齡(왕창령)

閨中少婦不知愁	규중에서 근심 없이 사는 젊은 아낙네
春日凝妝上翠樓	봄날 짙게 화장하고 푸른 누각에 올라
忽見陌頭楊柳色	문득 언덕배기 버들을 보고
悔敎夫壻覓封侯	벼슬 위해 보낸 남편을 후회하네.

偶吟(우음) 洪顯周(홍현주)

旅夢啼鳥喚	객지에서 새소리에 깨니
歸思繞春樹	고향 생각이 봄나무에 맴도네.
落花滿空山	떨어진 꽃이 빈 산에 가득하니
何處故鄕路	고향 가는 길 어딘지 모르겠네.

11강

https://youtu.be/FNBpigJCgNs

부자(부수+자원) 좋아 한자 공부

人 부수와 亻 조합 한자를 공부해 봅시다.

| 터닦기 | 人 부수 한자 공부 |

| 씨앗 심기 | 傲(거만할 오) 件(물건 건) 何(멜 하) 似(비슷할 사) |

| 싹틔우기 | **스토리 연상 학습 1** |

진품과 〔비슷한 似〕 짝퉁 〔물건物件〕을 만류에도 〔오기傲氣〕로 사려는 친구를 〔어떻게 何〕 도울 수 있을까?

| 나무 키우기 | | 꽃 피우기 | | 열매 맺기 |

傲 傲

거만할 오

|3급|
人부수, 총 13획

'亻+敖(오)'로, 뽐내고 난 체하며 남에게 불손하게 대하는 사람[亻] [倨也 從人敖聲]

• 傲氣(오기) : 힘은 모자라면서도 남에게 지기 싫어하는 마음.
• 傲慢(오만) : 태도가 거만함.
• 傲霜孤節(오상고절) : 서릿발에도 굽히지 않고 굳게 지키는 절개란 뜻이며, 국화(菊花)를 말함.

件 件

물건 건, 사건 건

|5급|
人부수, 총 6획

'亻+牛'로, 소[牛]는 큰 동물[大物]이므로 여러 사람[亻]이 나누어 가질 수 있음[分也 從人從牛 牛大物 故可分]

• 物件(물건)
• 事件(사건)
• 事事件件(사사건건) : 일마다 조건마다. 모든 일마다.

| 何 [何]
멜 하, 어찌 하,
어떻게 하
\|3급\|
人부수, 총 7획 | '亻+可(가)'로, 사람[亻]이 어깨에 짐을 메고 감[儋也 從人可聲.〖注〗臣鉉等曰: 儋何, 卽負何也 借爲誰何之何]『段注』. | • 何必(하필) : 다른 방도를 취하지 아니하고 어찌 꼭. 어찌하여 반드시.
• 何如歌(하여가) : 고려 말에 이방원(李芳遠)이 지은 시조.
• 六何原則(육하원칙) : '기사'나 '보도 기사' 따위의 문장을 쓸때에 지켜야 하는 기본적인 원칙. 즉 '누가, 언제, 어디서, 무엇을, 어떻게, 왜'의 여섯 가지를 말함. |
| 似 [佀]
비슷할 사
\|3급\|
人부수, 총 7획 | '亻+以(이)'로, 사람[人]의 실제 모습과 비슷함[像也 從人以聲] | • 類似(유사)
• 似而非(사이비) : 겉으로 보기에는 비슷한 듯하지만, 근본적으로는 아주 다른 것을 말함.
• 非夢似夢(비몽사몽) : 꿈이 아닌 것 같기도 하고 꿈인 것 같기도 함. |

돋보기

傲霜孤節(오상고절) 《해동가요(海東歌謠)》에 나오는 글로, 조선 후기 문신이며 사륙문에 뛰어났던 이정보(李鼎輔, 1693~1766)가 쓴 '국화야 너는 어이'에 있다.

국화(菊花)야 너는 어이, 삼월동풍(三月東風) 다 지내고
낙목한천(落木寒天)에 네 홀로 퓌엿는다.
오상고절(傲霜孤節)은 너뿐인가 하노라.

이 작품은 국화(菊花)를 의인화한 것으로, '선비의 높은 절개와 굳은 지조'를 노래한 것이다.

| 터닦기 | 令 조합 한자 공부 |

| 씨앗 심기 | 令(명령 령) 命(명령 명) 領(목 령) 嶺(산길 령) |

| 싹틔우기 | **스토리 연상 학습 2** |

조조가 병사들을 〔거느리고 領〕 남양의 험준한 〔산고개 嶺〕를 넘어갈 때 갈증이 심하여 어떤 (명령命令)을 내려도 한 걸음도 전진하지 못했다.

나무 키우기	꽃 피우기	열매 맺기
 명령 **령**, 법령 **령** |5급| 人부수, 총 5획	'스 + 卩'로, 신표[卩]를 가진 사람이 대중을 모아 놓고[스] 명령함[發號也 從스卩] 發號也 : 号部曰號者, 嘑也. 口部曰嘑者, 號也. 發號者, 發其號嘑以使人也. 是曰令. 人部曰使者. 令也. 義相轉注 『段注』	• 發令(발령) • 朝令暮改(조령모개) : 아침에 명령을 내리고서 저녁에 다시 바꾼다는 뜻이며, 법령의 개정이 너무 빈번하여 믿을 수가 없음을 이르는 말. • 巧言令色(교언영색) : 번지르르하게 발라맞추는 말과 알랑거리는 낯빛.
 명령 **명**, 목숨 **명** |7급| 口부수, 총 8획	'口 + 令'으로, 입[口]으로 호령[令]하며 사람을 부림[使也 從口從令]	• 特命(특명) • 見危授命(견위수명) : 위험을 보면 목숨을 바친다는 뜻이며, 나라의 위태로운 지경을 보고 목숨을 바쳐 나라를 위해 싸우는 것을 말함. • 가인박명(佳人薄命) : 여자의 용모가 너무 아름다우면 운명이 기박함.

| 領
목 령,
우두머리 령,
거느릴 령,
다스릴 령, 옷깃 령
\|5급\|
頁부수, 총 14획 | '頁 + 令(령)'으로, 사람의 머리[頁]와 몸을 연결하는 목[項也 從頁令聲] | • 領相(영상) : 영의정의 별칭, 의정부의 으뜸 벼슬. 지금의 국무총리에 해당함.
• 領袖(영수) : 옷깃과 옷소매. 옷깃을 바로잡으면 옷을 입은 매무새가 바르게 되므로, 여럿 중의 우두머리.
• 項領之功(항령지공) : 큰 공이 있음. |
| 嶺
산길 령, 재 령,
봉우리 령
\|3급\|
山부수, 총 17획 | '山 + 領(령)'으로, 산[山]에 길이 있어 사람이 다닐 수 있는 곳[山道也 從山領聲] | • 分水嶺(분수령) : 비가 올 경우 빗물이 각각 반대쪽으로 갈라져 흐르는 산맥의 봉우리.
• 大關嶺(대관령) : 강릉시와 평창군의 경계에 있는 고개.
• 高峰峻嶺(고봉준령) : 높은 산봉우리와 험한 고개. |

돋보기

佳人薄命(가인박명) 《소동파시선(蘇東坡詩選)》에 나오는 글이다. 소식(蘇軾)이 항주(杭州), 양주(楊州) 등의 지방 장관으로 있을 때, 우연히 절간에서 어여쁜 여승(女僧)을 보고, 그녀의 아리따웠을 소녀 시절과 파란만장한 삶을 유추하여 여승(女僧)을 위한 7언 율시를 지었다. 이 시의 미련 7구에 "예로부터 미인의 운명은 기박(奇薄)한 경우가 많다(自古佳人多命薄)."라는 시구에 나온다. 요즘 이 말을 미인단명(美人短命)으로 말하는 사람도 있는데, '박명'이란 '수명의 짧음'을 가리키는 것이 아니라 "무언가 순탄치 못하고 어려움이 많았을 것이다."는 '평탄치 못한 인생행로'를 의미한다고 할 수 있다.

絶句(절구) 杜甫(두보)

江碧鳥逾白	강물이 파라니 새 더욱 희고
山靑花欲然	산이 푸르니 꽃이 더욱 붉다.
今春看又過	이 봄을 보고 또 지나가니
何日是歸年	어느 날이 돌아갈 해인가?

春曉〔봄날 새벽〕 孟浩然(맹호연)

春眠不覺曉	봄 잠에 날 새는 줄 몰랐더니
處處聞啼鳥	곳곳에서 새 우는 소리 들리는구나.
夜來風雨聲	간밤 비바람 소리에
花落知多少	꽃은 얼마나 졌을까?

〈唐詩選〉

12강

https://youtu.be/JGXQe7AdcSk

부자(부수+자원) 좋아 한자 공부

人 부수와 僉 조합 한자를 공부해 봅시다.

12강

터닦기 人 부수 한자 공부

씨앗 심기 **傍**(곁 방) **傷**(다칠 상) **儒**(선비 유) **付**(줄 부)

싹틔우기 **스토리 연상 학습 1**

한 (유학자儒學者)는 왕위를 물려〔주는 付〕 과정에서 서로 〔해치 傷〕는 제2 차 왕자의 난을 보며 가장 무서운 적(敵)은 바로 그 〔곁 傍〕에 있다고 했다.

나무 키우기 **꽃 피우기** **열매 맺기**

傍

곁 **방**

| 3급 |

人부수, 총 12획

'亻+旁(방)'으로, 서로 거리상으로 가까이에 있는 사람[亻] [近也 從人旁聲] 從人旁聲. 此擧形聲包會意也. 韻會無聲『段注』

- **傍人**(방인)
- **傍點**(방점) : 문장 가운데에서 보는 사람의 주의를 끌기 위하여 글자 옆이나 위에 찍는 점을 말함. 또《훈민정음》의 성조 표기법 중 하나로 평성(平聲)은 점이 없고, 거성(去聲)은 점이 1개, 상성(上聲)은 점 2개를 글자의 왼편에 찍는 방법.
- **惡傍逢雷**(악방봉뢰) : 죄 지은 사람의 옆에 있다가 벼락을 맞는다는 뜻이며, 나쁜 짓을 한 사람과 함께 있다가 죄 없이 벌을 받게 됨을 뜻함.

傷

다칠 **상**, 해칠 **상**, 애태울 **상**

| 4급 |

人부수, 총 13획

'亻+𥏻(상)'으로, 사람[亻]이 상처를 입음[創也 從人 𥏻省聲]

- **傷害**(상해)
- **不敢毁傷**(불감훼상) : 부모에게 받은 몸을 깨끗하고 온전하게 보전해야 함.

  신체의 몸, 터럭, 피부는 모두 부모님께서 물려주신 것이니,(身體髮膚 受之父母)

  이를 감히 훼손하지 않는 것이 효의 시작이다.(不敢毁傷 孝之始也)《효경》
- **傷弓之鳥**(상궁지조) : '화살에 맞아서 상처를 입은 새'라는 뜻이며, '어떤 일에 한번 놀란 사람은 그 조그만 일에도 겁을 내어 위축됨'을 비유함.

儒 약할 유, 선비 유, 유교 유 |4급| 人부수, 총 16획	'亻 + 需(수)'로, 육예(六藝)로 항리에서 가르치는 사람[亻] [柔也 術士之俑 從人需聲] 術士之俑 : 術, 邑中也. 因以 爲道之俑. 周禮. 儒以道得 民.『段注』	• 儒生(유생) • 老士宿儒(노사숙유) : 나이가 많고 학식이 풍부한 선비를 말함. • 焚書坑儒(분서갱유) : 진시황이 책을 불태우고 선비를 생매장하여 죽였다는 뜻으로, 가혹한 정치를 이르는 말.
付 줄 부, 청할 부 |3급| 人부수, 총 5획	'亻 + 寸'으로, 법도[寸]에 맞는 물건을 사람[人]에게 주며 대함[予也 從寸持物以對人]	• 付託(부탁) • 送付(송부) : 물건을 부치어 보냄. • 申申當付(신신당부) : 거듭하여 간곡히 하는 부탁.

돋보기

傷弓之鳥(상궁지조) 《전국책(戰國策)》〈초책(楚策)〉에 나오는 이야기이다. 전국시대 연(燕)·조(趙)·한(韓)·위(魏)·제(齊)·초(楚) 등 여섯 나라가 합종책으로 최강국인 진(秦)나라와 대치하고 있을 때, 조나라의 위가(魏加)가 초나라의 춘신군(春申君)에게 "과거 진나라와의 싸움에서 한번 패한 경험이 있는 장군 임무군(臨武君)을 또 다시 중용하는 것은 적당하지 않다."고 건의할 때 인용한 고사이다(魏加曰 臣少之時好射 臣願以射譬之可乎 春申君曰: 可. 加曰 異日者 更羸與魏王處京臺之下 仰見飛鳥 更羸謂魏王曰 臣爲王引弓虛發而下鳥. 魏王曰 然則射可至此乎. 更羸曰 可). 이 '상궁지조'는 명궁 경리(更羸)가 '활시위만 퉁겨서 새를 떨어뜨림'에서 유래한 것으로, 경궁지조(驚弓之鳥), 허발하조(虛發下鳥)라고도 한다. 우리말 속담에 "자라 보고 놀란 가슴, 솥뚜껑 보고 놀란다."는 말과도 통한다.

터닦기 僉 조합 한자 공부

씨앗 심기 儉(검소할 검) 劍(칼 검) 驗(시험할 험) 檢(검사할 검)

싹틔우기 스토리 연상 학습 2

(단군왕검檀君王儉)의 검은 〔칼 劍〕이나 〔검사하다 檢〕, 〔시험하다 驗〕의 뜻이 아니라 〔검소하다 儉〕의 한자이다.

나무 키우기	꽃 피우기	열매 맺기
儉 검소할 검 |4급| 人부수, 총 15획	'亻 + 僉(첨)'으로, 감히 마음대로 사치하지 못하도록 사람[亻]을 구속함[約也 從人 僉聲] 約也 : 約者 纏束也 儉者 不敢放侈之意『段注』	• 儉朴(검박) : 검소하고 수수함. • 不侈不儉(불치불검) : 의식주에 있어서 사치하지도 검소하지도 아니함. 곧 모든 면에 아주 수수함. • 勤儉節約(근검절약) : 부지런하고 알뜰하게 재물을 아낌.
劍 칼 검 |3급| 刀부수, 총 15획	'刄 + 僉(첨)'으로, 사람들이 누구나 소지하고 다닌 병기[刀] [人所帶兵也 從刄僉聲]	• 寶劍(보검) • 口蜜腹劍(구밀복검) : 입에는 꿀, 배에는 칼이란 뜻이며, 겉으로는 달콤한 태도로 상대를 유혹하면서 속으로는 상대를 해칠 생각을 가짐. 〈유사어〉 : 笑中有劍(소중유검) 表裏不同(표리부동) 面從腹背(면종복배) • 季札掛劍(계찰괘검) : "계찰이 칼을 걸다."의 뜻이며, 신의를 소중히 여김.

驗 말 이름 험, 시험할 험, 증험 험 | 4급 | 馬부수, 총 23획	'馬＋僉(첨)'으로, 본자는 '譣'. 말[馬] 이름을 뜻함[馬名 從馬僉聲] 馬名 : 今用爲譣 字. 證也, 徵也, 效也. 不知其 何自始. 驗行而譣廢矣『段 注』	• 證驗(증험) : 사실을 경험함. • 面接試驗(면접시험) • 實驗實習(실험실습)

檢
 	
봉할 검, 검사할 검
 	
| 4급 |
木부수, 총 17획
	'木＋僉(첨)'으로, 관가에서
	검사한 문서를 나무[木] 상
	자에 담아 글을 써 봉함[書
	署也 從木僉聲] 書署謂表書
	署函也『段注』
		• 檢索(검색)
		• 檢疫(검역) : 외국으로부터 전염병이 국내에
		  들어오는 것을 막기 위해 항구에서 들어오
		  는 사람의 건강 상태를 검사하는 일.
		• 不審檢問(불심검문) : 살피어 아는 것이 자세하
		  지 아니하거나 의심스러워 검문함.

季札掛劍(계찰괘검)　사마천《사기》에 있는 말이다.

오(吳)나라의 계찰(季札)이 처음 북쪽에 사신으로 갈 때, 서나라 임금을 방문(訪問)하였다. 그때 서(徐)나라 임금은 계찰의 칼을 보고 좋아하면서도 입으로 감히 말을 하지 못했다. 계찰은 마음속으로 그 사실을 알았으나, 상국(上國)에 사신을 가는 관계(關係)로 그 칼을 바치지 못했다. 돌아오는 길에 서나라에 들리니, 그 임금은 이미 죽었으므로, 이에 그는 보검을 풀어서 서나라 임금의 무덤 가에 있는 나무에 걸어 놓고 떠나니, 같이 있던 시종이 말했다.

"서나라 임금은 이미 죽었거늘, 오히려 누구에게 주는 겁니까?" 이에 계찰은 "그렇지 않다. 애초에 내가 마음으로 이미 그것을 허락(許諾)했거늘, 어찌 죽었다고 해서 그 마음을 배반할 수 있겠는가?" 이 같은 계찰의 태도에서 "신의를 소중히 여김"에 대한 유래가 만들어졌다.

大同江(대동강)　鄭知常(정지상)

雨歇長堤草色多	비 갠 긴 둑에 풀빛이 진한데
送君南浦動悲歌	님 보내는 남포에 슬픈 노래 절로 나오네.
大同江水何時盡	대동강 물은 언제 마를까?
別淚年年添綠波	이별의 눈물이 해마다 푸른 물결에 보태어지네.

〈大東詩選〉

盆城贈別〔분성에서 이별하며 주다〕　金安國(김안국)

燕子樓前燕子飛	연자루 앞에 제비는 날고
落花無數惹人衣	떨어지는 꽃잎 무수히 사람의 옷깃을 잡아끄네.
東風一種相離恨	봄바람 한 번 이별의 한을 심어 놓으니
腸斷春歸客又歸	애끊는 봄 가는데 그대마저 또 돌아가네.

〈慕齋集〉

13강

https://youtu.be/DLT8-r3R7kw

부자(부수+자원) 좋아 한자 공부

儿 부수와 兆 조합 한자를 공부해 봅시다.

터닦기 ▷ 儿 부수 한자 공부

씨앗 심기 ▷ 克(멜 극) 光(빛 광) 兒(아이 아) 兄(맏 형)

싹틔우기 ▷ **스토리 연상 학습 1**

> (사마광司馬光)은 나이 든 (형兄) 돌보기를 어린[아이 兒]처럼 했고, 어려운 일도 도맡아[이겨내며 克] 만수무강을 빌었다.

나무 키우기	꽃 피우기	열매 맺기
克 멜 극, 이길 극, 능할 극 |3급| 儿부수, 총 7획	지붕의 밑을 괴는 각목처럼, 어깨 위에 올린 무거운 짐을 능히 이겨냄[肩也 象屋下刻木之形 〖注〗徐鍇曰：肩, 任也. 負何之名也. 與人肩膊之義通, 能勝此物謂之克]	• 克服(극복) • 以柔克剛(이유극강)：부드러운 것으로 강(強)한 것을 이김. • 克伐怨慾(극벌원욕)：네 가지 악덕(惡德), 즉 남 이기기를 즐기는 일, 자기의 재능(才能)을 자랑하는 일, 원한(怨恨)을 품는 일, 욕심(慾心)을 내고 탐내는 일.
光 빛 광, 밝을 광, 영화로울 광 |6급| 儿부수, 총 6획	'火 + 儿'으로, 사람[儿]이 불[火]을 높이 들고 밝게 비춤[明也 從火在人上 光明意也]	• 光明(광명) • 九十春光(구십춘광)：석 달 동안의 화창한 봄날씨. 또는 노인의 마음이 청년처럼 젊음을 이르는 말. • 一寸光陰(일촌광음)：짧은 시간.

兒

아이 **아**, 사람 **아**

| 5급 |
儿부수, 총 8획

정수리[囟]가 아직 굳지 않은 갓난아이[儿]의 머리 모양[孺子也 象小兒頭囟未洽]

- 兒童(아동)
- 未熟兒(미숙아)
- 乞兒得錦(걸아득금) : 거지가 비단을 얻었다는 뜻이며, 제 분수에 넘치는 일을 지나치게 자랑함을 비유함.

兄

어른 **형**, 맏 **형**

| 8급 |
儿부수, 총 5획

'口 + 儿'으로, 좋은 말[口]로 길러 줌이 있는 사람[儿] [長也 從儿從口] 從儿從口 : 口之言無盡也. 故以儿口爲滋長之意. 今人評兄爲況老. 乃古語也. 用況者, 於古爲假借 『段注』

- 仁兄(인형) : 벗에 대한 높임말이며, 친구 간 상대편을 대접하여 부르는 인칭 대명사.
- 難兄難弟(난형난제) : 누가 더 낫다고 할 수 없을 정도로 서로 비슷함.
- 呼兄呼弟(호형호제) : 형이라 부르고 아우라 부른다는 뜻이며, 친형제처럼 가깝게 지냄.

一寸光陰(일촌광음) 주희(朱熹)의 《주문공문집》〈권학문(勸學文)〉시에 나온다.

소년은 늙기 쉽고 학문은 이루기 어렵다.
〔少年易老學難成〕

짧은 시간도 헛되이 보내지 마라.
〔一寸光陰不可輕〕

연못가의 봄풀은 아직 꿈에서 깨지도 않았는데
〔未覺池塘春草夢〕

계단 앞 오동나무 잎사귀는 벌써 가을 소리를 하는구나.
〔階前梧葉已秋聲〕

이 시(詩)의 주 내용은 배움에는 때가 있으니, 젊은 시절 그때를 놓치지 말고 부지런히 공부하라는 것이다.

터닦기 ▶ 兆 조합 한자 공부

씨앗 심기 ▶ 兆(조짐 조) 挑(돋울 도) 跳(뛸 도) 桃(복숭아 도)

싹틔우기 ▶ **스토리 연상 학습 2**

새들이 탐스런 〔복숭아 桃〕에 호기심을 〔돋우며 挑〕쳐 놓은 그물망을 〔뛰어 跳〕넘으려는 〔조짐 兆〕을 보이자 주인은 연신 호각을 불어댔다.

나무 키우기	꽃 피우기	열매 맺기
兆 조짐 조, 점괘 조 |3급| 儿부수, 총 6획	거북이 등이나 쇠뼈를 불에 구워 갈라진 모양[卜, 灼龜坼也. 從卜, 兆 象形『說文』古文𡴀省 按古文祇爲象形之字 小篆加卜-『康熙』]	• 吉兆(길조) • 徵兆(징조) : 어떤 일이 생길 기미가 미리 보이는 낌새. • 億兆蒼生(억조창생) : 용비어천가에서는 창생을 백성이라 했는데[蒼生 謂生民也《용비어천가》], 억조창생은 수많은 백성이나 사람을 말함.
挑 혼란스러울 조, 어지러울 조, 돋울 도 |3급| 手부수, 총 9획	'扌 + 兆(조)'로, 혼란스럽고 번뇌에 빠져있는 사람에게 손[扌]을 써 기운이나 정신 따위를 북돋음[撓也 從手兆聲] 撓者 : 擾也 煩也 撥動之. 左傳云挑戰是也『段注』	• 挑戰(도전) • 挑發(도발) : 전쟁·분쟁 등을 상대를 자극함으로써 일으키는 것. • 以琴心挑(이금심도) : 그리워하는 마음을 거문고 소리에 나타내어 상대의 마음을 움직임.

跳 뛸 도 |3급| 足부수, 총 13획	'足 + 兆(조)'로, 발[足] 힘을 이용하여 높이 뛰어오름[蹶也 從足兆聲 一曰躍也]	· 跳躍(도약) · 高跳(고도) : 높이뛰기를 말함. · 千里一跳(천리일도) : 큰 새가 단번에 천 리를 난다는 뜻이며, '먼 길을 짧은 시간에 가거나' 갑자기 성공함을 이르는 말.
桃 복숭아 도 |3급| 木부수, 총 10획	'木 + 兆(조)'로, 신선이 즐겨 먹는다는 복숭아나무[木]의 복숭아[果也 從木兆聲 〖注〗尧, 同桃]	· 桃花(도화) : 복숭아 꽃. · 桃源境(도원경) : 속계를 떠난 별천지. · 武陵桃源(무릉도원) : 중국 무릉 땅에 있는 복숭아 숲의 근원지를 말하며, 이 세상을 떠난 별천지를 이르는 말.

武陵桃源(무릉도원)　도연명의 〈도화원기(桃花源記)〉에 나오는 말이다.

"진나라 태원 때 무릉 사람이 고기잡이를 생업으로 하였는데, 하루는 배를 저어 가다가 문득 복사꽃 핀 숲을 만난다(晉太元中 武陵人捕魚爲業 緣溪行 忘路之遠近. 忽逢桃花林). 어부가 이를 이상히 여겨 다시 앞으로 배를 저어 가 굴 입구를 따라 들어가니, 갑자기 앞이 탁 트여 밝아지면서, 기름진 논밭과 아름다운 연못 등이 있었고, 노인과 어린아이들이 모두 태평하고 즐겁게 생활하고 있었다."는 이야기이다.

이 글의 무릉도원이 전설적인 중국의 "속세를 떠난 별천지 또는 이상향"을 말함.

浿江歌〔패강의 노래〕 林悌(임제)

浿江兒女踏春陽	평양의 처녀들 봄나들이 나왔는데,
江上垂楊正斷腸	강가의 수양버들 애끊게 하는구나.
無限煙絲若可織	저 많은 버들개지 모아 길쌈할 수 있다면,
爲君裁作舞衣裳	임의 옷 날아갈 듯이 지어 드리련만

〈白湖集〉

村居暮春〔늦은 봄 마을에 있으며〕 黃玹(황현)

桃紅李白已辭條	붉은 복사꽃 흰 오얏꽃 이미 졌네
轉眼春光次第凋	눈 들어 살펴보니 봄빛이 차례로 시들었구나.
好是西簷連夜雨	좋을 씨고! 서쪽 처마에 밤새껏 내린 비에
靑靑一本出芭蕉	청청한 한 줄기 파초가 솟았네.

14강

https://youtu.be/8rBSyCC7PNc

부자(부수+자원) 좋아 한자 공부

大 부수와 倉 조합 한자를 공부해 봅시다.

터닦기 大 부수 한자 공부

씨앗 심기 大(큰 대) 太(클 태) 天(하늘 천) 奪(빼앗을 탈)

싹틔우기 **스토리 연상 학습 1**

> 맹자는 〔하늘 天〕 같은 임금도〔큰 大, 太〕 잘못을 하면 백성의 힘으로 그 자
> 리를 〔빼앗 奪〕을 수 있다고 했다.

나무 키우기 ▶	꽃 피우기 ▶	열매 맺기 ▶
 큰 대 |8급| 大부수, 총 3획	두 팔과 다리를 벌리고 선 사람의 모습[天大 地大 人 亦大焉 象人形]	• 廣大(광대) • 大團圓(대단원) : 연극 등에서 사건에 엉킨 실 마리를 풀어 결말을 짓는 마지막 장면. • 針小棒大(침소봉대) : 바늘을 큰 몽둥이라 하듯, 작은 일을 크게 불리어 말함.
 미끄러울 태, 클 태 |6급| 大부수, 총 4획	'大+丶'으로, 크기가 매우[丶] 커서[大] 막히지 않고 원활 히 잘 통함[滑也 一曰大也 通也『說文』-『康熙』]	• 太極旗(태극기) • 天下太平(천하태평) • 旱時太出(한시태출) : 가뭄에 콩 나듯 한다는 뜻 이며, 일이나 물건이 드문드문 나타난다는 말.

天 하늘 **천** ｜7급｜ 大부수, 총 4획	'一+大'로, 사람[大]의 머리 위로 끝없이 펼쳐진 하늘 [一] [顚也, 至高無上 從一 大]

- 知天命(지천명) : 공자가 50세에 천명(天命)을 알게 됨에서, 나이 50세를 가리킴.
- 不俱戴天(불구대천) : '함께 하늘을 이고 살 수 없다.'는 뜻이며, 원한이 깊이 사무침.
- 天道是非(천도시비) : '천도는 옳은가 그른가'라는 뜻으로, 얄궂은 운명에 대한 한탄.

> 한(漢)나라 무제(武帝) 때, 사마천이 5천의 군사로 흉노와 대적하다 포로가 된 이릉(李陵)을 비호했는데, 그 이유로 궁형(宮刑)을 당한다. 사마천은《사기》'백이숙제열전'에서 "천도(天道)는 공평무사하여 언제나 착한 사람의 편을 든다."고 했는데, 그렇지 않은 경우가 많다면서 과연 천도는 있는 것인가, 없는 것인가? 한탄한 데서 나온 말이다.

奪 떠날 **탈**, 빼앗을 **탈**, 잃을 **탈** ｜3급｜ 大부수, 총 14획	'又 + 奞'로, 손[又]에 가지고 있던 새가 날개 치며[奞] 빠져나감[手持隹失之也 從又 從奞]

- 掠奪(약탈) : 폭력을 써서 무리하게 빼앗음.
- 換骨奪胎(환골탈태) : 옛사람이나 타인의 글에서 그 형식이나 내용을 모방하여 자기의 작품으로 꾸미는 일로, 형식은 환골, 내용은 탈태를 가리킴. 또 용모가 환하고 아름다워 딴 사람처럼 됨.
- 削奪官職(삭탈관직) : 죄 지은 자의 벼슬과 품계를 빼앗고 벼슬아치 명부에서 지워버림.

 돋보기

不俱戴天(불구대천)　《예기》〈곡례〉편에 나오는 말이다.

"아버지의 원수는 더불어 하늘을 같이 할 수 없고, 형제의 원수는 집에 무기를 가지고 올 사이가 없으며[항상 무기를 지니고 다니다가 원수를 만나면 당장 죽여야 한다], 친구의 원수는 나라를 같이하여 살 수 없다[父之讎 弗與共戴天 兄弟之讎 不反兵 交遊之讎 不同國]."고 했다.

이 글은 아버지, 형제, 친구의 원수는 세상을 같이하며 살 수 없는 사람이므로, 반드시 없애야 할 대상으로 설명하였다. 이같이 원수지간을 뜻하는 유사 성어로는 戴天之讎(대천지수), 犬猿之間(견원지간), 氷炭之間(빙탄지간)이 있다.

| 터닦기 | 倉 조합 한자 공부 |

| 씨앗 심기 | 倉(곳집 창) 創(다칠 창) 蒼(푸를 창) 滄(큰바다 창) |

| 싹틔우기 | **스토리 연상 학습 2** |

〔푸른 蒼〕〔큰 바다 滄〕가 보이는 회사에 도착하여 〔창고 倉〕 안으로 들어가니 매실 식초를 〔처음 만드신 創〕 103살 할머니께서 반갑게 맞이했다.

나무 키우기	꽃 피우기	열매 맺기
倉 倉 곳집 **창**, 갑자기 **창** ┃3급┃ 人부수, 총 10획	'食 + □'로, 누렇게 익은 곡식[食]을 저장하는 창고[□] [穀藏也 倉黃取而藏之 故謂之倉 從食省, □象倉形]	• 倉庫(창고) • 義倉(의창) : 봄에 곡식을 빌려 주고 가을 추수기에 받아들이는 고려와 조선시대의 빈민 구호 기관. • 倉卒之間(창졸지간) : 미처 어찌할 수 없는 순식간.
創 剏 다칠 **창**, 비롯할 **창**, 처음 만들 **창** ┃4급┃ 刀부수, 총 12획	'リ + 倉'으로, 칼[リ]로 상처를 냄[傷也 從刃 或從倉] 㓱或從倉. 從刀倉聲也.	• 創刊(창간) • 創作(창작) • 創業守成(창업수성) : '창업이 수성난(創業易 守成難)'의 준말로, 나라를 세우는 일은 쉬우나 나라를 지켜나가는 일이 어렵다는 뜻.

蒼 푸를 창, 무성할 창 |3급| 艸부수, 총14획	'艸 + 倉(창)'으로, 푸른색의 풀[艸]이 무성하게 자람[艸 色也 從艸倉聲]	· 蒼白(창백) · 蒼空(창공) · 鬱鬱蒼蒼(울울창창) : 큰 나무들이 빽빽이 들어 서 우거진 모습.
滄 찰 창, 푸른 바다 창, 큰 바다 창 |3급| 水부수, 총13획	'ㆍ氵 + 倉(창)'으로, 넓은 바다 의 차가운 물[氵] [寒也 從 水倉聲]	· 滄波(창파) · 滄海一粟(창해일속) : 넓고 푸른 바다에 한 알 의 좁쌀. 극히 매우 작음을 비유. 유사어로는 九牛一毛(구우일모), 大海一滴(대해일적)이 있음. · 滄桑之變(창상지변) : 푸른 바다가 뽕밭이 되 듯이, 세상일의 변화가 매우 심함을 비유.

滄桑之變(창상지변)　〈대비백두옹(代悲白頭翁)〉이란 장시(長詩)에 나온다. 그 시의 일부를 보면,
"낙양성 동쪽에 핀 복사꽃 오얏꽃 이리저리 날리며 뉘 집에 떨어지는가? 여인네들
은 청춘을 아쉬워하며 떨어지는 꽃잎을 보고 한숨짓네 봄이 가고 꽃 지고 젊음도 지
니 다음 해 꽃 필 땐 그 누가 젊음을 그대로 간직할 수 있을까? 송백나무 잘려서 땔
감이 되고 뽕 나무밭이 변하여 바다가 되네."

　　洛陽城東桃李花 飛來飛去落誰家
　　洛陽女兒惜顔色 坐見落花長嘆息
　　今年花落顔色改 明年花開復誰在
　　已見松柏摧爲薪 更聞桑田變成海

이는 '상전벽해(桑田碧海)'라는 말로 더 많이 알려져 있으며, 세상일의 변화가 매우
심함을 비유한 말이다.

山中答俗人〔산중에서 속세의 사람에게 답하다〕 李白(이백)

問余何意棲碧山	나에게 왜 푸른 산에 사느냐고 묻기에
笑而不答心自閑	웃으며 대답하지 않았으나 마음은 저절로 한가롭네.
桃花流水杳然去	복사꽃 떨어져 흐르는 물이 아득히 흘러가니
別有天地非人間	따로 천지가 있어 인간 세상이 아니라네.

〈李白詩全集〉

送元二使安西〔안서로 가는 원이를 송별하다〕 王維(왕유)

渭城朝雨浥輕塵	위성의 아침 비 가벼운 티끌을 적시니
客舍靑靑柳色新	객사의 푸르고 푸른 버들 빛 새롭기만 하네.
勸君更進一杯酒	그대에게 다시 한 잔 술 권하노니
西出陽關無故人	서쪽 양관을 나서면 술 권할 친구도 없다네.

〈王右丞集〉

15강

https://youtu.be/z8uOfmjVdrw

부자(부수+자원) 좋아 한자 공부

立 부수와 立 조합 한자를 공부해 봅시다.

터닦기 ▶ 立 부수 한자 공부

씨앗 심기 ▶ 童(아이 동) 章(글월 장) 竝(나란히 할 병) 競(다툴 경)

싹틔우기 ▶ **스토리 연상 학습 1**

〔나란히 竝〕함께 〔글 章〕공부하는 (학동學童)과 (경쟁競爭)해야 하는 현 입시제도를 비판하는 사람들이 많다.

나무 키우기	꽃 피우기	열매 맺기

童

종동, 어리석을 동,
아이 **동**

| 6급 |
立부수, 총 12획

'辛 + 里 ← 重(중)'으로, 남자 중 죄[辛]를 범하여 노역에 종사하는 사람[男有辠曰奴 奴曰童 女曰妾 從辛重省聲]
※ '奴'는 童을 뜻함. 현재는 '僮'의 뜻으로 가차됨.

• 童顏(동안)
• 神童(신동)
• 樵童汲婦(초동급부) : 땔나무를 하는 아동과 물을 긷는 아낙네라는 뜻으로, 평범한 사람을 이르는 말. 유사 성어로는 甲男乙女(갑남을녀), 善男善女(선남선녀), 愚夫愚婦(우부우부), 張三李四(장삼이사), 匹夫匹婦(필부필부)가 있음.

章

악장 **장**, 글월 **장**,
단락 **장**

| 6급 |
立부수, 총 11획

'音 + 十'으로, 음악[音]의 일장(一章)을 마침[十] (樂曲十篇)[樂竟爲一章 從音從十 十 數之終也] 十, 數之終也 『段注』

• 章句(장구)
• 典章(전장) : (한 나라의) 제도와 문물. 법칙(法則). 규칙(規則).
• 斷章取義(단장취의) : 남의 시문(詩文) 중에서 전체의 뜻과는 관계없이 자기가 필요한 부분만을 따서 마음대로 해석하여 씀. 또 그러한 일을 통해 자신의 주장을 합리화하는 일.

竝 血 나란히 할 **병**, 아우를 **병**, 함께 **병** |3급| 立부수, 총 10획	'立+立'으로, 땅 위에 두 사람[立]이 함께 서 있음[竝也 從二立]	· 竝列(병렬) · 竝進(병진) · 竝州故鄕(병주고향) : 오래 살던 타향을 고향에 견주어 이르는 말. 즉 제2의 고향.
競 血 다툴 **경**, 성할 **경** |5급| 立부수, 총 20획	'誩+二人'으로, 두 사람[二人]이 소리 높여 말다툼함[誩] [彊語也 一曰逐也 從誩 從二人] ※甲骨, 金文 : 互相角逐而行	· 競爭(경쟁) · 南風不競(남풍불경) : 중국 남쪽의 음악은 음조가 미약하고 활기가 없다는 뜻이며, 대체로 세력이 크게 떨치지 못함을 이르는 말. · 寸陰是競(촌음시경) : '尺璧非寶 寸陰是競'의 준말이며, 한 자의 구슬이 보배가 아니요, 짧은 시간이 귀중한 것이니 아껴야 함.

돋보기

南風不競(남풍불경) 《춘추좌씨전》에 있는 이야기이다. 춘추 말엽, 진(晉)나라를 맹주로 하는 노(魯)나라·위(衛)나라·정(鄭)나라의 연합군이 제(齊)나라를 공격하였다. 이때, 정(鄭)나라의 주력부대가 제나라를 공격하기 위해 출정한 틈을 이용하여 초나라 군대가 정나라를 치기 위해 출동하였다는 보고가 진(晉)나라에 전해졌다.

이에 악관(樂官) 사광(師曠)이 말하였다.

"해가 되지는 않는다. 나는 자주 북풍을 노래하고 또 남풍을 노래했지만, 남풍은 생기가 없고 죽음의 소리가 많다. 초나라는 반드시 공이 없을 것이다[不害 吾驟歌北風 又歌南風 南風不競 多死聲 楚必無功]."

이 말은 초나라가 정나라를 공격해도 큰 해를 끼칠 수 없다는 비유로, "대체로 세력이 크게 떨치지 못함"을 이르는 말.

터닦기 立 조합 한자 공부

씨앗 심기 立(설 립) 位(자리 위) 泣(울 읍) 竟(마침내 경)

싹틔우기 **스토리 연상 학습 2**

반도에 (위치位置)한 우리나라는 배고파 〔울던 泣〕 시기도 있었으나 〔마침
내 竟〕 이를 극복하고 우뚝 〔선 立〕 국가가 되었다.

나무 키우기	꽃 피우기	열매 맺기
立 설 립 |7급| 립부수, 총 5획	'大+一'로, 사람[大]이 땅[一] 위에 서 있음[住也 大在一 之上〖注〗臣鉉等曰：大人也. 一地也. 會意] 甲骨文象一 人正面立地之形 本義：筆直 的站立-『漢典』	• 立身(입신) • 孤立無援(고립무원)：고립되어 도움을 받을 데 가 없음. • 立錐之地(입추지지)：송곳 하나 꽂을 만한 땅이 란 뜻이며, 매우 좁아 조금도 여유가 없음의 비유.
位 자리 위, 위치 위 |5급| 人부수, 총 7획	'イ+立'으로, 조정의 벼슬 반열에서 사람[人]이 서[立] 야 할 위치[列中庭之左右謂 之位 從人立] 人站在朝廷上 本義：官吏在朝廷上站立的 位置-『漢典』	• 位置(위치) • 南面之位(남면지위)：임금이 앉는 자리의 방향 이 남향이었다는 데서, '임금의 자리'를 가리 키는 말. • 尸位素餐(시위소찬)：시동의 공짜 밥이란 뜻이 며, 하는 일 없이 국가의 녹을 축내는 정치인 을 비유한 말.

泣

울 읍

|3급|
水부수, 총 8획

'氵 + 立(립)'으로, 소리 없이 눈에서 나오는 눈물[氵] [無聲出涕曰泣 從水立聲]

· 哭泣(곡읍) : 소리 내어 슬프게 욺.
· 號泣(호읍) : 소리를 내어 부르짖으며 욺, 또는 그 울음.
· 泣斬馬謖(읍참마속) : 제갈량이 울면서 마속을 벤다는 뜻이며, 법의 공정한 집행을 위해 사사로운 정을 버림을 비유함.

> 《삼국지》에 나오는 이야기로, 촉한(蜀漢)의 제갈량이 위(魏)의 사마의와의 가정(街亭) 전투에서 약속을 어기고 싸워 참패한 마속(馬謖)을 군율에 따라 처형하지 않을 수 없었다. 제갈량이 무거운 마음으로 마속의 처형을 집행하는 날 장완(張琬)이 "마속 같은 유능한 장수를 잃는 것은 나라의 손실이다."라 설득했으나 제갈량은 듣지 않았다. 마속이 형장으로 끌려가자, 제갈량은 소맷자락으로 얼굴을 가리고 마룻바닥에 엎드려 울었다 한다. 泣斬馬謖은 '울면서 마속을 벤다.'는 뜻으로, 법의 공정한 집행을 위해 사사로운 정을 버림의 비유로 쓰인다.

竟

끝날 경,
마침내 경

|3급|
立부수, 총 11획

'音 + 儿'으로, 연주자[儿]가 한 악곡(樂曲) [音]의 연주를 끝냄[樂曲盡爲竟 從音儿]

· 畢竟(필경) : 끝장에 가서는.
· 有志竟成(유지경성) : 뜻이 있어 마침내 이루다라는 말이며, 이루고자 하는 뜻이 있는 사람은 반드시 성공함.
· 究竟現觀(구경현관) : 육현관(六現觀)의 하나이며, 모든 번뇌를 끊어 더 닦을 것이 없는 경지의 청정한 지혜.

尸位素餐(시위소찬)

《한서(漢書)》〈주운전(朱雲傳)〉에 나오는 이야기이다. "오늘날 조정 대신들이 위로는 임금을 바로잡지 못하고 아래로 백성들을 유익하게 못하니 다 공적 없이 녹만 받는 시위소찬자들이다[皆尸位素餐者也]."라는 글이 있다.
옛날 중국에서는 제사를 지낼 때 조상의 혈통을 이은 어린아이를 조상의 신위에 앉혀 놓는 풍습이 있었다. '시위(尸位)'는 시동이 앉아 있는 자리의 뜻이고, '소찬(素餐)'은 제사상에 놓인 수수한 반찬이란 말로, 아무것도 모르면서 남이 만들어 놓은 자리에 앉아 공짜 밥이나 먹고 있음을 뜻하며, '하는 일 없이 국가의 녹을 축내는 관리'를 가리키는 말이다.

黃鶴樓送孟浩然之廣陵〔황학루에서 광릉으로 가는 맹호연을 보내며〕 李白(이백)

故人西辭黃鶴樓	친구는 서쪽으로 황학루를 하직하고
煙花三月下揚州	춘삼월 꽃 안갯속 양주로 내려간다.
孤帆遠影碧空盡	외로운 돛의 먼 그림자 푸른 허공에 사라지고
唯見長江天際流	보이는 건 다만 장강의 물 하늘가로 흐름이어라!

竹枝詞(죽지사)   劉禹錫(유우석)

山桃紅花滿上頭	산 복숭아 붉은 꽃 산머리에 가득하고
蜀江春水拍山流	촉강의 봄물이 산을 부딪치며 흐르네.
花紅易衰似郎意	쉽게 시드는 붉은 꽃은 님의 마음 같고,
水流無限似儂愁	하염없이 흐르는 강물은 나의 시름 같구나.

江南逢李龜年〔강남에서 이구년을 만나다〕   杜甫(두보)

岐王宅裏尋常見	기왕의 집에서 늘 그대를 보았고
崔九堂前幾度聞	최구의 집에서 몇 번이나 노래를 들었던가.
正是江南好風景	정히 이 좋은 날 강남의 풍경에서
落花時節又逢君	꽃이 지는 시절에 다시 그대를 만났네.

16강

https://youtu.be/i3s9-95FZ4c

부자(부수+자원) 좋아 한자 공부

走와 包 조합 한자를 공부해 봅시다.

터닦기　走 조합 한자 공부

씨앗 심기　走(달릴 주)　徒(걸을 도)　赴(나아갈 부)　越(넘을 월)

싹틔우기　## 스토리 연상 학습 1

> 우당 이회영과 그 6형제는 (도보徒步)로 국경을 〔넘어 越〕 만주 벌에 〔나아가 赴〕 독립운동을 위해 (동분서주東奔西走)했다.

나무 키우기	**꽃 피우기**	**열매 맺기**

走
달릴 주

|4급|
走부수, 총 7획

'夭+止'로, 몸을 구부리고[夭] 발걸음[止]을 빨리하는 모양[趨也 從夭止 夭止者 屈也]

- 走馬燈(주마등) : 돌아가는 대로 그림이 따라 돌아 보이는 등을 말하며, 사물이 덧없이 빨리 변함을 비유함.
- 走爲上策(주위상책) : 해를 피하려면 달아나는 것이 상책이라는 말.
- 東奔西走(동분서주) : 동쪽, 서쪽으로 뛴다는 뜻이며, 이리저리 몹시 바쁘게 돌아다님을 말함.

徒
걸을 도, 무리 도
다만 도

|4급|
彳부수, 총 10획

'辵+走←土(토)'로, 본자는 '迌'. 목적지에 이르기 위해 길을 걸어감[辵] [本作迌 步行也 從辵土聲]

- 徒步(도보)
- 徒黨(도당) : 떼를 지은 무리, 또는 불순(不順)한 사람들의 무리.
- 無爲徒食(무위도식) : 하는 일 없이 먹고 놀기만 함.

赴 나아갈 **부**, 부임할 **부** |3급| 走부수, 총9획	'走 + 卜←仆(부)'로, 목적지에 이르기 위해 빨리 달려 감[走] [趨也 從走仆省聲] 赴 至也『爾雅·釋詁』趨而至也『疏』-『康熙』	· 赴任(부임) · 赴役(부역) · 赴湯蹈火(부탕도화) : 끓는 물이나 뜨거운 불도 헤아리지 않고 뛰어든다는 뜻으로, 목숨을 걸고 하는 아주 어렵고 힘든 고욕이나 수난을 이르는 말.
越 **越** 넘을 **월** |3급| 走부수, 총12획	'走 + 戉(월)'로, 시간이나 규칙 등을 뛰어[走]넘음[度也 從走戉聲] 本義 : 經過, 越過-『漢典』	· 越權(월권) · 越犬吠雪(월견폐설) : 월(越)나라 개가 눈을 보고 짖는다는 뜻으로, 어리석고 식견이 좁은 사람이 예삿일에 의심을 품거나 크게 놀람을 비유한 말. · 吳越同舟(오월동주) : 원수지간인 오나라와 월나라 사람이 한 배를 타고 있다는 뜻이며, 서로 미워하면서도 공동의 어려움이나 이해 관계에 대해서는 협력하는 경우를 이르는 말.

돋보기

吳越同舟(오월동주) 《손자》〈구지편〉에 나온다. 여기에서는 사지(死地)에 처했을 때, 유능한 장수는 어떻게 해야 하는가를 담고 있다. 그 내용의 일부를 보면 다음과 같다.

"무릇 오나라 사람과 월나라 사람은 서로를 미워했다[夫吳人與越人相惡也]. 그런데 그들도 같은 배를 타고 강을 건널 때 풍랑을 만나면[當其同舟而濟遇風], 서로 돕기를 마치 왼손과 오른손이 힘을 합하는 것과 같다[其相救也若左右手]."라 했다.

이 글에서 볼 수 있는 것처럼, 서로 미워하면서도 공동의 어려움이나 이해관계에 대해서는 왼손과 오른손처럼 힘을 합한다. 유사 성어로는 동주공제(同舟共濟), 환난여공(患難與共), 풍우동주(風雨同舟), 동감공고(同甘共苦)가 있다.

| 터닦기 | 包 조합 한자 공부 |

| 씨앗 심기 | 包(쌀 포) 胞(태보 포) 飽(배부를 포) 抱(안을 포) |

싹틔우기 스토리 연상 학습 2

(동포同胞)간 비극이 발발하자 〔배부른 飽〕 아낙네도 짐 보따리를 〔싸 包〕 아이를 등에 업고 가슴에 〔안은 抱〕 채 피난길을 재촉했다.

나무 키우기	꽃 피우기	열매 맺기
包 쌀 포 |4급| 勹부수, 총 5획	사람이 임신하여 태(胎)가 아이를 감싸고 있음[妊也 象人裏妊 巳在中 象子未成形也]	• 包容(포용) • 包圍(포위) • 包藏禍心(포장화심) : 남을 해칠 마음을 품음.
胞 태보 포 |4급| 肉부수, 총 9획	'肉 + 包'로, 태아[肉]를 싸고[包] 있는 포[兒生裹也 從肉包]	• 同胞(동포) • 細胞(세포) • 四海同胞(사해동포) : 천하의 모든 사람들이 모두 형제.

飽 배부를 포 |3급| 食부수, 총 14획	'食 + 包(포)'로, 배불리 많이 먹어[食] 더 먹기 싫음[猒也 從食包聲]	• 飽滿(포만) : 무엇이나 그 용량에 충분히 참. • 飽享(포향) : 흡족하게 누림. • 飽食暖衣(포식난의) : 배부르게 먹고 따뜻하게 옷을 입는다는 뜻이며, 의식(衣食)이 넉넉하여 불편함이 없이 편하게 지냄을 이르는 말.
抱 안을 포 |3급| 手부수, 총 8획	'扌 + 包(포)'로, '褒, 捊'자와 통용. 두 팔[扌]을 벌려 가슴 쪽으로 끌어당기거나 그렇게 하여 품 안에 있게 함[褒, 俗作抱『說文』-『康熙』] ※ 褒 : 裹也 從衣包聲 〖注〗臣鉉等曰 : 今俗作抱 非是. 抱與捊同『說文』	• 抱負(포부) • 抱腹絕倒(포복절도) : 배를 안고 넘어진다는 뜻으로, 몹시 웃음을 이름. • 抱薪救火(포신구화) : "땔나무를 안고 불을 끄러 간다."는 뜻이며, 재해를 방지하려다가 자기도 말려 들어가 자멸하거나 도리어 크게 손해를 입음을 이르는 말.

飽食暖衣(포식난의) 《맹자》〈등문공상편〉에 나오는 말이다.
"배불리 먹고, 따뜻이 입으며, 편히 살면서, 가르침이 없다면, 곧 금수에 가까울 것이니, 성인은 그것을 근심하였다[飽食暖衣 逸居無敎 卽近禽獸 聖人憂之]."라 하였고, 《명심보감》에서는 "배불리 먹고, 따뜻하게 입고, 제 몸만 힘써 지키는 자는, 몸은 비록 편안하나, 그 자손은 어찌할 것인가?[飽食煖衣 怡然自衛者 身雖安 其如子孫 何]."라 말했다. 모두 '편안함의 경계'와 '교육의 중요성'을 강조함.

有客〔나그네〕 金時習(김시습)

有客淸平寺	청평사 나그네
春山任意遊	춘산에 뜻대로 노니는데,
鳥啼孤塔靜	새가 우니 외로운 탑 고요하고
花落小溪流	꽃은 떨어져 작은 시내로 흐르네.
佳菜知時秀	아름다운 나물 때를 알아 돋아나고
香菌過雨柔	향긋한 버섯 비 맞아 부드럽다.
行吟入仙洞	길 가며 읊조리며 선동(仙洞)에 들어서니
消我百年憂	나의 백 년 근심을 녹이네.

〈梅月堂集〉

17강

https://youtu.be/Qpau_G6fvd0

부자(부수+자원) 좋아 한자 공부

口 부수와 女 조합 한자를 공부해 봅시다.

17강

터닦기 ㅁ 부수 한자 공부

씨앗 심기 卷(책 권) 卽(나아갈 즉) 卵(알 란) 卿(벼슬 경)

싹틔우기 스토리 연상 학습 1

> 세종 (즉위卽位) 후 영의정 〔벼슬 卿〕을 오래 한 황희의 (계란유골鷄卵有骨)
> 이야기가 《송남잡지》란 〔책 卷〕에 전한다.

나무 키우기	꽃 피우기	열매 맺기

卷

두루마리 권,
책 권

|4급|
ㅁ부수, 총 8획

'ㅁ + 豢(변)'으로, 무릎을 구부린 것[巳]처럼, 폈다 말았다 할 수 있는 것[𠀎曲也 從ㅁ 豢聲] 一卷之書, 必立之師『揚子·法言』可舒卷者曰卷. 編次者曰帙『增韻』或作捲『韻會』-『康熙』※ 𠀎 古同膝. 豢,古文辨字『段注』

• 卷數(권수)
• 壓卷(압권) : 과거시험에서 가장 우수한 답안지를 다른 답안지 위에 올려놓아 내리누르는 형세라는 말이며, 여러 책 가운데 제일 잘된 것, 또는 여럿 중에서 가장 뛰어난 것.
• 手不釋卷(수불석권) : 항상 손에서 책을 놓지 않고 열심히 공부함.

卽

먹을 즉, 곧 즉,
나아갈 즉

|3급|
ㅁ부수, 총 9획

'皀 + ㅁ(절)'로, 고소한 냄새[皀]가 나도록 때를 잘 맞춰 밥 지음[卽食也 從皀ㅁ聲] 卽食也:卽, 當作節.『段注』.

• 卽刻(즉각)
• 卽位(즉위)
• 色卽是空(색즉시공) : 불교의 반야심경에 나오는 말이며, '색(色)'은, 곧 '공'이다는 뜻. 이 세상에 존재하는 모든 형체는 공(空)이며, 눈으로 보이는 외형은 일시적일 뿐 실체(實體)는 없다는 것.

| 卵

알 란

\|4급\|
卩부수, 총 7획 | 젖이 없는 동물이 낳은 알 모양[凡物無乳者卵生 象形] | · 產卵(산란)
· 危如累卵(위여누란) : 알을 쌓아놓은 것 같이 위태롭다는 뜻. 유사 성어로는 累卵之危(누란지위), 命在頃刻(명재경각), 百尺竿頭(백척간두), 焦眉之急(초미지급), 風前燈火(풍전등화)가 있음.
· 鷄卵有骨(계란유골) : '계란이 곯았다'라는 말로, 이것을 한문으로 옮기면서 마땅한 표현이 없어 유골(有骨), 즉 '골이 있다'로 적었다. 이 말은 재수가 없는 사람은 모처럼 좋은 기회를 만나도 일이 잘 안됨을 뜻함. |
| 卿

밝힐 경, 벼슬 경

\|3급\|
卩부수, 총 12획 | '卯 + 皀(급)'으로, 작위(爵位)에 대한 글을 잘 밝혀[卯] 놓음[章也 六卿 : 天官冢宰 地官司徒 春官宗伯 夏官司馬 秋官司寇 冬官司空. 從卯皀聲] 章也 : 白虎通曰卿之爲言章也. 章善明理也『段注』 | · 公卿(공경) : 영의정·좌의정·우의정의 삼공과 구경(九卿)을 아울러 이르는 말이며, 고관(高官)의 총칭.
· 卿士大夫(경사대부) : 영의정, 좌의정, 우의정 이외의 모든 벼슬아치.
· 名公巨卿(명공거경) : 정승, 판서 따위의 이름난 높은 벼슬아치들. |

🔍 돋보기

| 鷄卵有骨(계란유골) | 세종 때 영의정을 지낸 황희는 마음이 착하고 검소하게 살았다. 이에 상감(上監)께서는 그를 긍휼히 여기시고 한 모안을 내어 명하시되, "내일 아침 남대문을 통하여 들어오는 모든 물건을 황 정승에게 사주어라." 하셨다. 그러나 그날은 뜻밖에도 새벽부터 종일 비가 내려 상인이 한 사람도 없었다. 겨우 날이 저물어 시장이 파할 무렵 한 시골 영감이 달걀 한 꾸러미를 들고 들어왔으므로, 이를 사 주었으나 이 계란 또한 곯아서 먹을 수 없었다는 이야기이다. |

《송남잡지(松南雜識)》

터닦기　女 조합 한자 공부

씨앗 심기　女(여자 녀)　汝(너 여)　如(같을 여)　恕(용서할 서)

싹틔우기　**스토리 연상 학습 2**

사과는 사실을 전함이니 〔너 汝〕는 〔그녀 女〕에게 어머니 〔같은 如〕 사랑과
〔용서 恕〕를 구하지 마라.

나무 키우기	**꽃 피우기**	**열매 맺기**

女
여자 녀
|8급|
女부수, 총 3획

두 손을 깍지 끼고 무릎을
꿇고 바르게 앉아 있는 부
인의 모습[婦人也 象形 王
育說.〖注〗㐶, 古文] 婦人也
: 男, 丈夫也. 女, 婦人也『段
注』.

• 美女(미녀)
• 宮女(궁녀)
• 窈窕淑女(요조숙녀) : 말과 행동이 품위가 있
　으며 얌전하고 정숙한 여자.

汝
너 여
|3급|
水부수, 총 6획

'氵+女(여)'로, 중국 회수(淮水)
상류 삼각주를 싸고 흐르는
물[氵] 이름[水. 出弘農盧氏
還歸山 東入淮 從水女聲]

• 汝等(여등) : '너희'를 문어적으로 이르는 말.
• 汝輩(여배) : 너희 여럿. 너희들.
• 吾心卽汝心(오심즉여심) : '내 마음이 곧 당신의
　마음'이라는 뜻으로, 천도교 교조 최제우가
　한울님과의 대화에서 인간은 근본에서 같다
　고 한 말.

如 따를 여, 갈 여, 같을 여, 만일 여 |4급| 女부수, 총 6획	'女+口'로, 여자[女]는 아버지나 지아비의 가르침[口]을 따라야 함[從隨也 從女口 〖注〗徐鍇曰 : 女子從父之敎, 從夫之命, 故從口 會意]	• 如前(여전) • 如坐針席(여좌침석) : 바늘방석에 앉은 것처럼 몹시 불안함. • 危如朝露(위여조로) : 아침 햇살을 맞아 금세 말라버릴 이슬처럼 매우 위태로운 형세를 말함.
恕 어질 서, 용서할 서 |3급| 心부수, 총 10획	'心 + 如(여)'로, 사람이 본래 간직한 어진 마음[心] [仁也 從心如聲]	• 容恕(용서) • 忠恕(충서) : 충(忠)은 자신의 참된 마음을 다하는 것이고, 서(恕)는 참된 마음을 바탕으로 다른 사람의 마음을 헤아리는 것으로, 진실하고 너그럽게 대하여 인(仁)을 실천하는 방법임. • 情恕理遣(정서이견) : 사람을 대하는 것은 온후하고 도타우며, 일을 처리하는 것은 이치에 맞게 함을 뜻함.

窈窕淑女(요조숙녀) 《시경》〈관저〉장에 나오는 말이다.
"요조숙녀는 군자의 좋은 배필이요[窈窕淑女 君子好逑]."
"요조숙녀는 거문고와 비파의 조화처럼 우애한다[窈窕淑女 琴瑟友之]."
군자의 짝[逑]으로서 요조숙녀란, 늘 말과 행동이 품위가 있으며 사려 깊고 아름다운 심성을 소유한 사람이다. 오늘날 '아내'를 '안해'로 표현하여 '집안의 해'라 말하듯이, 군자와 세상을 함께 살며 거문고와 비파의 조화처럼 우애하는 화목한 삶의 주체라는 말이기도 하다.

乍晴乍雨〔잠깐 개다가 잠깐 비 오다 함〕　金時習(김시습)

乍晴乍雨雨還晴	잠깐 개다가 잠깐 비 오고, 비 오다가 다시 개니,
天道猶然況世情	천도도 오히려 그러하거늘 하물며 세상 인정이랴.
譽我便是還毁我	나를 기리다가 문득 도리어 나를 헐뜯고,
逃名却自爲求名	공명을 피하여 도망치더니 스스로 공명을 구하게 되도다.
花開花謝春何管	꽃이 피고 꽃이 지는 것을 봄이 어찌 관여하겠는가.
雲去雲來山不爭	구름이 가고 구름이 오는 것을 산은 다투지 않는다.
寄語世人須記認	세상 사람들에게 말하노니 모름지기 기억해 알아두어라.
取歡何處得平生	평생 만족할 기쁨을 어디에서 취할까?

18강

https://youtu.be/_hQrBZpFkJo

부자(부수+자원) 좋아 한자 공부

女 부수와 台 조합 한자를 공부해 봅시다.

터닦기 女 부수 한자 공부

씨앗 심기 奴(종 노) 姪(조카 질) 好(좋을 호) 娛(기뻐할 오)

싹틔우기 스토리 연상 학습 1

분재기(分財記)를 보면, (노비奴婢)도 유산의 대상이었고, 자신을 〔좋아하고 好〕〔기쁘게 娛〕해 준〔조카녀 姪女〕에게 전답을 물려준 사례도 있다.

나무 키우기 | **꽃 피우기** | **열매 맺기**

奴

종 노

|3급|
女부수, 총 5획

'女 + 又'로, 죄인[女]이 손[又]으로 일을 함[奴, 婢, 皆古之辠人也『周禮』曰: 其奴 男子入于辠隷 女子入于春藁 從女從又]

· 奴僕(노복)
· 奴婢(노비)
· 耕當問奴(경당문노) : "농사일은 마땅히 머슴에게 물어야 한다."는 뜻으로, 일은 항상 그 분야의 전문가와 상의하여 행해야 한다는 말.

姪

조카 질

|3급|
女부수, 총 9획

'女 + 至(지)'로, 형제자매의 자녀[女] [兄之女也 從女至聲] 女子謂兄弟之子也『段注』

· 堂姪(당질) : 사촌 형제의 아들.
· 叔姪(숙질) : 숙부와 조카.
· 姪女(질녀) : 형제자매의 딸인 조카딸.

好

아름다울 호,
좋을 호, 옳을 호

|4급|
女부수, 총 6획

'女 + 子'로, 남자[子]가 아름다운 여자[女]를 좋아함[媄也 從女子〖注〗徐鍇曰:子者, 男子之美偁 會意] 媄也: 各本作美也. 今正. 與上文媄爲轉注也. 好本謂女子. 引伸爲凡美之偁. 凡物之好惡, 引伸爲人情之好惡『段注』

- 好機(호기):좋은 기회.
- 好衣好食(호의호식):좋은 옷을 입고, 좋은 음식을 먹음. 즉 잘 입고 잘 먹음.
- 好事多魔(호사다마):좋은 일에는 흔히 방해되는 일이 많음.

娛

기뻐할 오,
즐거워할 오

|3급|
女부수, 총 10획

'女 + 吳(오)'로, 즐기며 기쁘게 사는 사람[女] [樂也 從女 吳聲]

- 娛樂(오락)
- 娛遊(오유):유람(遊覽)을 하며 즐겁게 놂.
- 綵衣以娛親(채의이오친):노래자가 70세의 나이에 색동옷을 입고 어버이를 즐겁게 했다는 데에서, 부모님께 효도하는 것을 말함.

돋보기

好事多魔(호사다마)

好事多魔(호사다마) 관련 글을 살펴보면, 청나라 조설근(曹雪芹)이 쓴 '홍루몽(紅樓夢)'에는 "옥에도 티가 있고, 좋은 일에는 탈도 많다[美中不足 好事多魔]."고 했고, 원말, 명초의 고명(高明)이 쓴 '비파기(琵琶記)'에는 "좋은 일에는 어려움이 많고 풍파가 일어날 줄을 누가 알겠는가?[誰知好事多魔起風波]"라 했으며, 금나라 동해원(董解元)이 쓴 '서상기제궁조(西廂記諸宮調)'에는 "참으로 좋은 시기는 얻기 어렵고, 좋은 일을 이루려면 많은 풍파를 겪어야 한다[眞所謂佳期難得 好事多魔]."고 했다.

터닦기 台 조합 한자 공부

씨앗 심기 始(처음 시) 治(다스릴 치) 怠(게으를 태) 殆(위태할 태)

싹틔우기 스토리 연상 학습 1

〔게으른 怠〕행동부터 잘 〔다스려 治〕야 성공의 (시작始作)이 순조로워, 그 결과 또한 〔위태하지 殆〕 않다.

나무 키우기	**꽃 피우기**	**열매 맺기**
始 처음 시, 시작할 시 ㅣ6급ㅣ 女부수, 총 8획	'女 + 台(이)'로, 여자[女]가 옷을 만들기 위해 베를 처음 자름[女之初也 從女台聲] 女之初也 : 釋詁曰初, 始也. 此與爲互訓. 初, 裁皆衣之始也. 基者, 牆之始也. 凡言之者皆分別之䛐『段注』	• 始終(시종) • 創始(창시) • 始終一貫(시종일관) : 처음부터 끝까지 똑같은 방침이나 태도로 나감을 뜻함.
治 다스릴 치, 병 고칠 치 ㅣ4급ㅣ 水부수, 총 8획	'ㅣ + 台(태)'로, 산동성(山東省) 양구산(陽丘山)에서 발원한 강[水] 이름[水. 出東萊曲城 陽丘山 南入海 從水台聲]	• 治療(치료) • 治山治水(치산치수) : 산과 물을 다스려 재해(災害)를 막는 일. • 治國平天下(치국평천하) : 나라를 잘 다스리고 온 세상을 편안하게 함.

怠 게으를 태, 거만할 태 |3급| 心부수, 총 9획	'心 + 台(태)'로, 마음[心]씀이 거만하고 행동이 게으름[慢 也 從心台聲]	• 怠慢(태만) • 勤怠(근태) • 始勤終怠(시근종태) : 처음에는 부지런히 하나, 　나중에는 게으름을 이르는 말.
殆 위태할 태, 해칠 태, 거의 태 |3급| 歹부수, 총 9획	'歹 + 台(태)'로, 목숨이 위태 하여 거의 죽음[歹]에 이름 [危也 從歹台聲]	• 危殆(위태) • 殆半(태반) : 거의 절반. • 百戰不殆(백전불태) : 백 번 싸워도 위험하지 않 　음. 즉 싸울 때마다 이길 만큼 뛰어남.

돋보기

治國平天下(치국평천하)　《대학》의 '修身齊家治國平天下'에 나오며, 그 내용의 일부를 보면 다음과 같다.

　옛날에 밝은 덕을 온 세상에 밝히려 하는 사람은, 먼저 자기의 나라를 잘 다스리
고[古之欲明明德於天下者 先治其國]
　자기의 나라를 잘 다스리고자 하는 사람은, 먼저 자기 집안을 가지런하게 하
고[欲治其國者 先齊其家]
　자기의 집안을 불평 없이 가지런하게 하고자 하는 사람은, 자기의 몸을 지극정
성으로 잘 닦는다[欲齊其家者 先脩其身].

在固城寄舍弟〔고성에서 아우에게 부침〕 成石璘(성석린)

擧目江山深復深	눈 들어 쳐다보니 강산은 깊고도 깊으니
家書一字抵千金	집에서 온 편지 글자마다 천금이라.
中宵見月思親淚	한밤중엔 달을 보며 부모님 생각으로 눈물짓고
白日看雲憶弟心	한낮엔 구름을 보니 동생 생각나는구나.
兩眼昏花春霧隔	두 눈은 어둠침침하여 봄 안개 가린 듯하고
一簪華髮曉霜侵	비녀 겨우 꽂은 흰머린 새벽 서리 덮혔구나.
春風不覺愁邊過	봄바람이 나도 몰래 시름을 스치고 지나가니
綠樹鶯聲忽滿林	푸른 나무 꾀꼬리 소리 문득 숲에 가득하구나.

〈大東詩選〉

19강

https://youtu.be/jR8N3yhuzp4

부자(부수+자원) 좋아 한자 공부

子 부수와 每 조합 한자를 공부해 봅시다.

터닦기 ▶ 子 부수 한자 공부

씨앗 심기 ▶ 子(아들 자) 孔(클 공) 孫(손자 손) 學(배울 학)

싹틔우기 ▶ **스토리 연상 학습 1**

(공자孔子)의 (학통學統)은 자사(子思)를 거쳐 맹자(孟子)로 이어졌는데, 자사는 '공자의 (손자孫子)'인 공급(孔伋)이다.

나무 키우기 ▶ **꽃 피우기** ▶ **열매 맺기** ▶

 子 아들 **자** |7급| 子부수, 총 3획	어린아이의 모습[十一月, 陽气動, 萬物滋, 人以爲偁. 象形. 凡子之屬皆从子. 孨, 古文子从巛, 象髮也. 兠, 籒文子, 囟有髮, 臂脛在几上也. 〖注〗李陽冰曰：子在襁褓中, 足併也]	• 墨子泣絲(묵자읍사)：묵자가 염색하는 실을 보고 울었다는 뜻이며, 사람은 습관이나 환경에 따라 그 영향을 받음. • 易子敎之(역자교지)：자식은 남과 바꾸어 교육한다는 뜻으로, 부자(父子) 사이엔 잘못을 꾸짖기 어렵다는 말임. • 君子三樂(군자삼락)：군자의 세 가지 즐거움이라는 뜻이며, 부모가 다 살아 계시고 형제가 무고(無故)한 것, 하늘과 사람에게 부끄러워할 것이 없는 것, 천하의 영재를 얻어서 교육하는 것.
孔 통할 공, 구멍 공, 클 공, 성씨 공 |4급| 子부수, 총 4획	'子 + 乚'로, 아이[子]가 엄마의 젖[乚]과 통함[通也. 嘉美之也. 從子. 乚, 請子之候鳥也. 乚至而得子, 嘉美之也. 古人名嘉字子孔]	• 鼻孔(비공)：콧구멍. • 孔子穿珠(공자천주)：공자가 구슬을 꿴다는 뜻이며, 성인도 남에게 배울 점이 있다는 말. 공자가 아홉 구비 굽은 구슬에 실을 꿰지 못해 애쓰는 것을 보고 시골 여자가 개미허리에 실을 매어 그 구멍으로 내보내니, 실이 제대로 꿰어졌다고 함. • 孔子曰孟子曰(공자왈맹자왈)：공자왈 맹자왈 한다는 뜻이며, 글방 선비들이 옛 전적(典籍)만을 읽으며 실천하지 않고 공리공론만 일삼음을 말함.

孫 손자 손 |6급| 子부수, 총 10획 '子+系'로, 자식[子]이 또 자식을 낳아 대를 이음[系] [子之子曰孫 從子從系 系, 續也]	• 曾孫(증손) • 代代孫孫(대대손손) : 대대로 이어오는 자손. • 車螢孫雪(차형손설) : 차윤(車胤)의 반딧불과 손강(孫康)의 눈[雪]이라는 뜻이며, 어려운 처지에서의 면학을 비유한 말.

學 배울 학 |8급| 子부수, 총 16획 '敎+冂+臼(구)'로, 고자는 '斅'. 어리석은 사람[冂]이 스스로 깨우쳐 본받게 함[敎] [學, 篆文斅省 此爲篆文 則斅古文也. 斅, 覺悟也 從敎冂 冂 尙矇也 臼聲. 學 篆文斅省] 學記曰學然後知不知 知不足然後能自反也 按知不足所謂覺悟也『段注』	• 敎學相長(교학상장) : 가르침과 배움이 서로를 진보시켜 준다는 뜻. 사람에게 가르쳐 주거나 스승에게 배우거나 모두 자신의 학업을 증진 시킴. • 口耳之學(구이지학) : 남에게 들은 것을 그대로 남에게 전하는 천박(淺薄)한 학문. • 學如不及(학여불급) : 학문은 부족한 듯이 해야 한다는 뜻이며, 배움은 잠시라도 게을리해서는 안 된다는 말.

易子敎之(역자교지)

《맹자》〈이루상(離婁上)〉에 나오는 말이다. 공자(孔子)는 하나밖에 없는 아들을 직접 가르치지 않았다. 이를 두고 공손추가 스승인 맹자에게 물었다. "군자가 자기 아들을 직접 가르치지 않는 데는 그 이유가 있습니까?"

맹자가 대답했다. "그렇게 될 수밖에 없기 때문이다. 가르치는 사람은 바르게 되라고 가르친다. 만일 그대로 실행하지 않으면 노여움이 따르게 되고, 그러면 부자간의 정리(情理)가 상하게 된다. 〈중략〉 그래서 옛날 사람들은 서로 자식을 바꾸어 가르쳤다."

| 터닦기 | 每 조합 한자 공부 |

| 씨앗 심기 | 每(매양 매) 海(바다 해) 梅(매화나무 매) 悔(뉘우칠 회) |

| 싹틔우기 | **스토리 연상 학습 2** |

(매년每年) 눈꽃열차로 (동해안東海岸) (설중매雪中梅)를 즐겼으나 올해는 일 때문에 가지 못해 (후회後悔) 된다.

| 나무 키우기 | 꽃 피우기 | 열매 맺기 |

每

풀 무성할 매,
매양 **매**

|7급|
母부수, 총 7획

'屮 + 母(모)'로, 풀이 끊임없이 무성하게 돋아남[屮] [艸盛上出也 從屮母聲]

- 每樣(매양)
- 每戶(매호)
- 每事不成(매사불성) : 하는 일마다 실패함.

海

바다 **해**

|7급|
水부수, 총 10획

'氵 + 每(매)'로, 모든 물[氵]을 자연스럽게 수용하여 만들어진 바다[天池也 以納百川者 從水每聲]

- 海諒(해량) : 바다처럼 넓은 마음이라는 뜻이며, 편지 따위에서 상대방에게 용서를 구할 때 쓰는 말.
- 大海一滴(대해일적) : 넓고 큰 바다에 물방울 하나라는 뜻으로, 많은 것 가운데 아주 작은 것을 말함.
- 海翁好鷗(해옹호구) : 갈매기를 좋아하는 바닷가 노인이라는 뜻으로, 야심(野心)이나 사심(私心)을 품으면 그 누구도 접근하지 않음을 비유하는 말.

梅 매화나무 **매** |3급| 木부수, 총 11획	'木＋每(매)'로, 이른 봄에 백색 또는 연분홍색 꽃이 피며, 과실은 식용이나 약용으로 쓰는 매화나무[木] [枏也 可食 從木每聲]	• 寒梅(한매) : 겨울에 피는 매화. • 雪中梅(설중매) : 눈 속에 핀 매화나무나 그 꽃. • 梅林止渴(매림지갈) : 매실은 시기 때문에 이야기만 나와도 침이 돌아 해갈이 된다는 뜻으로, 매실의 맛이 아주 심. 또는 공상으로 마음의 위안을 얻음.

悔 뉘우칠 **회** |3급| 心부수, 총 10획	'ᄼ＋每(매)'로, 제 잘못을 스스로 마음[心]속으로 깨닫고 가책을 느낌[悔恨也 從心每聲]	• 痛悔(통회) : 몹시 뉘우침. 뼈저리게 뉘우침. 가슴 아프게 후회함. • 後悔莫及(후회막급) : 아무리 후회하여도 다시 어찌할 수가 없음. 일이 잘못된 뒤라 아무리 뉘우쳐도 어찌할 수 없음. • 亢龍有悔(항룡유회) : 하늘에 오른 용은 뉘우침이 있다는 뜻으로, 부귀가 극에 이르면 몰락할 위험이 있음을 경계한 말.

海翁好鷗(해옹호구) 《열자》〈황제편〉에 나오는 이야기이다.

바닷가에 갈매기를 좋아하는 사람이 있었다[海上之人 有好鷗鳥者].

그는 매일 아침마다 바닷가에 가서 갈매기와 함께 놀았는데, 그 수는 헤아릴 수 없이 많았다[每旦 之海上 從鷗鳥遊 鷗鳥之至者 百數而不止].

어느 날 그 아버지가 말했다.

"내가 들으니, 갈매기들이 모두 너와 함께 논다고 하니, 네가 잡아오너라. 내가 그것을 가지고 놀리라[其父曰 吾聞 鷗鳥皆從汝遊 汝取來 吾玩之]."

다음 날 아버지의 말씀을 듣고 바닷가에 나가니, 갈매기들이 춤을 추며 내려오지 않았다[明日 之海上 鷗鳥舞而不下也].

滿月臺(만월대) 李慶民(이경민)

五百年來王業休	오백 년 이어 온 왕업이 그치니
繁華無跡只松楸	화려했던 옛 자취는 없고 다만 묘지뿐이로다.
落花舊院凄凉色	꽃 지는 옛 동산은 처량한 빛이요
杜宇空城寂寞愁	두견이 우는 빈 성은 적막한 시름 자아내네.
惟見野田侵殿陛	오직 보이는 건 대궐의 섬돌은 없고 들밭뿐
不禁春草上螭頭	봄 풀이 이무기 새긴 돌로 오르고
悠悠總是傷心處	아득히 멀리 모든 것이 마음을 슬프게 하고
古國興亡水自流	옛 나라 흥망을 싣고 강물만 절로 흐르는구나.

〈熙朝軼事〉

20강

https://youtu.be/z82JwjHuk_g

부자(부수+자원) 좋아 한자 공부

子와 尸 부수 한자를 공부해 봅시다.

| 터닦기 | 子 부수 한자 공부 |

| 씨앗 심기 | 孟(맏 맹) 孝(효도 효) 存(있을 존) 孤(고아 고) |

싹틔우기   스토리 연상 학습 1

(맹자孟子)는 당시 (불효자不孝子)의 (존재存在)로 세간의 비난을 받아〔홀로 孤〕사는 광장(匡章)과 사귀기도 했다.

나무 키우기	꽃 피우기	열매 맺기
孟 맏 맹, 맏이 맹 |3급| 子부수, 총 8획	'子+皿(명)'으로, 자녀[子] 중 장자인 맏아들 또는 맏딸[長也 從子皿聲]	• 孟春(맹춘) : '음력 정월(正月)'을 달리 일컫는 말. • 虛無孟浪(허무맹랑) : 말하기 어려울 만큼 터무니없이 허황되고 진실이 없음. • 孟母斷機(맹모단기) : 맹자의 어머니가 베틀의 베를 끊었다는 뜻으로, 학업을 중도에 그만 둠을 경계한 말.
孝 효도 효 |7급| 子부수, 총 7획	'老+子'로, 도리에 맞고, 인륜에 거슬리지 않게, 자식[子]이 부모[老]를 잘 섬기는 것[善事父母者. 從老省從子 子承老也]	• 孝鳥(효조) : 새끼가 커서 어미를 봉양할 줄 아는 새라는 뜻이며, 까마귀를 달리 일컫는 말. • 反哺之孝(반포지효) : 효조(孝鳥)인 까마귀를 뜻하며, 자식이 자라서 부모를 봉양함을 말함. • 伯兪之孝(백유지효) : 백유의 효도라는 뜻으로, 어버이에 대한 지극한 효심을 일컫는 말.

| 存 물어볼 존, 있을 존 \|5급\| 子부수, 총 6획 | '子+才(재)'로, 자식[子]을 늘 생각하고 근심하며 물어보고 살핌[恤問也 從子才聲] | • 存續(존속)
 • 適者生存(적자생존) : 생존경쟁의 결과, 그 환경에 맞는 것만이 살아남고 그렇지 못한 것은 멸망해 가는 자연도태의 현상을 일컫는 말.
 • 存亡之秋(존망지추) : 존속하느냐 멸망하느냐의 매우 위급한 때, 또는 죽느냐 사느냐의 중대한 경우. |
| 孤 고아 고, 외로울 고 \|4급\| 子부수, 총 8획 | '子 + 瓜(과)'로, 어려서부터 어버이가 없이 자란 아이[子] [無父也 從子瓜聲] | • 孤獨(고독)
 • 孤注一擲(고주일척) : 노름꾼이 남은 돈을 한 번에 다 걸고 마지막 승패를 겨룬다는 뜻이며, 전력을 기울여 어떤 일에 모험을 거는 것을 비유한 말.
 • 德不孤必有隣(덕불고필유린) : 덕이 있으면 반드시 따르는 이웃이 있어 외롭지 않다는 뜻. |

伯兪之孝(백유지효)

《소학》에 나오는 이야기다.

한유(韓兪)가 잘못이 있어 그의 어머니가 매를 때렸는데, 그가 우니[伯兪有過 其母笞之 泣] 어머니가 말했다.

"다른 날 매를 맞을 때는 네가 일찍이 울지 않더니, 지금 우는 까닭은 무엇인가?"[其母曰 他日笞 子未嘗泣 今泣 何也]

"제가 죄를 얻음에 매가 늘 아프더니, 지금 어머니의 힘이 저를 아프게 하지 않으니, 이런 까닭에 웁니다[對曰 兪 得罪 笞常痛 今 母之力 不能使痛 是以 泣]."

이는 한유가 늙어 쇠약해진 어머니의 몸 상태를 직접 체험하며, 자기 반성과 함께 슬퍼 눈물을 흘린 것으로, 어버이에 대한 지극한 효심을 일컫는 말이다.

《소학》〈계고〉

| 터닦기 | 尸 부수 한자 공부 |

| 씨앗 심기 | 尺(자 척) 居(살 거) 屬(무리 속) 屏(가릴 병) |

| 싹틔우기 | **스토리 연상 학습 2** |

(거실居室)과 부엌이 (지척지간咫尺之間)이지만 (병풍屏風)의 (속성屬性)을 지닌 파티션을 설치한 집도 있다.

| 나무 키우기 | 꽃 피우기 | 열매 맺기 |

열 치 척, 자 척

|3급|
尸부수, 총 3획

'尸+乙'로, 사람[尸]이 손으로 1척의 길이를 헤아려 앎[乙] [十寸也 人手卻十分動脈爲寸口 十寸爲尺 尺 所以指尺規榘事也. 從尸從乙 乙所識也]

• 指尺(지척) : 길이 단위의 일종이며, 장년 남자의 열 손가락을 '길이의 표준'으로 사용함을 말함.
• 三尺童子(삼척동자) : 키가 석 자밖에 되지 않는 어린아이라는 뜻이며, 철모르는 어린아이를 이르는 말.
• 吾鼻三尺(오비삼척) : 오비체수삼척(吾鼻涕垂三尺)의 준말이며, 내 일도 감당하기 어려워 남의 사정을 돌볼 여유가 없음을 말함.

居 살 거, 있을 거

|4급|
尸부수, 총 8획

'尸+古(고)'로, 여러 사람[尸]이 한 곳에 모여 생활함[蹲也 居從古聲 踞, 俗居從足] ※ 금문과 전서에는 '尸+几'로 사람이 안석에 앉아 있는 모습으로 말함.

• 隱居(은거)
• 居安思危(거안사위) : 편안하게 살 때 앞으로 닥쳐올 위태로움을 생각함.
• 足反居上(족반거상) : 발이 도리어 위에 있다는 뜻으로, 사물이 거꾸로 된 것을 이르는 말.

屬 붙을 속, 무리 속, 부탁할 촉 |4급| 尸부수, 총 21획	'尾 + 蜀(촉)'으로, 모든 동물은 꼬리[尾]가 등뼈에 붙어 있음[連也 從尾蜀聲]	• 附屬(부속) • 隸屬(예속) : 어떤 것의 지배 아래 매어있음. 딸려서 매임. • 屬耳垣墻(속이원장) : 담장에도 귀가 있다는 뜻으로, 경솔히 말하는 것을 경계한 말.
屏 가릴 병, 병풍 병, 물리칠 병 |3급| 尸부수, 총 11획	'尸 + 幷(병)'으로, 병풍 등으로 가리어[尸] 막음[屏 蔽也 從尸幷聲] 蔽也 : 小雅. 萬邦之屏. 傳曰屏, 蔽也. 引伸爲屏除『段注』	• 畫屏(화병) : 그림을 그린 병풍. • 金日月屏(금일월병) : 임금이 앉는 자리 뒤에 치는 이금(泥金)으로 그린 해와 달의 병풍. • 十長生屏風(십장생병풍) : 오래 살고 죽지 아니한다는 열 가지 물건. 곧 해, 산, 물, 돌, 구름, 소나무, 불로초(不老草), 거북, 학, 사슴을 그린 병풍.

吾鼻三尺(오비삼척)	'내 콧물 늘어진 것이 석 자'라는 뜻이다. 줄줄 흘러내리는 콧물을 과장하여 표현한 것으로, 자기 콧물도 수습하지 못할 정도로 다급하고 힘든 처지에 놓여 있음을 말하며, '내 사정이 급해서 남을 돌볼 여유가 없음'을 비유한 것이다. ※ 惡狗 無完鼻(악구 무완비) : 사나운 개는 완전한 코가 없다라는 말.

無題(무제) 金正喜(김정희)

淸晨漱古井	맑은 새벽 우물에서 양치질하니
古井紅如燃	우물물이 불타는 듯 붉네.
不知桃花發	복사꽃 핀 줄 모르고
疑有丹沙泉	빨간 광석의 샘인가 의심하였네.
綠溪行且止	푸른 시냇가를 가고 또 멈추니
芳綠近人情	방초와 녹음이 사람의 정을 끄네.
愛到源深處	즐기며 깊은 곳에 이르니
有村花柳明	꽃과 버들이 가득한 마을이 있네.

21강

https://youtu.be/uu8mdzbQyE4

부자(부수+자원) 좋아 한자 공부

又 부수와 反 조합 한자를 공부해 봅시다.

터닦기 又 부수 한자 공부

씨앗 심기 又(손 우) 友(벗 우) 取(가질 취) 受(받을 수)

싹틔우기 스토리 연상 학습 1

같은 뜻을 [가진 取] 사람이 서로 정을 주고 [받으며 受] [손 又]을 잡고 친하게 지내는 사이를 [벗 友]이라 한다.

나무 키우기	꽃 피우기	열매 맺기
 又 손우, 또우 |3급| 又부수, 총2획	사람의 세 손가락[又] 모양 [手也 象形 三指者 手之列 多 略不過三也]	· 又況(우황) : 하물며. · 又日新(우일신) : 일신우일신(日新又日新)의 준말로, 날로 새롭고 또 날로 새로워짐을 말함. · 玄之又玄(현지우현) : 오묘(奧妙)하고 또 오묘(奧妙)하다는 뜻으로, 도(道)의 광대무변함을 찬탄(讚歎)한 말.
 友 벗우 |5급| 又부수, 총4획	'又 + 又'로, 뜻을 같이하는 사람이 서로 손[又]에 손[又]을 잡고 사귐[同志爲友 從二又 相交]	· 友邦(우방) · 交友以信(교우이신) : 삼국통일의 원동력이 된 화랑의 세속오계의 하나이며, 벗을 사귐에 신의(信義)로써 함. · 文房四友(문방사우) : 서재(書齋)에 꼭 있어야 할 네 벗, 즉 종이, 붓, 벼루, 먹을 말함.

取

가질 **취**

|4급|

又부수, 총8획

'耳 + 又'로, 전쟁 때 포로의 귀[耳]를 베어, 손[又]으로 취함[捕取也 從又從耳 『周禮』: 獲者取左耳] ※ 古代作戰, 以割取敵人尸體首級或左耳以計數獻功 本義 : [捕獲到野獸或戰俘時] 割下左耳-『漢典』

• 聽取(청취)

• 捨生取義(사생취의) : 목숨을 버리고 의리를 좇음의 뜻으로, 비록 목숨을 버릴지언정 옳은 일 함을 일컫는 말.

• 囊中取物(낭중취물) : 주머니 속에 지닌 물건을 꺼낸다는 뜻으로, 아주 쉬운 일 또는 손쉽게 얻을 수 있음을 비유한 말.

受

받을 **수**

|4급|

又부수, 총8획

'爱 + 冖 ← 舟(주)'로, 서로 손[爪]으로 주고 손[又]으로 받음[相付也 從受, 舟省聲] 爱, 今作莩, 荽 『康熙』

• 受信(수신)

• 引受引繼(인수인계) : 업무 따위를 넘겨받고 물려줌.

• 自作自受(자작자수) : 자기가 저지른 일의 과보(果報)를 자기가 받음.

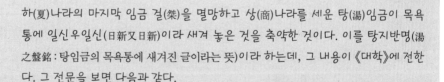
돋보기

又日新(우일신)

하(夏)나라의 마지막 임금 걸(桀)을 멸망하고 상(商)나라를 세운 탕(湯)임금이 목욕통에 일신 우일신(日新又日新)이라 새겨 놓은 것을 축약한 것이다. 이를 탕지반명(湯之盤銘 : 탕임금의 목욕통에 새겨진 글이라는 뜻)이라 하는데, 그 내용이 《대학》에 전한다. 그 전문을 보면 다음과 같다.

"진실로 하루가 새롭거든 나날이 새롭게 하고, 또 날로 새롭게 하라."

苟日新 日日新 又日新(구일신 일일신 우일신)

탕임금이 왜 이 글을 목욕통에 새겼을까? 매일 목욕재계(沐浴齋戒)를 하며, 늘 자신을 새롭게 하려는 다짐의 나날들이었음을 보여준다.

터닦기 反 조합 한자 공부

씨앗 심기 反(뒤집힐 반) 飯(밥 반) 板(널빤지 판) 版(판자 판)

싹틔우기 스토리 연상 학습 2

휴게소 (백반白飯) 집 (목판木版) (간판看板)이 강풍으로 뒤집혔다[反].

나무 키우기	꽃 피우기	열매 맺기

反

뒤집힐 **반**,
되돌아올 **반**

| 6급 |
又부수, 총 4획

'厂 + 又'로, 가파른 언덕[厂]을 손[又]으로 짚고 오르려다 뒤집힘[覆也 從又厂] 本義 : 手心翻轉. 同本義. 通 '翻'. 覆, 傾倒 -『漢典』

• 賊反荷杖(적반하장) : 도둑이 도리어 몽둥이를 든다는 뜻으로, 잘못한 사람이 도리어 잘한 사람을 나무라는 경우를 이르는 말.
• 輾轉反側(전전반측) : 이리 뒤척 저리 뒤척 한다는 뜻으로, 걱정거리로 마음이 괴로워 잠을 이루지 못함을 이르는 말. 유사 성어로는 오매불망(寤寐不忘), 전전불매(輾轉不寐)가 있음.

飯

밥 **반**

| 3급 |
食부수, 총 13획

'食+反(반)'으로, 밥[食]을 입에 넣고 되씹어 먹음[食也 從食反聲]

• 草飯(초반) : 변변치 못한 밥이란 뜻으로, 남에게 음식을 대접할 때 겸손하여 이르는 말.
• 茶飯事(다반사) : 차를 마시고 밥을 먹듯 일상적으로 하는 일.
• 十匙一飯(십시일반) : 열 사람이 한 술씩 보태면 한 사람 먹을 분량이 된다는 뜻으로, 여러 사람이 힘을 합하면 한 사람을 돕기는 쉽다는 말.

板 널빤지 **판** |5급| 木부수, 총8획	'木 + 反(반)'으로, 나무[木]를 뒤집으며 켬[片木也『玉篇』 -『康熙』] ※ 在其板屋『詩經』	• 看板(간판) • 揭示板(게시판) • 如印一板(여인일판) : 한 판에 찍어 내듯이 조금 도 서로 다름이 없음.
版 판자 **판** |3급| 片부수, 총8획	'片 + 反(반)'으로, 널조각[片] 을 뒤집으며 켬[判也 從片 反聲]	• 出版(출판) • 番號版(번호판) • 木版活字(목판활자) : 나무로 만든 활자(活字).

輾轉反側(전전반측) 『시경』〈관저〉장에 나오는 말이다.

꾸우꾸우 물수리새 모래섬에서 정답게 노니네

關關雎鳩 在河之洲(관관저구 재하지주)

아리따운 아가씨는 군자의 좋은 짝이로다.

窈窕淑女 君子好逑(요조숙녀 군자호구)

올망졸망 마름 열매 이리저리 헤쳐 가며

參差荇菜 左右流之(참치행채 좌우류지)

아리따운 아가씨를 자나 깨나 구하도다.

窈窕淑女 寤寐求之(요조숙녀 오매구지)

구하여도 얻지 못하니 자나 깨나 생각하네.

求之不得 寤寐思服(구지부득 오매사복)

그립고 그리워서 이리 뒤척 저리 뒤척

悠哉悠哉 輾轉反側(유재유재 전전반측)

이 시는 주(周)나라 문왕과 그의 아내 태사의 사랑을 노래한 것으로 미인을 사모하여 잠 못 이룸을 표현한 시임.

奉使日本〔사신의 명을 받들어 일본에 들어가서〕 鄭夢周(정몽주)

水國春光動	섬나라에 봄기운이 감도는데
天涯客未行	하늘 가에 나그네 아직 가지 못하고 있네.
草連千里綠	풀은 천리를 이어 푸르고
月共兩鄕明	달은 우리 달처럼 밝네.
遊說黃金盡	유세로 황금은 다 써 버리고
思歸白髮生	돌아갈 생각에 흰머리만 늘었네.
男兒四方志	세상을 위한 남아의 큰 뜻은
不獨爲功名	다만 나의 공명만을 위함이 아니라네.

〈大東詩選〉

22강

https://youtu.be/CaP5cZaHwxQ

부자(부수+자원) 좋아 한자 공부

及과 叔 조합 한자를 공부해 봅시다.

터닦기   及 조합 한자 공부

씨앗 심기   及(미칠 급) 級(등급 급) 吸(마실 흡) 急(급할 급)

싹틔우기   **스토리 연상 학습 1**

> 아무리 (고급高級)차라도 대형사고에서는 (급박急迫)한 상황이나 (호흡呼吸)이 끊어짐에 [이르는 及] 불행을 피할 수는 없다.

나무 키우기	**꽃 피우기**	**열매 맺기**
及 미칠 **급** |3급| 又부수, 총 4획	'人 + 又'로, 손[又]이 사람[人]의 몸에 미침[逮也 從又從人]	· 及其也(급기야) : 필경에는. 또는 마침내. · 過猶不及(과유불급) : 지나침은 미치지 못함과 같다는 뜻으로, 중용의 중요함을 말함. · 殃及池魚(앙급지어) : "재앙이 연못 속 물고기에 미친다."는 뜻으로, 까닭 없이 화를 당함을 비유하는 말.
級 등급 **급** |6급| 糸부수, 총 10획	'糸 + 及(급)'으로, 실[糸]로 만든 물건에 등급이 있음[絲次弟也 從糸及聲] 絲次弟也 : 本謂絲之次弟. 故其字從糸. 引申爲凡次弟之偁.『段注』	· 體級(체급) · 階級鬪爭(계급투쟁) : 서로 이해관계가 다른 계급 사이에, 정치적으로나 경제적으로 일어나는 투쟁. · 無限級數(무한급수) : 항의 수가 한없이 많은 급수(級數).

吸

마실 흡

|4급|
口부수, 총 7획

'口 + 及(급)'으로, 입[口]안으로 숨을 들이킴[內息也 從口及聲]

• 吸血鬼(흡혈귀) : 사람의 피를 빨아먹는다고 산다는 전설적인 귀신을 뜻하며, 사람의 피를 빨아먹다시피 하는 사람이나 괴롭히는 사람 따위를 비유한 말.
• 腹式呼吸(복식호흡) : 배를 폈다 오므렸다 하여 횡격막의 신축에 의하여 쉬는 숨.
• 丹田呼吸(단전호흡) : 단전으로 숨을 쉬는 일종의 정신 수련법.

急

급할 급

|6급|
心부수, 총 9획

'心 + 及(급)'으로, 몹시 서두르거나 다그침[心] [褊也 從心及聲]

• 時急之事(시급지사) : 시급한 일. 또는 시급을 요하는 일.
• 不要不急(불요불급) : 필요하지도 급하지도 않음.
• 焦眉之急(초미지급) : 눈썹에 불이 붙은 것과 같이 매우 위급함을 비유하여 이르는 말.

돋보기

殃及池魚(앙급지어)

송나라 때 사마환이 보옥의 구슬을 가지고 있었다. 그가 국가에 죄를 지어 쫓기는 몸이 되자 구슬을 가지고 도주했는데, 왕이 그를 붙잡아 "보물을 어디에 두었느냐?"라 물으니, "저 연못 속에 던져 숨겼습니다."라 말했다. 이 말을 들은 왕은 연못의 물을 바닥까지 퍼내게 했는데, 이 때문에 애꿎은 연못 속 물고기들만 말라 죽고 말았다는 이야기이다.
유사 성어로는 지어지앙(池魚之殃)이 있음.

※ 옛날에 楚(초)나라의 城門(성문)이 탔을 때 불을 끄느라고 못물을 퍼내 없애서 못 안의 고기가 다 죽었다는 故事(고사)에서, 轉(전)하여 火災(화재)가 일어남을 뜻함.

터닦기 叔 조합 한자 공부

씨앗 심기 叔(아재비 숙) 淑(맑을 숙) 督(살필 독) 寂(고요할 적)

싹틔우기　스토리 연상 학습 2

우리 마을 한 〔착한 淑〕〔아저씨 叔〕는 매일 동네의 (한적閑寂)한 구석구석
까지 꼼꼼히 〔살피며 督〕 청소 봉사를 하신다.

나무 키우기　**꽃 피우기**　**열매 맺기**

叔

아재비 숙

|4급|
又부수, 총 8획

'又 + 尗(숙)'으로, 손[又]으로
어떤 것을 줍는 사람[拾也 從
又尗聲] 拾也: 豳風. 九月叔
苴. 毛曰叔, 拾也. 按釋名. 仲
父之弟曰叔父. 叔, 少也. 於
其雙聲疊韵假借之『段注』

• 叔行(숙항) : 아저씨 뻘이 되는 항렬(行列).
• 鮑叔牙(포숙아) : 중국 춘추시대 제나라의 정치
가로, 관중(管仲)과 함께 환공(桓公)을 도와
춘추5패의 하나로 만든 인물임.
• 伯仲叔季(백중숙계) : 형제의 차례를 나타내는
말. 백(伯)은 첫째, 중(仲)은 둘째, 숙(叔)은 셋
째, 계(季)는 막내.

淑

맑을 숙, 착할 숙

|3급|
水부수, 총 11획

'氵 + 叔(숙)'으로, 물[氵]이 맑
고 깨끗함[淸湛也 從水叔聲]

• 婉淑(완숙) : 아름답고 겸손함.
• 淑香傳(숙향전) : 작자 미상의 조선 후기 국문
소설.
• 毛施淑姿(모시숙자) : 모(毛)는 오나라의 '모타'
이고, 시(施)는 월나라의 서시(西施)로, 절세
미인(絶世美人)을 말함.

督 篤 살필 독, 감독할 독, 재촉할 독 ｜4급｜ 目부수, 총 13획	'目 + 叔(숙)'으로, 눈[目]으로 자세히 잘 살펴봄[察也 ― 曰目痛也 從目叔聲]	· 監督(감독) · 督勵(독려) · 星火督促(성화독촉) : 별똥이 떨어지듯이 몹시 다급하게 재촉함.
寂 庹 고요할 적, 쓸쓸할 적 ｜4급｜ 宀부수, 총 11획	'宀 + 叔←𦲷(숙)'으로, 집[宀]에 사람 소리가 들리지 않음[無人聲也 從宀𦲷聲]	· 靜寂(정적) : 고요하고 쓸쓸함. · 虛無寂滅(허무적멸) : 생사(生死)의 경지를 초월(超越)한 상태. 도교(道敎)의 허무(虛無)와 불교(佛敎)의 적멸(寂滅)을 말함. · 寂寞一時(적막일시) : 일시적으로 적막함.

돋보기

寂寞一時(적막일시)　　도덕을 지키며 사는 사람은 일시적으로 적막하지만[棲守道德者 寂寞一時],
권세를 믿고 아부(阿附)하며 사는 사람은 영구히 처량하다[依阿權勢者 凄凉萬古].
도리에 통달한 사람은 사후의 명예를 생각하며[達人觀物外之物 思身後之身],
차라리 일시적 적막함을 받을지언정, 영구히 처량함을 선택하지 않는다[寧受一
時之寂寞 毋取萬古之凄凉].

'적막일시'는 이 글의 첫 구절에 나오는 말이다.

『채근담』

149

春望〔봄에 바라보다〕 杜甫(두보)

國破山河在	나라는 파괴되었으나 산천은 남아 있고
城春草木深	성안에 봄이 오니 초목만 무성하네.
感時花濺淚	시절의 감회로 꽃을 보아도 눈물이 나고
恨別鳥驚心	이별을 생각하니 새만 보아도 놀라네.
烽火連三月	봉화는 석 달 동안 계속되고
家書抵萬金	집에서 보낸 편지는 만금보다 값지네.
白頭搔更短	흰머리 긁어 더욱 짧아져
渾欲不勝簪	도무지 비녀조차 이기지 못하려 하네.

〈杜工部集〉

23강

https://youtu.be/MAN4GS0j6hs

부자(부수+자원) 좋아 한자 공부

手 부수 한자를 공부해 봅시다.

터닦기 手 부수 한자 공부

씨앗 심기 手(손 수) 才(재주 재) 換(바꿀 환) 指(손가락 지)

싹틔우기 스토리 연상 학습 1

이천 도자기가 세계 첫〔손가락 指〕을 꼽는 데는 도공의 〔손재주(手才)〕보다 (환부작신換腐作新)의 장인정신을 내세운다.

나무 키우기 **꽃 피우기** **열매 맺기**

手 손 수 |7급| 手부수, 총 4획	사람의 다섯 손가락을 그림 [拳也. 象形] 拳也: 今人舒之爲手. 卷之爲拳. 其實一也. 故以手與拳二篆互訓. 象形. 象指掌及擊也『段注』

- 自手成家(자수성가): 물려받은 재산이 없는 사람이 자기의 힘으로 한 살림을 이룩함.
- 眼高手卑(안고수비): 눈은 높으나 손은 낮음이란 뜻으로, 눈높이에 비해 실력이 따라서 미치지 못함. 즉 이상만 높고 실천이 따르지 못함.
- 一擧手一投足(일거수일투족): 손 한 번 들고, 발 한번 옮겨 놓는다는 뜻으로, 사소한 하나하나의 동작까지를 이르는 말.

才 재주 재, 바탕 재 |6급| 手부수, 총 3획	'丨+丿+一'로, 초목의 뿌리[丿]에서 새싹이 땅[一]을 뚫고 나옴[丨] [艸木之草也 從丨上貫一 將生枝葉. 一地也]

- 棟梁才(동량재): 마룻대와 들보의 재주란 뜻으로, 큰일을 할 기둥이 될 만한 인물.
- 多才多能(다재다능): 재주와 능력이 많음.
- 蓋世之才(개세지재): 세상을 마음대로 다스릴 만한 뛰어난 재기. 또는 그러한 재기를 가진 사람.

換

바꿀 환,
교역할 환

| 3급 |
手부수, 총 12획

'扌 + 奐(환)'으로, 손[扌]으로 물건과 물건을 서로 바꿈[易也 從手奐聲] 嘗以金貂換酒 『晉書·阮孚傳』 又項氏畔換 『前漢·敍傳』 孟康曰 : 畔, 反也. 換, 易也『註』-『康熙』

- 轉換(전환)
- 換腐作新(환부작신) : 낡은 것을 바꾸어 새 것으로 만듦.
- 改頭換面(개두환면) : 머리를 고치고 얼굴을 바꾼다는 뜻이며, 일의 근본은 고치지 않고 단지 그 겉만을 고침을 말함.

指

손가락 지,
가리킬 지

| 4급 |
手부수, 총 9획

'扌 + 旨(지)'로, 손가락[手]으로 가리킴[手指也 從手旨聲] 手指也 : 手非指不爲用. 大指曰巨指, 曰巨擘. 次曰食指. 曰睫鹽指. 中曰將指. 次曰無名指. 次曰小指. 段借爲恉心部曰恉, 意也『段注』

- 指呼之間(지호지간) : 손짓하여 부르면 대답할 수 있는 가까운 거리.
- 指鹿爲馬(지록위마) : 사슴을 가리켜 말이라고 한다는 뜻으로, 사실이 아닌 것을 사실로 만들어 강압으로 인정하게 됨. 또는 윗사람을 농락하여 권세를 마음대로 함.
- 千人所指無病而死(천인소지무병이사) : 여러 사람의 손가락질을 당하면 병이 들지 않아도 죽음.

돋보기

蓋世之才(개세지재) 『사기』에 있는 글로, 항우(項羽)가 유방(劉邦)에게 포위되었을 때, 밤에 우(虞) 부인과 함께 진중의 장막에서 술을 마시며 탄식한 시에 나온다.

힘은 산을 뽑고 기운은 온 세상을 덮을 만하도다[力拔山兮氣蓋世].
때가 이롭지 아니함이여! 준마가 앞으로 나가지 않는다[時不利兮騅不逝].
준마가 앞으로 나가지 아니함이여! 어찌 하리오[騅不逝兮可奈何].
우 미인이여! 우 미인이여! 어찌할꼬[虞兮虞兮奈若何].

유사 성어로는 발산개세(拔山蓋世)가 있다.

153

터닦기 ▶ 手 부수 한자 공부

씨앗 심기 ▶ 擔(멜 담) 捨(버릴 사) 援(끌 원) 拜(절 배)

싹틔우기 ▶ 스토리 연상 학습 2

> 파주 발랑 저수지는 그 둘레길을 따라 스님들이 바랑을 [메고 擔] 시주하
> 는 사람에게 [절 拜]을 하며 탐심을 [버리고 捨] 청심을 [끌어 援]들이는 수
> 행처에서 비롯되었다 한다.

나무 키우기 ▶	**꽃 피우기** ▶	**열매 맺기** ▶
擔 擔 멜 담, 맡을 담 |4급| 手부수, 총16획	'扌+詹(첨)'으로, 물체를 손[扌]으로 들어 어깨에 멤[儋同. 背曰負 肩曰擔『唐韻, 集韻, 韻會』任也『釋名』-『康熙』]	· 專擔(전담) · 擔負之役(담부지역) : 짐을 지는 일. · 秋無擔石(추무담석) : 중국 주(周)나라 때 담(擔)은 2석(石), 석은 1석으로, 곧 적은 수량(數量)을 뜻하며, 집이 가난하여 가을에도 아무 수확이 없음을 이르는 말.
捨 捨 버릴 사 |3급| 手부수, 총11획	'扌+舍(사)'로, 손[扌]에서 어떤 것을 풀어 놓음[釋也 從手舍聲] 弃也『正韻』愛好文義, 未嘗違捨『宋書·殷淳傳』-『康熙』	· 取捨選擇(취사선택) : 취할 것은 취(取)하고, 버릴 것은 버려서 골라잡음. · 捨生取義(사생취의) : 목숨을 버리고 의리를 좇음. · 捨糧沈舟(사량침주) : 군량미를 버리고, 타고 간 배를 가라앉힌다는 뜻이며, 죽음을 각오하고 싸운다는 말.

援 끌 원, 도울 원 |4급| 手부수, 총 12획	'扌＋爰(원)'으로, 손[扌]으로 도구[干]를 이용하여 견인(牽引)함[引也 從手爰聲]	· 應援(응원) · 聲援(성원) · 孤立無援(고립무원) : 고립되어 도움을 받을 데가 없음.
拜 절 배 |4급| 手부수, 총 9획	'手＋手＋下'로, 두 손을 맞잡고[手＋手] 머리가 땅에 닿도록 인사함[下] [楊雄說. 拜, 從兩手下也『說文』拜, 服也, 稽首服之甚也『禮·郊特牲』拜者, 是服順也『疏』-『康熙』]	· 崇拜(숭배) : 거룩하게 높이어 공경함. · 百拜謝罪(백배사죄) : 수없이 절을 하며 용서를 빎. · 頓首再拜(돈수재배) : 머리가 땅에 닿도록 두 번 절을 함, 또는 그렇게 하는 절.

돋보기

捨糧沈舟(사량침주) 《사기(史記)》〈항우본기(項羽本紀)〉에 나오는 말이다. 진(秦)나라 시황제의 죽음 계기로 그 폭정을 견디다 못한 백성들이 여기저기에서 들고 일어났다. 이에 진나라는 그 저항 세력 중 하나인 조나라를 공격하였는데, 조나라 대장 진여(陳餘)가 어려움에 처하자 항우에게 구원병을 요청했다. 항우가 진(秦)나라를 치기 위해 장하(漳河)를 막 건넜을 때, 타고 온 배를 부수어 침몰시키고, 싣고 온 밥 짓는 솥을 깨뜨리고, 주위의 집들도 모두 불태워버리며, 병사들에게는 3일분 식량만 주고 싸우도록 했다. 이 싸움에서 항우의 병사들이 필사적으로 싸워 진나라의 주력부대를 궤멸시켰으며, 이를 계기로 항우가 제장(諸將)의 맹주가 되었다는 이야기다.

유사 성어로는 背水陣(배수진), 破釜沈船(파부침선), 棄糧沈船(기량침선)이 있다.

郊行卽事〔교외를 나가 즉흥으로 읊음〕 鄭顥(정호)

芳原綠野恣行時	꽃다운 언덕 푸른 들길을 점잔 빼고 걸어가니
春入遙山碧四圍	봄은 먼 산에까지 찾아들어 푸른빛으로 사면을 에워쌌네.
興逐亂紅穿柳巷	흥겨워 어지럽게 핀 붉은 꽃을 쫓고 버들이 늘어선 마을을 지나
困臨流水坐苔磯	피곤해 질쯤에는 흐르는 물가 이끼 낀 바위에 앉았네.
莫辭盞酒十分醉	술잔의 술은 마음껏 마시며
只恐風花一片飛	단지 바람에 떨어지는 꽃잎을 걱정하네.
況是淸明好天氣	이 청명절 좋은 날에
不妨遊衍莫忘歸	실컷 노는 것은 좋으나 집에 돌아가는 것은 잊지 말지어다.

〈濂洛風雅〉

https://youtu.be/a4mIaAHiWAk

부자(부수+자원) 좋아 한자 공부

寸과 專 조합 한자를 공부해 봅시다.

터닦기 寸 조합 한자 공부

씨앗 심기 寸(마디 촌) 村(마을 촌) 討(토론할 토) 對(대답할 대)

싹틔우기 ## 스토리 연상 학습 1

> (四寸間사촌간)인 그들은 서로 자기 아버지의 공덕을 (토론討論)하다가 결론을 내지 못하자 같은〔마을 村〕에 살고 계신 할아버지께 그 (대답對答)을 요구했다.

나무 키우기   **꽃 피우기**   **열매 맺기**

寸

마디 촌

|8급|
寸부수, 총3획

'又+一'로, 손[又]에서 한 마디 떨어져 맥박[一]이 뛰는 곳을 말함[十分也 人手卻一寸 動脈[䘉]謂之寸口 從又從一]

- 寸節(촌절) : 극히 작은 절개. 또는 짧은 마디.
- 口耳四寸(구이사촌) : 입과 귀의 간격이 가깝다는 뜻이며, 남에게서 들은 내용을 이해하기도 전에 남에게 옮김, 곧 자기의 것으로 만들지 못한 얕은 학문을 말함.
- 寸鐵殺人(촌철살인) : 한 치밖에 안 되는 칼로 사람을 죽인다는 뜻이며, 간단한 경구(警句)나 단어로 사람을 감동시킴, 또는 사물의 급소 찌름을 비유한 말.

村

마을 촌

|7급|
木부수, 총7획

'邑+屯(둔)'으로, 원자는 邨. 사람들이 모여 사는 고을[邑] 이름[地名 從邑屯聲] 墅也 『廣韻』聚落也. 字從邑從屯. 經史無村字, 俗通用 『增韻』 -『康熙』

- 地球村(지구촌)
- 自作一村(자작일촌) : 한 집안끼리, 또는 뜻을 같이하는 사람끼리 하나의 마을을 이룸.
- 窮村僻地(궁촌벽지) : 가난한 마을과 궁벽(窮僻)한 땅.

討 토론할 **토**, 칠 **토** |4급| 言부수, 총 10획	'言+寸'으로, 어지럽게 꼬인 실을 풀듯, 규칙[寸]에 따라 서로 말[言]하여 논의함[治也 從言從寸] 治也 : 發其紛糾而治之曰討『段注』	• 聲討(성토) • 討捕使(토포사) : 조선시대에, 각 진영(鎭營)에서 도둑을 잡는 일을 맡은 벼슬을 말함. • 爛商討論(난상토론) : 낱낱이 들어 잘 토의함.
對 대답할 **대**, 마주볼 **대** |6급| 寸부수, 총 14획	'丵+口←士+寸'으로, 어떤 일에 대해 제약[寸]을 받지 않고 자연스럽게[丵] 말함[口] [應無方也 從丵從口從寸. 對, 對或從士] 應無方也. 本作對『說文』對, 遂也『爾雅·釋言』遂者, 因事之辭『疏』答也『廣韻』揚也『增韻』-『康熙』	• 對峙(대치) : 서로 마주 대(對)하여 버팀을 뜻함. • 對岸之火(대안지화) : 강 건너 불이라는 뜻이며, 어떤 일이 자기에게는 아무 관계도 없다는 듯이, '관심이 없음'을 이르는 말. • 夜雨對牀(야우대상) : 밤비 소리를 들으면서 침상을 나란히 놓고 눕는다는 뜻이며, 형세나 친구 사이가 좋음을 이르는 말.

寸鐵殺人(촌철살인) 주자(朱子)의 제자인 나대경(羅大經)이 쓴 《학림옥로(鶴林玉露)》에 있는 글로, 종고선사(禪師)가 선(禪)에 대해 말한 대목에 있다.

비유컨대, 어떤 사람이 무기를 한 수레 가득 싣고 와서
〔譬如人載一車兵器〕

그것을 사용하여도 곧 사람을 죽일 수는 없다.
〔弄了一件 又取一件來弄 便不是殺人手段〕

그러나 나는 한 치의 칼만 있어도 사람을 죽일 수 있다.
〔我則只有寸鐵 便可殺人〕

여기서의 '살인'은 마음속의 속된 생각을 없애고 깨달음에 이름을 뜻한다. 번뇌(煩惱)를 없애고 정신을 집중하여 수양한 결과에서 나오는 아주 작은 것 하나가 사물을 변화시키고 사람을 감동시킬 수 있다. 한마디 말로 사람을 죽일 수 있고, 살릴 수 있음이 촌철살인(寸鐵殺人)의 위력이다.

터닦기 專 조합 한자 공부

씨앗 심기 專(오로지 전) 傳(전할 전) 轉(구를 전) 團(둥글 단)

싹틔우기 **스토리 연상 학습 2**

(集團집단) 생활을 하는 현대인에게 맹자의 성선설이 〔전해 傳〕주는 가치는 〔오로지 專〕 이기심을 버리고 착한 본성으로 (전환轉換)해야 한다는 것이다.

나무 키우기	꽃 피우기	열매 맺기

專 오로지 **전**, 마음대로 할 **전**, 전문가 **전** │4급│ 寸부수, 총 11획	'寸 + 叀(전)'으로, 6치 홀(笏)을 손[寸]에 잘 가지고 놀거나, 실패[專, 紡專=紡磚]에 실을 잘 돌려 감음[寸]을 뜻함[六寸簿也 一曰專 紡專 從寸叀聲] 一曰專, 紡專：小雅. 乃生女子. 載弄之瓦. 毛曰瓦紡專也『段注』	• 專攻(전공) : 한 가지 부문을 전문적으로 하는 연구. • 專心致之(전심치지) : 딴생각 없이 오로지 그 일에만 힘씀. • 專對之才(전대지재) : 남의 물음에 지혜롭게 혼자 대답할 수 있어, 외국의 사신으로 보낼 만한 인재.
傳 전할 **전** │5급│ 人부수, 총 13획	'イ + 專(전)'으로, 사자(使者)[人]가 역마(驛馬)를 타고 빠르게 명령을 전달함[遽也 從人專聲] 玉藻. 士曰傳遽之臣. 注云. 傳遽, 以車馬給使者也『段注』	• 傳播(전파) • 黑色宣傳(흑색선전) : 터무니없이 또는 출처를 밝히지 않고 비밀리에 하는 선전. • 以心傳心(이심전심) : 석가와 가섭(迦葉)이 "마음에서 마음으로 전한다."는 뜻으로, 말로써 설명할 수 없는 심오한 뜻은 마음으로 깨닫는 수밖에 없다는 말이며, 마음과 마음이 통하고, 말을 하지 않아도 의사가 전달됨을 말함.

轉 구를 전, 옮길 전 |4급| 車부수, 총 18획	'車 + 專(전)'으로, 수레[車]바퀴가 굴러 돌아감[運也 從車專聲] 動也, 旋也『廣韻』輾轉反側『詩·周南』輾者轉之半, 轉者輾之周『註』-『康熙』	• 榮轉(영전) • 心機一轉(심기일전): 어떠한 동기(動機)를 계기로 이제까지 먹었던 마음을 바꿈. • 轉禍爲福(전화위복): 화가 바뀌어 오히려 복이 된다는 뜻이며, 어떤 불행한 일이라도 끊임없는 노력과 강인한 의지로 힘쓰면 불행을 행복으로 바꾸어 놓을 수 있다는 말.

團 둥글 단, 모일 단 |5급| □부수, 총 14획	'□ + 專(전)'으로, 둥글게 빙 둘러 있는 모양[□] [圜也 從□專聲]	• 團合(단합) • 大同團結(대동단결): 여러 단체나 정당·당파가 서로 대립하는 작은 문제를 무시하고, 큰 목적을 위해서 일치 단결함을 이르는 말. • 團欒之樂(단란지락): 단란하게 지내는 즐거움.

以心傳心(이심전심)　《전등록(傳燈錄)》에 나오는 말이다.

어느 날 석가는 제자들을 영산에 불러 모았다. 그리고 그들 앞에서 손가락으로 연꽃 한 송이를 집어 들고[拈華] 말없이 약간 비틀어 보였다. 제자들은 석가가 왜 그러는지 그 뜻을 알 수 없었다. 그러나 가섭(迦葉)만은 그 뜻을 깨닫고 빙긋이 웃었다. "연꽃은 진흙 속에서 피지만 꽃이나 잎에는 진흙이 묻지 않듯이, 불자(佛子) 역시 세속의 추함에 물들지 않고, 오직 선을 실천해야 한다."는 뜻임을 알았던 것이다. 이에 석가는 가섭에게 말했다. "나에게는 정법안장(正法眼藏:인간이 원래 갖추고 있는 마음의 묘덕)과 열반묘심(涅槃妙心:번뇌를 벗어나 진리에 도달한 마음), 실상무상(實相無相:불변의 진리), 미묘법문(微妙法門:진리를 아는 마음), 불립문자 교외별전[不立文字 教外別傳: 모두 언어나 경전에 의하지 않고 이심전심(以心傳心)으로 전하는 오묘한 뜻]이 있다. 이것을 너에게 전해 주마."

같은 의미의 성어로는 拈華微笑(염화미소), 拈華示衆(염화시중), 不立文字(불립문자), 教外別傳(교외별전), 心心相印(심심상인)이 있다.

詠半月 〔반달을 노래함〕 黃眞伊(황진이)

誰斲崑山玉	누가 곤륜산 옥을 깎아
裁成織女梳	직녀의 얼레빗을 만들었나.
牽牛一去後	견우가 한번 떠난 뒤에
愁擲碧空虛	근심에 겨워 푸른 하늘에 던졌나 보다.

〈海東詩選〉

憫農 〔농부를 가엾게 생각하며〕 李紳(이신)

鋤禾日當午	한낮에 논에서 김매는데
汗滴禾下土	땀은 방울져 벼 아래 땅으로 떨어지네.
誰知盤中飧	누가 알리요 밥상의 저녁밥이
粒粒皆辛苦	낟알마다 모두 농부의 수고인 줄.

〈古文眞寶〉

25강

https://youtu.be/VHw_KWN4-Gg

부자(부수+자원) 좋아 한자 공부

寸 조합 한자를 공부해 봅시다.

터닦기	寺 조합 한자 공부

씨앗 심기	寺(절 사) 侍(모실 시) 詩(시 시) 時(때 시)

싹틔우기 스토리 연상 학습 1

봄꽃이 만개할 〔때 時〕 한 〔절 寺〕에서는 문학 애호인(愛好人)들을 〔모시고 侍〕 (시詩) 향연회를 열었다.

나무 키우기	꽃 피우기	열매 맺기
 寺 절 사 │4급│ 寸부수, 총 6획	'寸+之(지)'로, 규칙[寸]과 규범이 늘 존재하고 정사를 논의하는 곳[廷也 有法度者也 從寸之聲] 廷也：朝中也 漢書注曰 凡府庭所在皆謂之寺 釋名 寺 嗣也 治事者相嗣續於其內『段注』	• 寺刹(사찰) • 內寺(내시)：내사복시(內司僕寺)의 줄임말로, 궁궐 안에 있는 사찰, 또는 조선시대 궁궐의 마구간과 임금이 타는 말·수레를 관리한 관청을 말하기도 함. • 上下寺不及(상하사불급)：위, 아래로 모두 미치지 못함. 또는 두 가지 일이 모두 실패하게 됨을 이르는 말.
 侍 모실 시 │3급│ 人부수, 총 8획	'イ+寺(사)'로, 사람[人]을 공손히 받들어 모심[承也 從人寺聲] 承也：承者 奉也 受也 凡言侍者皆敬恭承奉之義『段注』	• 侍墓(시묘)：부모의 거상(居喪) 중에, 그 무덤 옆에서 움막을 짓고 3년 동안 사는 일을 말함. • 侍衛之臣(시위지신)：임금을 호위하는 신하를 말함. • 嚴妻侍下(엄처시하)：'아내의 주장 밑에서 쥐여 사는 남편'을 조롱하는 말.

詩

시 시

| 4급 |
言부수, 총 13획

'言 + 寺(사)'로, 마음속 생각을 말[言]로 표현함[志也 從言寺聲] 志也 : 毛詩序曰 詩者 志之所之也 在心爲志 發言爲詩『段注』

- 詩想(시상) : 시를 지을 때 시인(詩人)에게 떠오르는 착상이나 구상을 말함.
- 刻燭爲詩(각촉위시) : 촛불이 한 치 타는 동안에 시를 지음이라는 뜻으로, 고려와 조선시대에 행해진 시 짓기의 속작시합을 말함.
- 七步成詩(칠보성시) : 일곱 걸음에 한 편의 시를 완성한다는 뜻이며, 시를 빨리 잘 짓는 재주를 이르는 말.

時

때 시

| 7급 |
日부수, 총 10획

'日 + 寺(사)'로, 해[日]가 규칙적으로 뜨고 지는 세월과 시각[四時也 從日寺聲] 四時也 : 本春秋冬夏之稱 引伸之爲凡歲月日刻之用『段注』

- 晩時之歎(만시지탄) : 때늦은 한탄이라는 뜻이며, 시기가 늦어 기회를 놓친 것이 원통해서 탄식함을 이르는 말.
- 千載一時(천재일시) : 좀처럼 만나기 어려운 기회.
- 啐啄同時(줄탁동시) : 병아리가 알에서 나오기 위해서는 새끼와 어미 닭이 안팎에서 서로 쪼아야 한다는 뜻이며, 선종(禪宗)의 공안(公案) 가운데 하나.

돋보기

七步成詩(칠보성시)   『세설신어(世說新語)』에 나오는 이야기이다.
삼국시대 위 문제(文帝) 조비(曹丕)가 동생 조식(曹植)에게 일곱 걸음을 걷는 사이에 시를 짓지 못하면 목을 베겠다고 말하자, 조식은 일곱 걸음을 다 떼기도 전에 시를 완성했다. 그 시를 내용을 보면 다음과 같다.

콩깍지를 태워 콩을 삶으니, 콩이 솥 안에서 우는구나.
煮豆燃豆萁 豆在釜中泣
본디 한 뿌리에서 나왔건만, 왜 이리 서로 들볶기를 서두는가?
本是同根生 相煎何太急

형제간 살육을 풍자한 촌철살인의 시이다. 이 시를 본 조비는 몹시 부끄러워했으며, 동생을 놓아 주었다 한다.

터닦기 寺 조합 한자 공부

씨앗 심기 待(기다릴 대) 等(등급 등) 持(가질 지) 特(특별 특)

싹틔우기 스토리 연상 학습 2

석가께서〔기다리고 待〕있던〔무리 等〕의 사람들에게〔특별히 特〕연꽃 한
송이를〔가지고 持〕보여주자, 가섭만이 그 뜻을 깨닫고 미소지었다 한다.

나무 키우기	꽃 피우기	열매 맺기
待 (篆) 기다릴 **대**, 대접할 **대** |6급| 彳부수, 총 9획	'彳 + 寺(사)'로, 천천히 가며 [彳] 어떤 사람이나 때가 오기를 기다림[竢也 從彳寺聲]	• 守株待兔(수주대토) : 나무 그루터기를 지키며 토끼를 기다린다는 뜻으로, 우연한 행운 또는 불로소득을 기대하는 어리석음을 말함. • 鶴首苦待(학수고대) : 학처럼 목을 길게 빼고 기다린다는 뜻이며, 몹시 기다림을 이르는 말. • 歲月不待人(세월부대인) : "세월은 사람을 기다리지 않는다."는 뜻이며, '세월을 아껴야 한다'는 말.
等 (篆) 등급 **등**, 가지런할 **등** |6급| 竹부수, 총 12획	'竹 + 寺'로, 관청[寺]의 관리들이 국사를 공평하게[竹] 잘 집행함[簡也 從竹從寺. 寺 官曹之等平也] 齊簡也 : 齊簡者 疊簡冊齊之 如今人 整齊書籍也 引伸爲凡齊之 偁 凡物齊之 則高下歷歷可 見 故曰等級『段注』	• 等閑視(등한시) : 어떤 일을 소홀하게 보아 넘김을 뜻함. • 兩性平等(양성평등) : 사람이 살아가는 모든 영역에서 남자와 여자를 차별하지 않고 동등하게 대우하여 똑같은 참여 기회를 주고, 똑같은 권리와 의무, 자격을 누릴 수 있는 것. • 無等好人(무등호인) : 더할 수 없이 사람됨이 좋은 사람을 말함.

持 持 가질 지 |4급| 手부수, 총 9획	'扌+寺(사)'로, 손[扌]으로 어떤 대상이나 물체를 잡고 있음[握也 從手寺聲] 執也『廣韻』持盈守成『詩·大雅·鳧鷖序』執而不釋謂之持, 是手執之也『疏』又把持也 -『康熙』	• 持續(지속) • 曠日持久(광일지구) : 세월을 헛되이 오랫동안 보낸다는 뜻이며, 긴 세월을 보내고 나니 헛되이 세월만 지났다는 말. • 持斧伏闕(지부복궐) : 상소(上疏)할 때에 도끼를 가지고 대궐문 밖에 나아가 엎드리던 일로, 임금에게 간(諫)할 때에 그 뜻을 받아들일 수 없다면 이 도끼로 죽여 달라는 결의를 나타낸 말.
特 特 특별 특 |6급| 牛부수, 총 10획	'牛+寺(사)'로, 특별히 큰 황소[牛] [特牛也 從牛寺聲] 鉉本云 朴特 牛父也『段注』	• 英特(영특) : 걸출(傑出)하고 특별히 사리와 도리에 밝음. • 大書特筆(대서특필) : 뚜렷이 드러나게 큰 글씨로 쓴다는 뜻이며, 누구나 알게 크게 여론화(輿論化)함을 말함. • 雄卓猛特(웅탁맹특) : 특출나게 뛰어남.

鶴首苦待(학수고대) 　《진서(晉書)》〈은일전(隱逸傳)〉에 나오는 이야기이다.
곽우는 중국 동진(東晉) 사람으로 경전에 정통하고 문예가 뛰어난 지략가이다. 이때 전량(前涼)의 임금 장천석(張天錫)이 그의 뛰어난 재능과 인품을 듣고 사신을 보내 다음과 같이 말했다.
"선생께서는 세상을 구제할 재능을 소유하시고 그저 바라보기분 세상을 구원하지 않으시니, 그 지혜와 슬기에 대해 제가 감히 아쉬움을 표합니다. 이에 사람을 보내오니, 선생께서는 손 내밀어 주시기를 학처럼 기다립니다. 우리나라를 돌보아 주십시오〔先生懷濟世之才 坐觀而不救 其於仁智 孤竊惑焉 故遣使者虛左授綏 鶴企先生 乃眷下國〕."
여기의 '학기(鶴企)'는 '목이 길게 뻗어 있는 학의 모습처럼 한 곳만 바라보며 원하는 바가 이루어지기를 애타게 기다리는 마음'을 비유한 것으로, 학수고대를 말한다.

尋隱者不遇〔은자를 찾았으나 만나지 못하다〕　賈島(가도)

松下問童子	소나무 아래서 동자에게 물으니
言師採藥去	선생님은 약초 캐러 가셨다 하네.
只在此山中	다만 이 산속에 계시나
雲深不知處	구름이 깊어 계신 곳을 알지 못한다 하네.

客中初夏〔초여름 객지에서〕　司馬光(사마광)

四月淸和雨乍晴	사월이 맑고 화창하여 비 오다 잠깐 개니
南山當戶轉分明	남산이 문 앞에 있는 듯 더욱 선명하네
更無柳絮因風起	버들개지에 바람은 다시 일지 않고
惟有葵花向日傾	오직 해바라기꽃 해를 향해 기우네.

山亭夏日(산정하일)　高騈(고변)

綠樹陰濃夏日長	녹음이 짙어 가는 긴긴 여름날
樓臺倒影入池塘	누대의 그림자가 거꾸로 못 속에 잠겨있네.
水精簾動微風起	수정 발이 움직이자 실바람 일어나고
一架薔薇滿院香	한 시렁에 핀 장미 집안 가득히 향기로워라.

〈唐詩選〉

26강

https://youtu.be/vhfU-RYFVLk

부자(부수+자원) 좋아 한자 공부

攵 부수 한자를 공부해 봅시다.

| 터닦기 | 攵 부수 한자 공부 |

| 씨앗 심기 | 故(연고 고) 教(가르칠 교) 散(흩어질 산) 敬(공경할 경) |

| 싹틔우기 | 스토리 연상 학습 1 |

(교사敎師)인 (고향故鄕) 친구와 함께 (산책散策)을 하며 경청(傾聽)과 (경청敬聽)의 차이점에 대해 이야기를 나누었다.

| 나무 키우기 | 꽃 피우기 | 열매 맺기 |

故 故

연고 고, 옛일 고
죽을 고

|4급|
攵부수, 총 9획

'攵 + 古(고)'로, 어떤 일을 하도록 강요함[攵]은 반드시 그 까닭이 있음[使爲之也 從攵古聲] 使爲之也 : 今俗云原故是也 凡爲之必有使之者 使之而爲之則成故事矣『段注』

· 故國(고국)
· 吐故納新(토고납신) : 묵은 것을 토해내고, 새것을 들이마신다는 뜻이며, 낡고 좋지 않은 것을 버리고, 새롭고 좋은 것을 받아들인다는 기공(氣功) 요법의 하나.
· 溫故知新(온고지신) : 옛것을 배우고 익혀서 새로운 것을 앎을 뜻하며, 옛 학문을 되풀이하여 연구하고, 새로운 학문을 알아야 남의 스승이 될 수 있음을 이르는 말.

教 教

가르칠 교

|8급|
攵부수, 총 11획

'攵 + 孝'로, 윗사람이 바른 행실을 보여 아랫사람이 본받도록[孝] 가르침[攵] [上所施 下所效也 從攵從孝] 從攵孝 孝見子部 效也 上施故從攵 下效故從孝『段注』

· 教訓(교훈)
· 反面教師(반면교사) : 다른 사람이나 사물의 부정적인 측면에서 가르침 얻음을 이르는 말.
· 教子采薪(교자채신) : 자식에게 땔나무하는 법을 가르친다는 뜻이며, 무슨 일이든 장기적인 안목을 갖고, 근본적인 처방에 힘씀을 이르는 말.

散 흩어질 산, 한가로울 산 |4급| 攴부수, 총 12획	'攴 + 㪔'으로, '㪔'과 통용. 삼[㪔]을 두들겨[攴] 삼대와 껍질을 분리함[㪔, 通作散 『集韻』散舍諸宮中『公羊傳· 莊十二年』散, 放也『註』又布 也『博雅』散, 誕也『廣韻』不 自檢束爲散『韻會』-『康熙』]	• 霧散(무산) : 안개가 걷힘. 또는 안개가 걷히는 　것처럼 흔적없이 사라짐. • 魂飛魄散(혼비백산) : "넋은 위로 날아가고 혼 　백은 땅으로 흩어진다."는 뜻이며, 몹시 놀라 　어찌할 바를 모름을 이르는 말. • 風飛雹散(풍비박산) : 바람이 불어 우박이 이리 　저리 흩어진다는 뜻이며, 엉망으로 깨어져 　사방으로 흩어져 버림.
敬 삼가할 경, 공경할 경 |5급| 攴부수, 총 13획	'攴 + 苟'로, 삼가고[苟] 조심 하도록 다그침[攴] [肅也 從 攴苟] 從攴苟 : 攴猶迫也. 迫 而苟也『段注』	• 誠敬(성경) : 정성을 다하여 공경함. • 敬天愛人(경천애인) : 하늘의 명을 공경히 받들 　고 백성을 아끼고 보호한다는 뜻이며, 유사성 　어로는 외천애민(畏天愛民), 애민여자(愛民如子). • 敬而遠之(경이원지) : 공경하되 가까이하지는 　아니함을 뜻하며, 겉으로는 공경하는 체하 　면서 속으로는 꺼리어 멀리함.

돋보기

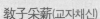 (교자채신)

당(唐)나라 임신사(林愼思)의 《속맹자(續孟子)》〈송신(宋臣)〉편에 나오는 말이다.
춘추시대 노(魯)나라 백성 중에 아들에게 땔나무하는 방법을 가르친 사람이 있었다.

아버지 : 땔 나무를 하는데, 백 보 떨어진 곳과 백 리 떨어진 곳 중 어느 곳을 택하
겠느냐?
아들 : 백 보 떨어진 곳입니다.
아버지 : 네가 택한 곳은 언제든 가져올 수 있고, 또한 우리 것이나 다름없어 아
무도 손을 대지 않는다.
〔魯民曰汝勿以近爲易而採也 勿以遠爲難而不採也 且近是我家之薪 遠是天下之
薪也 我家之薪 人不敢採之〕
하지만 백 리 떨어진 것은 우리 것이 아니고, 누구나 가져갈 수가 있으니, 그곳 땔
감부터 가져와야 근처의 땔감은 우리가 비축해 놓는 것처럼, 남아 있지 않겠느냐.
〔以天下之薪盡則我家之薪存焉 天下之薪汝胡不先採之 以我家之薪盡則天下之薪
何有哉〕

| 26강 |

터닦기 攴 부수 한자 공부

씨앗 심기 敢(감히 감) 數(셈할 수) 放(놓을 방) 改(고칠 개)

싹틔우기 **스토리 연상 학습 2**

> (다수多數)의 학자들은 성공의 첫 조건으로 자신의 (방만放漫)한 습관을 (용감勇敢)히 (개선改善)하는 것이라 했다.

나무 키우기	꽃 피우기	열매 맺기
敢 鹬 감히 **감**, 용감할 **감** │4급│ 攴부수, 총12획	'爭+古(고)'로, 용감히 앞으로 나아가 주고받음[爭] [進取 也 從爭古聲. 骰 籒文叔. 敖 古文叔『說文』敢, 勇也『廣雅』-『康熙』]	· 果敢(과감) · **勇敢無雙**(용감무쌍) : 용감하기 짝이 없음. · **焉敢生心**(언감생심) : "어찌 감히 그런 마음을 먹을 수 있으랴."의 뜻.
數 數 셈할 **수**, 자주 **삭** │7급│ 攴부수, 총15획	'攴＋婁(루)'로, 산술(算術)의 바탕이 된 옛 계산법에 따라 헤아림[攴] [計也 從攴婁 聲] 計也 : 六藝六曰九數 今 九章筭術是也『段注』	· **口舌數**(구설수) : 구설을 듣게 되는 운수. · **苟充其數**(구충기수) : 질(質)은 돌보지 않고 그 수효만을 채움. · **如鳥數飛**(여조삭비) : "새가 하늘을 날기 위해, 자주 날갯짓하는 것과 같다."는 뜻이며, 배우기를 쉬지 않고 끊임없이 연습하고 익힘.

| 放 놓을 방, 내칠 방 \| 6급 \| 攵부수, 총 8획 | '攵＋方(방)'으로, 채찍질[攵]하여 먼 곳으로 내쫓음[逐也 從攵方聲.『說文』棄也『小爾雅』-『康熙』] | · 放送(방송)
· 放聲大哭(방성대곡) : 목을 놓아 크게 욺.
· 凍足放尿(동족방뇨) : 언 발에 오줌 누기라는 뜻이며, 잠시의 효력이 있을 뿐, 그 효력은 없어지고 마침내는 더 나쁘게 됨을 이르는 말. |

| 改 改 고칠 개 \| 5급 \| 攵부수, 총 7획 | '攵＋己(기)'로, 자기의 잘못을 반성하여[攵] 고침[更也 從攵己聲. 李陽冰曰 : 己有過 攵之卽改] | · 改編(개편) : 단체의 조직 따위를 고치어 편성함. 책 따위를 다시 고치어 엮음.
· 朝令暮改(조령모개) : "아침에 명령을 내리고 저녁에 다시 바꾼다."는 뜻이며, 법령의 개정이 너무 빈번하여 믿을 수가 없음을 이르는 말.
· 過則勿憚改(과즉물탄개) : 잘못을 하면 즉시 고치는 것을 주저하지 말아야 함. |

돋보기

如鳥數飛(여조삭비)　《논어집주(論語集註)》〈학이편(學而編)〉에 나오는 말이다.

《논어》의 첫 시작은

"배우고 때때로 그것을 익히면 또한 기쁘지 아니한가?"로 시작한다.

學而時習之 不亦說乎(학이시습지 불역열호)

여기의 '습(習)'자의 주에 '익히다'는 것은 어린 새가 반복하여 날기 연습을 한다는 뜻이니,

習 鳥數飛也(습 조삭비야)

끊임없이 배우기를 새가 반복하여 나는 것과 같이하는 것이다.

學之不已 如鳥數飛也(학지불이 여조삭비야)

江村(강촌) 杜甫(두보)

淸江一曲抱村流	맑은 강물 한 굽이 마을을 안고 흐르니
長夏江村事事幽	긴 여름 강촌은 일마다 한가롭다.
自去自來堂上燕	절로 가며 절로 오는 것은 대청 위의 제비요,
相親相近水中鷗	서로 친하며 서로 가까운 것은 물 가운데 갈매기다.
老妻畵紙爲碁局	늙은 아내는 종이에 바둑판을 그리고
稚子敲針作造鉤	어린아이는 바늘을 두드려 낚싯바늘 만드는구나.
多病所須有藥物	병 많은 이 몸 요긴한 것은 오직 약물뿐이니
微軀此外更何求	미천한 몸이 이 밖에 다시 무엇을 구하리요?

https://youtu.be/Op78H6tLQmY

부자(부수+자원) 좋아 한자 공부

癶와 止 조합 한자를 공부해 봅시다.

| 터닦기 | 殳 조합 한자 공부 |

| 씨앗 심기 | 殿(큰집 전) 設(베풀 설) 役(부릴 역) 投(던질 투) |

| 싹틔우기 | **스토리 연상 학습 1** |

조선시대 (내전內殿)에 역병이 돌면 활인서를 (설치設置)하고 그 전담 〔일役〕을 하는 의원을 (투입投入)하여 환자를 치료했다.

나무 키우기	꽃 피우기	열매 맺기
殿 殿 궁전 **전**, 큰집 **전** |3급| 殳부수, 총 13획	'殳 + 屍(둔)'으로, 몽둥이나 창[殳] 등을 사용하여 나는 소리[擊聲也 從殳屍聲] 擊聲也 : 此字本義未見 假借爲 宮殿字. 燕禮注. 人君爲殿 屋 疏云 漢時殿屋四向流水 『段注』	• 宮殿(궁전) • 無量壽殿(무량수전) : 영주 부석사에 있는 고려 중기의 건물 이름. • 金殿玉樓(금전옥루) : 휘황찬란한 궁전(宮殿)을 이르는 말.
設 設 베풀 **설**, 만들 **설**, 가령 **설** |4급| 言부수, 총 11획	'言 + 殳'로, 병기[殳]를 펴 진열한 것을 말함[言] [施陳 也 從言殳] 施陳也 : 設施雙 聲. 放部曰施旗旖施也. 有 布列之義. 昌部曰敶, 列也. 然則凡言陳設者, 敶之假借 字. 陳行而敶廢矣 『段注』	• 改設(개설) • 爲人設官(위인설관) : 어떤 사람을 위해 벼슬자 리를 새로이 마련함. 남을 위해 정성껏 꾀함. • 醴酒不設(예주불설) : 익은 술을 베풀지 않는다 는 뜻이며, 손님을 대우하는 예가 차츰 없어 짐을 이르는 말.

役 부릴 **역**, 병역 **역**, 일 **역** |3급| 彳부수, 총 7획	'彳+殳'로, 창[殳]을 들고 변방을 순행(循行)하며[彳] 지킴[戍邊也 從殳從彳]	<ul><li>役割(역할)</li><li>一人二役(일인이역) : 한 사람이 두 가지 일을 맡음.</li><li>犬馬之役(견마지역) : '개나 말의 일'이라는 뜻이며, 임금이나 나라에 충성을 다하는 노력이나 윗사람에게 바치는 자기의 노력을 낮추어 하는 말.</li></ul>
投 던질 **투**, 보낼 **투** |4급| 手부수, 총 7획	'扌+殳'로, 무기[殳]를 손으로[扌] 던져 다른 곳에 다다르게 함[擿也 從手從殳]	<ul><li>漢江投石(한강투석) : 한강에 아무리 돌을 많이 집어넣어도 메울 수 없다는 뜻이며, 아무리 도와도 보람이 없는 것. 또는 아무리 투자를 하거나 애를 써도 보람이 없음을 이르는 말.</li><li>以蚓投魚(이인투어) : 지렁이를 낚시 미끼로 물고기에게 던진다는 뜻이며, 보잘것없는 것이라도 다 쓸모가 있음을 이르는 말. 유사성어로는 우수마발(牛溲馬勃)이 있음.</li><li>投鼠忌器(투서기기) : 쥐에게 물건을 던져서 잡고 싶어도 곁에 있는 그릇을 깰까 두렵다는 뜻이며, 임금 곁의 간신을 제거하려 하여도 임금에게 누가 미칠까 두려워한다는 말. 유사성어로는 투서공기(投鼠恐器)가 있음.</li></ul>

醴酒不設(예주불설)　《한서(漢書)》〈초원왕전(楚元王傳)〉에 나오는 말이다.

한나라 왕 유방의 동생 유교(劉交)는 재사(才士) 목생(穆生)을 예로써 대우했는데, 그가 술을 마시지 못하자 연회 때마다 단술을 준비하였다. 그러나 유교가 죽고 그 아들 유무(劉戊)가 왕이 되자 더 이상 단술을 준비하지 않았다. 이에 목생은 다음과 같이 말했다.

"떠나갈 것임이여![可以逝矣]

단술의 예를 하지 않으니, 나에 대한 왕의 생각이 약해짐이로다.

어찌 떠나지 않으리오.[醴酒不設 王之意怠 不去]"

이는 재사를 전처럼 대우하지 않음에 대한 군주의 태도를 비판한 것이다.

177

터닦기 止 조합 한자 공부

씨앗 심기 止(발 지) 肯(즐길 긍) 步(걸음 보) 歲(해 세)

싹틔우기 스토리 연상 학습 2

1월 1일, (세수歲首) 날 동이 트면 가족과 함께 (긍정적肯定的) 덕담을 나누며 첫〔발 止〕〔걸음 步〕을 시작한다.

나무 키우기	꽃 피우기	열매 맺기
止 발 지, 그칠 지 |5급| 止부수, 총 4획	땅에 초목이 나오는 모양[下基也 象艸木出有址 故以止爲足] 故以止爲足:此引伸假借之法 許書無趾字 止卽趾也『段注』	• 止揚(지양): 더 높은 단계로 오르기 위하여 어떠한 것을 하지 아니함. • 明鏡止水(명경지수): 맑은 거울과 고요한 물이라는 뜻으로, 사념(邪念)이 전혀 없는 깨끗한 마음을 비유해 이르는 말. • 止於至善(지어지선): 대학의 3강령의 하나로, 지극히 선(善)한 경지에 이름을 뜻함.
肯 즐길 긍, 긍정할 긍 |3급| 肉부수, 총 8획	'月＋止←冎'로, 뼈[骨]에 고기[月]가 붙어 있음[肯, 可也『爾雅』著骨肉也『字林』-『康熙』 小篆字形 從肉從冎 從肉骨省 本義:着骨之肉-『漢典』	• 肯志(긍지): 찬성하는 뜻을 말함. • 肯定命題(긍정명제): 긍정 판단을 언어로 표현한 것. • 不肯底意(불긍저의): 마음에 내키지 아니함.

步 걸음 보 |4급| 止부수, 총 7획	'止+止'로, 두 발[止]로 번갈아 앞으로 걸어감[行也 從止少相背]

- 讓步(양보)
- 看雲步月(간운보월) : 고향 생각이 간절하여 낮이면 고향 쪽 구름을 보고, 밤이면 달을 보며 거닐다라는 뜻.
- 邯鄲之步(한단지보) : 한단(邯鄲)에서 걸음걸이를 배운다는 뜻으로, 제 분수를 잊고 무턱대고 남을 흉내내다가 이것저것 다 잃음을 비유한 말.

歲 해 세, 나이 세 |5급| 止부수, 총 13획	'步+戌(술)'로, 세성(歲星)[목성(木星)]이 운행하여[步] 제 위치로 돌아오는 데 1년이 걸림[木星也 越歷二十八宿 宣徧陰陽 十二月一次 從步 戌聲 律歷名五星爲五步]

- 歲饌(세찬) : 세배를 하러 온 사람에게 대접하는 음식.
- 三歲之習(삼세지습) : 세 살 적 버릇.
- 歲寒三友(세한삼우) : '추운 겨울의 세 벗'이라는 뜻으로, 곧 소나무·대나무·매화나무.

邯鄲之步(한단지보)	《장자》에 나오는 말이다. 옛날 연(燕)나라의 한 소년(少年)이 조(趙)나라의 수도 한단(邯鄲)에 가서, 그곳 사람들의 걸음걸이를 배우고자 했다. 그런데 한단 사람들의 걸음걸이를 배우기는커녕, 자신의 걸음걸이도 잊게 되어, 결국 그는 엉금엉금 기어서 집으로 돌아오고 말았다 한다[子獨不聞 壽陵餘子之學行於邯鄲與 未得國能 又失其故行矣 直匍匐而歸耳].

閑山島(한산도)　李舜臣(이순신)

水國秋光暮	물나라에 가을빛이 저무니
驚寒雁陣高	추위에 놀란 기러기 떼가 높이 떴구나.
憂心輾轉夜	근심하는 마음으로 엎치락뒤치락하는 밤에
殘月照弓刀	새벽달이 활과 칼을 비추고 있네.

〈李忠武公全書〉

秋夜〔가을밤〕　鄭澈(정철)

蕭蕭落葉聲	우수수 나뭇잎이 떨어지는 소리를
錯認爲疏雨	잘못하여 성긴 빗방울 소리로 알았다.
呼僧出門看	중을 불러 문밖에 나가 보라 하니
月掛溪南樹	"달이 시내 남쪽 나무에 걸려 있다." 하네.

〈松江續集〉

28강

https://youtu.be/O97MYt42IKs

부자(부수+자원) 좋아 한자 공부

正과 彳 조합 한자를 공부해 봅시다.

터닦기 ▶ 正 조합 한자 공부

씨앗 심기 ▶ 正(바를 정) 政(정사 정) 征(칠 정) 整(가지런할 정)

싹틔우기 ▶ **스토리 연상 학습 1**

갈등 문제를 〔바르게 正〕 (조정調整)하지 못하고 (정략적政略的)으로 약자만 〔친다 征〕면 노사화합을 기대할 수 있겠는가?

나무 키우기 ▶ **꽃 피우기** ▶ **열매 맺기** ▶

正 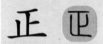 바를 정, 떳떳할 정 |7급| 止부수, 총 5획	'一 + 止'로, 자주 옮기지 않고 한[一] 곳에 적을 둠[止] [是也 從止 一以止]	• 正正堂堂(정정당당) : '正正之氣 堂堂之陣(정정지기 당당지진)'의 준말이며, 사기가 왕성하고 질서가 정연한 군대를 형용한 것으로, 태도나 처지가 바르고 떳떳함을 말함. • 衛正斥邪(위정척사) : 정학(正學)과 정도(正道)를 지키고 사학(邪學)과 이단(異端)을 물리치자는 뜻이며, 구한 말 주자학을 지키고 천주교를 물리치기 위하여 내세운 주장.
政 정사 정 |4급| 攵부수, 총 8획	'攵 + 正(정)'으로, 바르지 못한 것을 바르게[正] 하도록 채찍함[攵] [正也 從攵正聲] 政之爲言 正也 所以正人之 不正也『論語集註』	• 垂簾聽政(수렴청정) : 주렴을 드리우고 정사를 듣는다는 뜻이며, 임금이 어린 나이로 즉위하였을 때, 왕대비나 대왕대비가 이를 도와 정사를 돌보던 일을 말함. • 苛政猛於虎(가정맹어호) : "가혹한 정치는 호랑이보다 더 사납다."는 뜻이며, 가혹한 정치의 폐해(弊害)를 비유한 말.

| 征 칠 정 \|3급\| 彳부수, 총 8획 | '彳＋正(정)'으로, 잘못이 있는 적이나 무리를 바로[正] 잡기 위해 치러 감[彳] [正行也 從彳正聲] 延或從彳 引伸爲征伐 孟子曰 征之爲言正也 『段注』 | ・征東行省(정동행성) : 원(元)나라가 고려 개경(開京)에 두었던 관청 이름. 처음에는 일본 정벌에 관한 사무를 행(行)하다가 뒤에는 고려의 내정을 감시하고 간섭한 기구.
・東征西伐(동정서벌) : "동서로 정벌한다."는 뜻이며, 이리저리 여러 나라를 정벌함을 이르는 말. |

| 整 가지런할 정 \|4급\| 攴부수, 총 16획 | '束＋攴＋正(정)'으로, 바르게[正] 묶도록[束] 지도하여[攴] 가지런히 정돈함[齊也 從攴從束從正 正亦聲] | ・整理整頓(정리정돈) : 가지런하게 다스려 가지런히 정돈하는 것을 뜻함.
・李下不整冠(이하부정관) : 오얏나무 아래에서 갓을 고쳐 쓰지 말라는 뜻이며, 남에게 의심받을 행동은 하지 말라는 것을 비유한 말. |

돋보기

苛政猛於虎
(가정맹어호)

《예기》, 《공자가어》에 나오는 이야기이다.

어느 날, 공자가 태산 근처를 지나가는데[孔子過泰山側],

한 부인이 무덤가에서 곡하며 슬피 우는 소리가 들렸다[有婦人哭於墓者而哀].

이에 공자는 수레 앞에 가로놓인 나무를 잡고 공경을 표시하며 이를 듣고[夫子式而聽之],

자로(子路)를 시켜 그 연유를 묻게 했다[使子路問之曰].

"부인이 우는 것은 심히 깊은 근심이 있는 것 같습니다[子之哭也 壹似重有憂者]."

부인이 대답했다.

"그렇습니다. 얼마 전에 우리 시아버지가 호랑이에게 죽었고[而曰 然 昔者吾舅死於虎],

남편이 또 호랑이에게 죽었습니다[吾夫又死焉].

그런데 오늘 우리 아들이 또 호랑이에게 죽었습니다[今吾子又死焉]."

"왜 떠나지 않았습니까?" 하고 공자가 묻자 부인이 대답했다[夫子問 何爲不去也曰].

"가혹한 정치가 없기 때문입니다[無苛政]."

공자가 말했다. "제자들아, 명심해라. 가혹한 정치는 호랑이보다 더 무섭다는 것을[夫子曰 小子識之 苛政猛於虎也]."

터닦기 戔 조합 한자 공부

씨앗 심기 踐(밟을 천) 錢(돈 전) 賤(천할 천) 殘(해칠 잔)

싹틔우기 **스토리 연상 학습 2**

정도(正道)를 (실천實踐)하는 그를 〔돈 錢〕이 없다고 (천시賤視)함은 황금 만능시대의 (잔재殘在)이다.

나무 키우기	**꽃 피우기**	**열매 맺기**
 밟을 천, 행할 천 |3급| 足부수, 총 15획	'足 + 戔(전/잔)'으로, 발[足]로 땅을 밟음[履也 從足戔聲] 履也 : 履之箸地曰履 履 足 所依也『段注』	• 實踐躬行(실천궁행) : 실제로 밟고 몸소 행한다는 뜻이며, 말로 약속을 맺거나 계획을 세우는 데에만 그치지 않고, 직접 행동하고 참여한다는 말. • 寒兎走山必踐故步(한토주산필천고보) : 겨울 토끼는 다니는 길로만 다닌다는 뜻이며, 고지식하여 융통성이 없음을 비유하여 이르는 속담.
 천할 천, 업신여길 천 |3급| 貝부수, 총 15획	'貝 + 戔(전/잔)'으로, 물건 값[貝]이 적게[戔] 나감[賈少也 從貝戔聲]	• 貴鵠賤鷄(귀곡천계) : 고니를 귀히 여기고 닭을 천하게 여긴다는 뜻이며, 먼 데 것을 귀하게 여기고 가까운 데 것을 천하게 여기는 것이 인지상정(人之常情)임을 말함. • 貧賤之交不可忘(빈천지교불가망) : 가난하고 어려운 때 사귄 친구는 언제까지나 잊어서는 안 된다는 말.

錢 돈 전 |4급| 金부수, 총 16획	'金+戔(전/잔)'으로, 쇠로 만든 농기구인 가래[銚] 따위 [銚也 古田器 從金戔聲『詩』曰庤乃錢鎛 一曰貨也]	• 守錢奴(수전노) : 돈을 지키기만 하는 노예란 뜻이며, 돈을 지나치게 아껴 모을 줄만 알고 쓸 줄을 모르는 사람을 일컫는 말. • 多錢善賈(다전선고) : 밑천이 많은 사람이 장사도 잘함을 말함. 유사성어로는 장수선무(長袖善舞)가 있음.
殘 해칠 잔, 잔인할 잔, 나머지 잔 |4급| 歹부수, 총 12획	'歹+戔(잔/전)'으로, '戔'과 통용. 전쟁을 많이 하여 사람이 뼈만 앙상히 남음[歹] [賊也 從歹戔聲] 又與戔通. 束帛戔戔『易·賁卦』. 引子夏『註』. 束帛殘殘『易』-『康熙』 ※ 戔 : 賊也 從二戈【注】徐鍇曰 : 兵多則殘也, 故從二戈『說文』	• 同族相殘(동족상잔) : 동족끼리 서로 싸우고 죽임을 말함. • 殘虐無道(잔학무도) : 잔인하고 사나워 사람의 도리가 전혀 없음을 뜻하며, 더할 수 없이 잔인하고 포학함을 말함.

貧賤之交不可忘
(빈천지교불가망)

《후한서》〈송홍전〉에 나오는 이야기이다.

광무제 때, 송홍(宋弘)이라는 훌륭한 대부가 있었는데, 무제의 누이 호양 공주가 그를 사모했다. 이를 안 무제는 어느 날 송홍을 불러 말했다.

"사람이 지위가 높아지면 친구를 갈아 사귀고, 부자가 되 되면 아내를 바꾼다고 했는데, 이것이 인지상정이 아닌가?"

이에 송홍은 단호한 어조로 말했다.

"신은 듣건대, 가난하고 천한 시절에 사귄 친구를 잊어서는 안되며[貧賤之交不可忘], 술지게미와 쌀겨를 먹으며 함께 고생한 아내는 버릴 수 없습니다[糟糠之妻不下堂]."

楓岳〔금강산〕　成石璘(성석린)

一萬二千峯	금강산 일만이천봉
高低自不同	높낮이 같지 않다.
君看初日出	그대여, 솟아오르는 태양을 바라보라
何處最先紅	어느 곳이 가장 먼저 붉게 타오르는지.

秋夜雨中〔가을밤 빗속에서〕　崔致遠(최치원)

秋風惟苦吟	가을바람에 오직 괴롭게 읊조리니
世路少知音	세상에 아는 사람 적구나.
窓外三更雨	창밖 삼경에 비는 내리고
燈前萬里心	등불 앞 마음은 만리로 향하네.

29강

https://youtu.be/-68vzDJ2B_E

부자(부수+자원) 좋아 한자 공부

足 조합과 彳 부수 한자를 공부해 봅시다.

터닦기 足 조합 한자 공부

씨앗 심기 足(발 족) 促(재촉할 촉) 捉(잡을 착) 踏(밟을 답)

싹틔우기 스토리 연상 학습 1

산 정상을 〔밟기 踏〕위해 〔발 足〕 걸음을 〔재촉하며 促〕 땀을 뻘뻘 흘리며 올라갔으나 뒤에서 누가 〔붙잡는 捉〕듯 힘이 들었다.

| **나무 키우기** | **꽃 피우기** | **열매 맺기** |

足

발 족, 넉넉할 족

|7급|
足부수, 총 7획

'口 + 止'로, 정강이[口] 아래에 있는 사람의 발[止] 〔人之足也 在體下 從止口 〖注〗徐鍇曰:口象股脛之形〕

- 手足之愛(수족지애) : 형제간의 우애를 일컫는 말.
- 鼎足之勢(정족지세) : 솥발처럼 셋이 맞서 대립(對立)하고 있는 형세.

促

재촉할 촉

|3급|
人부수, 총 9획

'人 + 足(족)'으로, 가까이 또는 은밀히 사람[人]을 다그침[迫也 從人足聲] 迫也 近也 密也『唐韻, 韻會』-『康熙』

- 促進(촉진) : 다그쳐 빨리 나아가게 함.
- 促求(촉구) : 급하게 재촉하여 요구함.
- 延促劫智(연촉겁지) : 자기 생각대로 거침없이 겁(劫)을 늘리기도 하고 줄이기도 하는 부처의 지혜. ※겁(劫) : 가장 긴 시간.

捉 잡을 **착** │3급│ 手부수, 총 10획	'扌 + 足(족)'으로, 손[手]으로 꽉 잡음[搤也 從手足聲 一曰握也] 一曰握也 : 搤持也『段注』	• 蒙網捉魚(몽망착어) : 그물을 쓰고 고기를 잡는다는 뜻이며, 그물을 머리에 쓰고서도 고기가 잡힌다는 것이니, 요행히 운이 좋았음을 이르는 말. • 吐哺捉髮(토포착발) : 주공(周公)이 손님이 오면, 밥 먹을 때는 밥을 뱉고 머리감을 때는 머리를 쥐고 나와 손님을 맞아들였다에서 유래. 민심을 살피고 정무에 열중하여 잠시도 편안함이 없음, 또는 현자를 뵙고 찾으려는 정성을 이르는 말.
踏 밟을 **답**, 걸을 **답** │3급│ 足부수, 총 15획	'足 + 沓(답)'으로, 본자는 '蹋'. 발[足]로 땅을 밟거나 땅 위를 걸음[足著地也『玉篇』踐也『集韻, 韻會, 正韻』本作蹋 今文作踏 或作蹹『說文』－『康熙』]	• 前人未踏(전인미답) : 이전 사람이 아직 밟지 않았다는 뜻이며, 지금까지 아무도 손을 대거나 발을 디딘 일이 없음. • 牛踏不破(우답불파) : 소가 밟아도 안 깨어진다는 뜻이며, 사물의 견고함의 비유.

돋보기

吐哺捉髮(토포착발)　《사기》, 《여씨춘추》등 여러 곳에 나온다. 《고문진보》에도 이와 관련된 섭이중(聶夷中)의 〈군자행(君子行)〉의 시(詩)가 있는데, 그 일부를 보면 다음과 같다.

겸손에 힘썼지만 나라에 중용되었으니[勞謙得其柄],
실력을 갖추고도 그것을 드러내지 않기란 매우 어렵다[和光甚獨難].
미천한 사람에게도 몸을 낮췄고[周公下白屋],
밥을 먹는 중이라도 입속에 있는 밥을 뱉었으며[吐哺不及餐].
머리를 감다가도 세 번이나 머리를 쥐고 나왔으니[一沐三握髮],
후세 사람들이 성현이라 부를만하다[後世稱聖賢].

이는 吐哺握髮(토포악발), 握髮吐哺(악발토포)라 말하기도 한다.

터닦기	彳 부수 한자 공부
씨앗 심기	後(뒤 후) 得(얻을 득) 微(은밀할 미) 徹(통할 철)
싹틔우기	**스토리 연상 학습 2**

〔작은 微〕 장벽(障壁)도 이를 극복한 〔뒤 後〕에 〔얻어 得〕지는 (통철通徹)함은 행복의 샘물이 되어준다.

나무 키우기	꽃 피우기	열매 맺기

後

後

뒤 후

|7급|
彳부수, 총 9획

'彳+幺+夊'로 뒤처져[幺+夊] 잔걸음[彳]으로, 감[遲也 從彳幺夊 幺夊者 後也] 遲也: 從彳幺夊. 幺夊者 後也. 各本奪二字. 今補. 幺者 小也. 小而行遲. 後可知矣. 故從幺夊 會意『段注』

• 前倨後恭(전거후공) : 처음에는 거만하다가 나중에는 공손하다는 뜻이며, 상대의 입지에 따라 태도가 변하는 것을 이르는 말.
• 螳螂在後(당랑재후) : 사마귀가 참새 뒤에 있는 것은 알지 못하고, 매미 잡을 욕심으로 구멍에 들어간다는 뜻이며, 한갓 눈앞의 욕심에만 눈이 멀어 해입을 것을 생각지 않으면 재화를 당하게 됨을 비유함. 동의어로는 螳螂窺蟬(당랑규선), 螳螂搏蟬(당랑박선)이 있음.

> "물고기를 잡으려고 쳐 놓은 그물에 기러기가 걸릴 수 있고, 사마귀가 매미를 탐내는 곳에 참새가 또 그 뒤에서 엿보기도 한다. 계략 속에 계략이 숨어 있고, 변고 밖에 또 변고가 일어나니, 지혜와 기교를 어찌 믿을 수 있으리오."
>
> 《채근담》

得

 得

얻을 득

|4급|
彳부수, 총 11획

'彳+寻←得(득)'으로, '寻'과 동자. 잔걸음[彳]으로 가다가 얻은 바가 있음[行有所得也 從彳寻聲 寻 古文省 彳] ※ 甲骨文得字象一只手抓住一只海貝的樣子 表示有所獲得的意思『字源字典』

• 種瓜得瓜(종과득과) : 오이를 심어 오이를 딴다는 뜻으로, 사물에 그 원인이 있으면 그 결과가 반드시 있음을 이르는 말.
• 得隴望蜀(득롱망촉) : 농(隴) 땅을 얻고 나니, 촉(蜀) 땅을 갖고 싶다는 뜻이며, 인간의 욕심은 한이 없음을 비유한 말.

微 微

은밀할 **미**,
정묘할 **미**,
작을 **미**

| 3급 |
彳부수, 총 13획

'彳+散(미)'로, 사람의 눈에 띄
지 않게 은밀히 걸어감[彳]
[隱行也 從彳散聲『春秋傳』
曰白公其徒微之] 幽微也『爾
雅·釋詁』知微知彰『易·繫
辭』道心惟微『書·大禹謨』
又微, 妙也『廣韻』-『康熙』

• 白玉微瑕(백옥미하) : 백옥지미하(白玉之微瑕)
의 준말로, 흰 옥(玉)에도 흠(欠)이 있다는 뜻
으로, 훌륭한 것에도 약간의 결점이 있음을
비유한 말.
• 拈華微笑(염화미소) : "꽃을 집어 들고 웃음을
띠다."는 뜻이며, 말로 하지 않고 마음에서
마음으로 전하는 이심전심(以心傳心)을 이르
는 말.

徹 徹

통할 **철**, 뚫을 **철**

| 3급 |
彳부수, 총 15획

'彳+攵+育'으로, 세상 사람
모두가 통하는 길로 채찍하
고[攵] 길러[育]감[彳] [除去
也『集韻, 韻會』食不撤薑『論
語』發也『正韻』又抽也 剝也
-『康熙』] ※ 轍 : 車迹也. 從
車徹省聲.

• 徹頭徹尾(철두철미) : 머리에서 꼬리까지 통한
다는 뜻이며, 처음부터 끝까지 방침을 바꾸
지 않고 생각을 철저히 관철함을 이르는 말.
• 徹天之讐(철천지수) : 철천지원수(徹天之怨讐)
의 준말로, 하늘에 사무치도록 한(恨)이 맺힌
원수.

돋보기

得隴望蜀(득롱망촉)   《삼국지》에 나오는 이야기이다.
　　삼국시대, 위(魏)나라 조조(曹操)와 촉(蜀)나라의 유비(劉備)가 천하를 다투던 때의
일이다. 조조는 촉나라 북쪽에 연결되는 섬서성 남쪽 농(隴) 땅까지 쳐들어가 그 일
대를 수중에 넣었다. 이때 조조의 부하 사마의가 "조금만 더 밀어붙이면 촉나라의
본거지를 뺏을 수 있습니다."라 말하자, 조조는 "인간이 만족하기란 쉽지 않다. 이
미 농 땅을 얻었으니 촉 땅까지 바랄 것은 없다. 그것은 지나친 욕심이다."라 말한
데서 연유했다.

秋日作〔가을의 노래〕 鄭澈(정철)

山雨夜鳴竹	산속의 빗줄기는 밤새 대숲을 울리고
草蟲秋近床	풀 벌레 소리 가을되니 침상에 가깝다.
流年那可駐	흐르는 세월 어찌 멈출 수 있으랴
白髮不禁長	흰머리 길어짐은 막을 길 없네.

途中〔길 가는 중에〕 權韠(권필)

日入投孤店	해 저물어 외딴 여관에 투숙하니
山深不掩扉	산 깊어 사립문도 닫지 않는구나.
鷄鳴門前路	이른 새벽 갈 길을 묻노라니
黃葉向人飛	노란 잎새 우리를 향해 날아오네.

30강

https://youtu.be/Yqk4nnB0v0Y

부자(부수+자원) 좋아 한자 공부

皮와 甬 조합 한자를 공부해 봅시다.

터닦기　皮 조합 한자 공부

씨앗 심기　彼(저 피)　破(깨뜨릴 파)　被(입을 피)　頗(치우칠 파)

싹틔우기　## 스토리 연상 학습 1

임금의 용안(龍顔)은 〔저 彼〕 하늘의 해와 같아서 구름에 가림은 〔자못 頗〕
그 은택의 〔입음 被〕과 〔깨짐 破〕으로 비유된다.

나무 키우기	꽃 피우기	열매 맺기

彼

저 피

|3급|

彳부수, 총 8획

'彳+皮(피)'로, 이것의 대가
되는 저것의 뜻이며, 말하
거나 듣는 이로부터 멀리
떨어져 있는[彳] 사물[往, 有
所加也 從彳皮聲] 對此之稱
『玉篇』彼月而微, 此日而微
『詩·小雅』爾之愛我也, 不
如彼『禮·檀弓』-『康熙』

- 此日彼日(차일피일) : 오늘 내일하며 자꾸 기한
을 늦춤.
- 知彼知己(지피지기) : 적을 알고 나를 알아야 한
다는 뜻이며,《손자》〈모공편(謀攻篇)〉을 보
면, "아군의 실정과 적의 실정을 잘 검토한 후
승산이 있을 때 싸운다면, 백 번을 싸워도 결
코 위태롭지 아니하다〔知彼知己 百戰不殆〕."
고 했다.

破

깨뜨릴 **파**,
깨질 **파**, 가를 **파**

|4급|

石부수, 총 10획

'石+皮(피)'로, 돌[石]을 깨뜨
림[石碎也 從石皮聲] 石碎
也 : 瓦部曰瓴者, 破也. 然則
碎瓴糠三篆同義. 引伸爲碎
之偁『段注』

- 破瓜(파과) : 파과지년(破瓜之年)의 준말이며,
여자의 나이 16세, 남자의 나이 64세를 가리
키는 말. 과(瓜)자를 파자하면, 팔(八)자가 둘
이 되므로, 2×8=16과 8×8=64에서 나온 나
이임.
- 破顔大笑(파안대소) : 얼굴의 본 모습이 깨질 정
도로 크게 웃는다는 뜻이며, 얼굴이 엉망이
될 만큼 크게 웃는 웃음을 이르는 말.

被

입을 피, 덮을 피,
이불 피, 당할 피

|3급|
衣부수, 총 10획

'衤 + 皮(피)'로, 길이가 몸보
다 큰 잠옷[衣]을 입거나 덮
음[寢衣 長一身有半 從衣皮
聲]

• 被疑者(피의자) : 범죄의 혐의는 받았으나 아직
  기소(起訴)되지 아니한 사람.
• 夜行被繡(야행피수) : 비단옷을 입고 밤길을 걷
  는다는 뜻이며, 공명(功名)이 세상에 알려지
  지 않음을 이르는 말.

頗

치우칠 파,
자못 파

|3급|
頁부수, 총 14획

'頁 + 皮(피)'로, 머리[頁]가 한
쪽으로 기울어짐[頭偏也 從
頁皮聲] 頭偏也 : 引伸爲凡
偏之偁. 洪範曰無偏無頗.
遵王之義. 人部曰偏者, 頗也.
以頗引伸之義釋偏也『段注』

• 頗多(파다) : 자못 많음. 아주 많음.
• 阿諛偏頗(아유편파) : 아첨하여 한쪽으로 치우침.

夜行被繡(야행피수)

금의야행(錦衣夜行)이라고도 말하며, 《사기》〈항우본기〉에 나온다.

진(秦)나라 도읍인 함양(咸陽)에 입성한 항우(項羽)는 왕자를 죽이고, 궁궐을 불사르
고, 시황제의 무덤을 파헤치는 등 잔인한 행동을 서슴치 않았다. 또 유방이 창고에
보관한 보물을 차지하고, 미녀들을 옆에 낀 채 흥청망청 시간을 보냈다.

이 같은 항우의 모습을 본 신하들은 이를 만류했으나 오히려 혼잣말로 이렇게 중얼
거렸다.

"부귀해졌는데도 고향에 돌아가지 않는 것은 비단옷을 입고 밤길 걷는 것과 같다.
그 누가 이것을 알아주겠는가?"

이 말을 들은 한생(韓生)은 이를 비웃으며 말했다.

"세상 사람들이, '초나라 사람은 원숭이에게 목욕을 시키고 관을 씌워 놓은 것과 같
다(沐猴而冠).'고 말하더니, 그 말이 정말이구나."

이 말을 전해 들은 항우는 한생을 삶아 죽였다 한다.

터닦기 甬 조합 한자 공부

씨앗 심기 通(통할 통) 痛(아플 통) 勇(날랠 용) 誦(외울 송)

싹틔우기 **스토리 연상 학습 2**

우리 형(兄)은 몸이 허약해 자주〔아팠 痛〕지만 버스로 (통학通學)하며 단어도〔외우고 誦〕〔용감히 勇〕공부하여 꿈을 이뤘다.

나무 키우기	꽃 피우기	열매 맺기

通 誦

통할 **통**, 다닐 통

│6급│
辶부수, 총 11획

'辶 + 甬(용)'으로, 가는〔辶〕길이 막힘 없이 통함〔達也 從辵甬聲〕 ※ 甬은 고대 중요 예기(禮器) 또는 악기(樂器)로, 통상 시렁에 매달아 소리를 냄.『字源字典』

· 一脈相通(일맥상통) : 생각이나 성질 등이 서로 통함. 또는 서로 비슷함.
· 無不通知(무불통지) : 무슨 일이든지 다 통하여 알지 못하는 것이 없음.

痛 痛

아플 **통**

│4급│
疒부수, 총 12획

'疒 + 甬(용)'으로, 병〔疒〕이 들어 몸이 아픔〔病也 從疒甬聲〕

· 崩城之痛(붕성지통) : '성(城)이 무너질 만큼 큰 슬픔'이라는 뜻이며, 남편의 죽음을 슬퍼하는 말.
· 鼓盆之痛(고분지통) : '동이를 두드리는 아픔'이라는 뜻이며, 아내의 상(喪)이나 아내의 죽음을 슬퍼하는 말.

勇 篆	'力 + 甬(용)'으로, 씩씩하고 기운[力]참[气也 從力甬聲. 威, 勇或從戈用. 愚, 古文勇 從心.〖注〗篆文作勈. 威:同 勇『正字通』气也:气, 雲气 也. 引申爲人充體之气之偁. 『段注』	• 血氣之勇(혈기지용) : 혈기에 찬 기운으로 불끈 뽐내는 한때의 용맹.
날랠 용, 용감할 용		• 匹夫之勇(필부지용) : 보통 사내의 하찮은 용기라는 뜻이며, 좁은 소견으로 혈기만 믿고 함부로 날뛰는 행동을 말함.
|6급| 力부수, 총 9획		

誦 篆	'言 + 甬(용)'으로, 소리[言]내어 읽으며 욈[諷也 從言甬聲〕徐曰 : 臨文爲誦. 誦, 從也. 以口從其文也. 讀誦也.『廣韻』-『康熙』	• 記誦之學(기송지학) : 외우고 읽기만 할 뿐, 의미를 바로 알려 하지 않으며, 실천에 힘쓰지 않는 학문.
외울 송, 소리 내어 읽을 송		• 牛耳誦經(우이송경) : 소귀에 경 읽기라는 속담의 한역으로, 어리석은 사람은 아무리 가르쳐도 깨닫지 못함을 이르는 말.
|3급| 言부수, 총 14획		

匹夫之勇(필부지용) 《맹자》〈양혜왕 하편〉에 나오는 이야기이다.

춘추시대 제(齊)나라 선왕(宣王)이 맹자에게 "작은 나라는 합병하여 자기의 나라로 만들고, 큰 나라와는 싸워 이김으로써 제후의 맹주가 되고 싶은 생각에서 '이웃 나라와 사귀는 방법'에 대해 질문을 한다.

이에 맹자는 이렇게 대답했다. "왕께서는 소용(小勇)을 좋아해서는 안됩니다. 칼을 어루만지고 눈을 부릅뜨며, 너 같은 자는 나의 적수가 아니라고 말하는 것은 '필부의 용기[匹夫之勇]'로, 기껏해야 한 사람을 상대하는 것밖에 되지 않습니다. 청컨대, 왕께서는 큰 용기[大勇]를 가지십시오." 맹자가 말하는 큰 용기[大勇]는 왕도정치(王道政治)의 실행으로, 앞서 말한 '필부지용(匹夫之勇)'과, '소인지용(小人之勇)'과는 대가 되는 말이다.

山中〔산중에서〕 李珥(이이)

採藥忽迷路	약초를 캐다 문득 길을 잃었는데
千峰秋葉裏	온 산이 단풍으로 물들었기 때문이라네.
山僧汲水歸	산승은 물을 길어 돌아가고
林末茶烟起	숲 끝에서 차 달이는 연기가 피어나네.

舟中夜吟〔밤 배 안에서〕 朴寅亮(박인량)

故國三韓遠	고국인 삼한 땅은 멀기만 한데
秋風客意多	가을바람에 나그네 회포 많기도 하다.
孤舟一夜夢	외로운 배 하룻밤 꿈길 속에
月落洞庭波	지는 달 출렁이는 동정호에 비치네.

31강

https://youtu.be/qPqpSHeZzAw

부자(부수+자원) 좋아 한자 공부

商 조합과 辶 부수 한자를 공부해 봅시다.

터닦기	商 조합 한자 공부
씨앗 심기	適(갈 적) 敵(대적할 적) 滴(물방울 적) 摘(딸 적)
싹틔우기	**스토리 연상 학습 1**

〔물방울 滴〕이 아롱진 새벽 산책길을 〔가는 適〕데 "〔원수 敵〕를 사랑하라"는 성경의 글을 (적시摘示)한 교회 앞 문구가 눈에 띄었다.

나무 키우기	꽃 피우기	열매 맺기

適 適

갈 적, 맞을 적

|4급|
辵부수, 총 15획

'辶 + 啇(적)←啻(시)'로, 서로 생각이 같은 곳으로 감[辶] [之也 從辵啻聲 適, 宋魯語]

- 適材適所(적재적소) : 어떤 일에 적당한 재능을 가진 자에게 적합한 지위나 임무를 맡김.
- 隨友適江南(수우적강남) : 친구 따라 강남 간다는 속담의 한역으로, 친구를 좋아하면 먼 곳이라도 피로를 잊고 따라감. 또는 자기는 하고 싶지 않으나 남에게 끌려서 덩달아 하게 되는 경우를 이르는 말.

敵 敵

대적할 적, 원수 적

|4급|
攴부수, 총 15획

'攴 + 啇(적)←啻(시)'로, 원수와 대적하며 다툼[攴] [仇也 從攴啻聲]

- 衆寡不敵(중과부적) : 적은 수효로 많은 수효를 대적하지 못한다는 뜻이며, 적은 사람으로는 많은 사람을 이기지 못함.
- 敵國破謀臣亡(적국파모신망) : 적국이 패망하면 지략이 뛰어난 신하는 죽음을 당한다는 뜻이며, 염량세태(炎凉世態)의 냉혹한 인심을 비유한 말.

중과부적

전국시대, 여러 나라를 순방하며 왕도정치를 역설하던 맹자(孟子)는 제(齊)나라 선왕(宣王)에게 말했다.
"전하께서 나라를 강하게 만들어 천하의 패권(霸權)을 잡으려는 것은 '나무에 올라 물고기를 구하는 것'과 같사옵니다[緣木求魚(연목구어)]." "과인의 행동이 그토록 나쁘단 말이오?"
"가령, 지금 작은 나라인 추(鄒)나라와 큰 나라인 초(楚)나라가 싸운다면 어느 쪽이 이기겠나이까?"
"그야, 물론 초(楚)나라가 이길 것이오."
"그렇다면 작은 나라는 결코 큰 나라를 이길 수 없고, 소수는 다수를 대적하지 못합니다[衆寡不敵(중과부적)]."

滴

물방울 **적**

| 3급 |
氵부수, 총 14획

'氵＋商(적)←啻(시)'로, 물방울[氵]이 아래로 뚝뚝 떨어짐[水注也 從水啻聲]『說文解字』涓滴, 水點『增韻』又瀝下也 -『康熙』

• 硯滴(연적) : 벼룻물을 담는 그릇.
• 水滴穿石(수적천석) : 물방울이 바위를 뚫는다는 뜻이며, 작은 노력이라도 끈기 있게 계속하면 큰일을 이룰 수 있음.

摘

딸 **적**,
요점만 가릴 **적**,
지적할 **적**

| 3급 |
手부수, 총 14획

'扌＋商(적)←啻(시)'로, 손[手]으로 과일나무의 열매를 지적하여 땀[拓果樹實也 從手啻聲 一曰指近之也]

• 指摘(지적)
• 摘示(적시) : 지적하여 제시함.
• 尋章摘句(심장적구) : 옛사람의 글귀를 여기저기서 뽑아서 시문을 짓는 일.

敵國破謀臣亡
(적국파모신망)

《사기》〈회음후열전〉에 나오는 말이다.
한 고조와 함께 항우를 패망시킨 한신(韓信)은 여황후와 소하의 계략에 넘어가 사로잡혀 참수형을 당한다. 참수를 당하기 전 그가 남긴 말이다.
"과연 사람들의 말이 맞구나[果若人言].
교활한 토끼가 죽으면 좋은 사냥개는 삶아 먹히고[狡兎死良狗烹],
높이 나는 새가 없어지면 좋은 활은 창고에 감춰지며[高鳥盡良弓藏],
적국이 패망하면 지략이 뛰어난 신하가 죽음을 당한다 하더니[敵國破謀臣亡],
이제 천하가 평정되었으니[天下已定],
내가 죽음을 당하는 것도 당연하다[我固當烹]."

터닦기 ⻌ 부수 한자 공부

씨앗 심기 退(물러날 퇴) 追(쫓을 추) 遠(멀 원) 逢(만날 봉)

싹틔우기 **스토리 연상 학습 2**

세자에서 [물러난 退] 양녕대군은 [멀리 遠] 강화로 (추방追放)되어 그 누구도 [만날 逢] 수 없었다.

나무 키우기	**꽃 피우기**	**열매 맺기**
退 退 물러날 **퇴** |4급| 辵부수, 총 10획	'彳+日+夊'으로, 하는 일이 날마다[日] 더디고[彳] 늦어[夊] 물러남[退, 古文 復: 卻也. 一曰行遲也. 從彳從日從夊. 彴, 復或從內. 退, 古文從辵. 〖注〗遉, 遈, 迖, 亦古文退]『說文解字注』.【玉篇】去也, 遜讓也『康熙字典』	• **勇退**(용퇴) : 조금도 꺼리지 아니하고 용기 있게 물러나감. 또는 후진에게 길을 열어 주기 위하여 스스로 관직 등에서 물러남. • **旅進旅退**(여진여퇴) : 나란히 나아가고 나란히 물러선다는 뜻이며, 정견이나 절조가 없이 다만 남의 의견을 추종함을 이르는 말.
追 追 쫓을 **추**, 구할 추 |3급| 辵부수, 총 10획	'⻌ +自(퇴/추)'로, 뒤를 밟아 따라감[⻌] [逐也 從辵自聲] 隨也『廣韻』逮也『增韻』送也『玉篇』-『康熙』	• **追悔莫及**(추회막급) : 지난 일을 뉘우쳐도 소용이 없음. • **窮鼠莫追**(궁서막추) : 피할 곳 없는 쥐를 쫓지 말라는 뜻이며, 궁지에 몰린 적을 모질게 다루면 해를 입기 쉬우니, 지나치게 다그치지 말라는 말.

逢

만날 봉

|3급|

辵부수, 총11획

'辶 + 夆(봉)'으로, 길을 가다 가[辶] 우연히 만남[遇也 從 辵夆聲]

- 雷逢電別(뇌봉전별) : 우레처럼 만났다가 번개처럼 헤어진다는 뜻이며, 잠깐 만났다가 곧 이별함을 이르는 말.
- 久旱逢甘雨(구한봉감우) : 오랜 가뭄 끝에 단비를 만난다는 뜻이며, 오랜 괴로움을 겪은 끝에 즐거운 일을 맞음의 비유.

遠

멀 원

|6급|

辵부수, 총14획

'辶 + 袁(원)'으로, 일정한 거리를 두고 멀리 떨어져서 감[辶] [遼也 從辵袁聲 遙遠也 『廣韻』 指遠近定體也 『正韻』 如『詩』 其人則遠之類遠離之遠去聲, 如『論語』 敬鬼神而遠之之類是也 -『康熙』

- 日暮途遠(일모도원) : 날은 저물었는데 갈 길은 멀다는 뜻이며, 이미 늙어 앞으로 목적한 것을 쉽게 달성하기 어렵다는 말.
- 殷鑑不遠(은감불원) : 은(殷)나라 왕이 거울삼을 데는 먼 곳이 아닌 하(夏)나라에 있다는 뜻이며, 본받을 만한 좋은 전례(前例)는 바로 가까운 곳에 있다는 말.

旅進旅退(여진여퇴) 《고문진보》〈대루원기(待漏院記)〉에 나오는 말이다.
한 나라의 정치와 만백성의 목숨이[是知一國之政萬人之命]
모두 재상에 달려있으니 어찌 신중하지 아니하리오[懸於宰相可不愼歟].
어떤 재상은 남에게 비난도, 칭찬도 받음이 없이[復有無毀無譽]
적당히 나아가고 적당히 물러나며[旅進旅退],
그저 재상 자리만 차지한 채 구차하게 녹봉을 받고[竊位而苟祿]
구색만 갖추어 자신의 자리에 급급하니[備員而全身者]
이 또한 벼슬의 반열에 있어서는 안 되는 사람이다[亦無所取焉].

靜夜思〔고요한 밤의 생각〕 李白(이백)

牀前看月光	침상 앞 달빛을 보고
疑是地上霜	땅에 내린 서리인 줄 알았네.
擧頭望山月	머리 들어 산의 달을 보고
低頭思故鄕	머리를 숙여 고향을 생각하네.

〈唐詩選〉

山中〔산속에서〕 王勃(왕발)

長江悲已滯	장강(長江)으로 막힘을 슬퍼하며
萬里念將歸	만리 떨어진 고향에 돌아갈 생각 간절하네.
況屬高風晩	하물며 오후 늦게 부는 바람에
山山黃葉飛	산마다 누런 잎이 날리는 때임에랴.

https://youtu.be/l0b6d5uTT_I

부자(부수+자원) 좋아 한자 공부

韋와 耆 조합 한자를 공부해 봅시다.

터닦기 韋 조합 한자 공부

씨앗 심기 偉(위대할 위) 衛(지킬 위) 圍(두를 위) 違(어길 위)

싹틔우기 **스토리 연상 학습 1**

(위대偉大)한 인물을 (위법違法)을 해서라도 만나보려 했으나 (호위병護衛兵)에〔둘러 圍〕싸여 불가능했다.

나무 키우기	꽃 피우기	열매 맺기
偉 위대할 위 |5급| 人부수, 총11획	'亻+韋(위)'로, 만물을 창조하듯 큰일을 이루는 사람[亻][奇也 從人韋聲] 奇也:莊子曰 偉哉夫造物者『段注』	• 偉勳(위훈):위대한 훈공(勳功). • 偉人傳記(위인전기):동서고금 위인들의 일생의 업적 및 일화 등을 사실에 입각하여 적어 놓은 글.
衛 지킬 위 |4급| 行부수, 총16획	'行+韋+帀'로, '衛'와 동자. '북두칠성'이 제자리에 있으면, 뭇별들이 열[行]을 지어 호위하며 그 둘레[韋]를 돎[帀][俗衛字『正字通』-『康熙』衛:宿衛也. 從韋帀從行. 行 列 衛也] 韋者 圍之省 圍守也『段注』	• 紅衛兵(홍위병):중국에서 문화혁명이 진행 중이던 1966년 이후에 활동을 개시한 학생 및 청년 조직. • 通信衛星(통신위성):원거리 간의 전파 통신 중계에 이용되는 인공위성.

 두를 위, 둘레 위 | 4급 | □부수, 총 12획	'□ + 韋(위)'로, 나라의 외곽 둘레[□]를 지킴[守也 從□ 韋聲]	• 廣範圍(광범위) • 雰圍氣(분위기) : 지구를 둘러싸고 있는 기체. 또는 어떤 환경이나 자리 등에서 저절로 만들어져서 감도는 느낌이나, 개인의 주위의 상황이나 환경.
違 **어길 위, 잘못 위** | 3급 | 辶부수, 총 13획	'辶 + 韋(위)'로, 법도를 어긴[韋] 행위[辶]를 말함[離也 從辵韋聲]	• 違和感(위화감) : 잘 어울리지 않아서 일어나는 어색한 느낌. • 非違事實(비위사실) : 법에 어긋난 사실. • 陽奉陰違(양봉음위) : 보는 앞에서는 순종하는 체하고, 속으로는 딴마음을 먹음.

돋보기

紅衛兵(홍위병)	중국 마오쩌둥[毛澤東]이 주도한 권력투쟁의 선봉에 섰던 학생 전위대를 말하며, 그 이름은 1927년 마오쩌둥이 조직했던 부대에서 따왔다. 1966년부터 1년 가까이 구 시대로부터의 해방을 명분으로 기존 체제를 전복하고 폭력을 행사하는 등 극단적인 행동을 펼치다가 해산되었으며, 특정인이나 특정 목적을 위해 극단적 행동을 불사하는 급진파를 비유하기도 한다. 1950년대 말 경제개발 계획의 대약진 운동의 실패로, 위기의식을 느낀 마오쩌둥은 구사상, 구문화, 구풍속, 구관습의 4구(舊) 타파 운동을 전개하기도 했다.

터닦기	者 조합 한자 공부
씨앗 심기	者(놈 자) 都(도읍 도) 暑(더울 서) 諸(모두 제)
싹틔우기	**스토리 연상 학습 2**

(폭서暴暑)에 장대비로 (도시都市)에서 산사태가 발생했는데, 피해 주민은 대부분 산기슭 저소득층〔사람 者〕들로〔모두 諸〕 열악한 환경에서 살고 있었다.

나무 키우기	꽃 피우기	열매 맺기

者

놈 **자**, 사람 **자**

|6급|
老부수, 총 9획

'白 + 炗[朱] ← 旅(여)'로, 사람이나 사물을 말할[白] 때 사용하는 어조사[別事詞也 從白炗聲 炗 古文旅字 〖注〗者或從白朱聲. 朱, 困字古文] 語助也『玉篇』又卽物之辭, 如彼者, 如此者『增韻』元者, 善之長也『易·乾卦』-『康熙』

• 會者定離(회자정리)) : "만나면 언젠가는 헤어지게 된다."는 뜻이며, 인생의 무상함을 인간의 힘으로는 어쩌할 수 없는 이별의 아쉬움을 일컫는 말.
• 逐鹿者不見山(축록자불견산) : "사슴을 쫓는 자는 산을 보지 못한다."는 뜻으로, '逐鹿者不見山 攫金者不見人'에서 나온 말로, 명예나 욕심에 사로잡힌 사람은 도리를 저버리거나 눈앞의 위험을 돌보지 않음을 비유함.

都

도읍 **도**, 모두 **도**

|5급|
邑부수. 총 12획

'邑 + 者(자)'로, 천자의 궁이나 선군의 옛 종묘들이 있는 고을[邑] [有先君之舊宗廟曰都 從邑者聲 周禮 : 距國五百里爲都] 天子所宮曰都『廣韻』四縣爲都『周禮·地官·小司徒』又諸侯子弟封邑亦曰都-『康熙』

• 駙馬都尉(부마도위) : 임금의 사위에게 주던 칭호.
• 松都三絶(송도삼절) : 황진이가 칭송한 송도의 세 가지 유명한 존재를 의미하며, 곧 서경덕, 황진이, 박연폭포(朴淵瀑布)를 말함.

暑 더울 서 |3급| 日부수, 총 13획	'日 + 者(자)'로, 뜨거운 햇살[日]이 내려쪼임[熱也 從日者聲]	· 避暑(피서) · 寒往暑來(한왕서래) : 추위가 물러가고 무더위가 온다는 뜻으로, 세월(歲月)이 흘러감을 이르는 말.
諸 모두 제, 여러 제 |3급| 言부수, 총 16획	'言 + 者(자)'로, 여러 사람이 말한 모든 것이나 그 차이를 분별하는 말[言] [辯也 從言者聲] 徐曰別異之辭. 諸諸, 便便, 辯也『爾雅·釋訓』皆言辭辯給也『註』又非一也. 皆言也『玉篇』凡衆也『正韻』-『康熙』	· 反求諸己(반구저기) : '잘못을 자신에게서 찾는다'는 뜻으로, 어떤 일이 잘못되었을 때 남 탓을 하지 않고, 그 원인을 자신에게서 찾아 고쳐 나간다는 의미. · 告諸往而知來(고저왕이지래) : 지나간 일을 이야기함으로써 장차 올 일을 알아차린다는 뜻이며, 하나를 말하면 둘을 안다는 말.

松都三絶(송도삼절)　개성의 3대 명물을 말한다.

당시 유명한 황진이라는 기생이 있었는데, 그는 빼어난 미모에 노래와 가야금 연주를 잘하였고, 시와 문장에도 능하였다.
〔有名娼眞伊者, 美容色 善歌琴 能詩詞〕
일찍이 그 말하기를, "개성에는 세 가지 명물이 있는데, 그 하나는 박연폭포요,
〔嘗曰 松京 有三絶 其一 朴淵瀑布〕
둘째는 화담 서경덕 선생이요, 셋째는 곧 나 황진이다."
〔其二 花潭先生 其三 卽我也〕

訪金居士野居〔김거사의 시골집을 찾아서〕 　鄭道傳(정도전)

秋陰漠漠四山空	가을 구름 아득하고 온 산이 텅 비니
落葉無聲滿地紅	낙엽은 소리 없이 온 땅에 붉다.
立馬溪橋問歸路	시내 다리 위에 말을 세우고 돌아가는 길을 물으니
不知身在畵圖中	내 몸이 그림 속에 있음을 알지 못하겠네.

有感(유감)　安裕(안유)

香燈處處皆祈佛	등불 밝힌 곳마다 부처에게 빌고
絲管家家競祀神	음악이 연주되는 집마다 다투어 귀신에게 제사하네.
唯有數間夫子廟	오직 몇 채의 공자의 사당에는
滿庭秋草寂無人	뜰에 가득 가을 풀만 무성하고 고요하여 사람이 없네.

https://youtu.be/4X1GpxSsv04

부자(부수+자원) 좋아 한자 공부

己와 力 조합 한자를 공부해 봅시다.

터닦기 己 조합 한자 공부

씨앗 심기 記(기록할 기) 紀(벼리 기) 起(일어날 기) 忌(꺼릴 기)

싹틔우기 **스토리 연상 학습 1**

(기원전紀元前) 202년 유방은 〔꺼리 忌〕던 인물들을 제거하고, 인재를 (기용起用)하여 한(漢)나라를 건국했다고 〔기록 記〕돼 있다.

나무 키우기	**꽃 피우기**	**열매 맺기**
記 기록할 기 |7급| 言부수, 총 10획	'言+己(기)'로, 어떤 것을 잘 알 수 있도록 주(註)를 내어 기록함[言] [疋也 從言己聲] 疋, 疏也 疋今字作疏 謂分疏而識之也『段注』	• 博覽强記(박람강기) : 동서고금의 서적을 널리 읽고, 그 내용을 잘 기억하고 있음. • 記問之學(기문지학) : 단순히 책을 외기만 하고 제대로 이해하지 못한 학문.
紀 벼리 기, 적을 기, 해 기 |4급| 糸부수, 총 9획	'糸+己(기)'로, 실[糸]타래의 작은 벼리에 해당하는 첫머리를 잘 분별함[絲別也 從糸己聲] 別絲者, 一絲必有其首, 別之是爲紀. 衆絲皆得其首, 是爲統. 統與紀義互相足也. 故許不析言之『段注』	• 風紀紊亂(풍기문란) : 도덕이나 질서, 규칙 등이 잘 정비되지 않아 어지러움. • 立石紀功(입석기공) : 돌을 세워 공로를 기록함. • 綱紀肅正(강기숙정) : 법강과 풍기(風氣)를 엄숙하고 바르게 함.

起

일어날 기

| 4급 |
走부수, 총 10획

'走 + 己(기)'로, 걸어가기[走] 위해 몸을 일으켜 세움[能立也 從走己聲] 能立也 : 起本發步之偁. 引伸之訓爲立. 又引伸之爲凡始事, 凡興作之偁『段注』

• 起承轉結(기승전결) : 시문(詩文)을 짓는 형식의 한 가지로, 글의 첫머리를 기(起), 그 뜻을 이어받아 쓰는 것을 승(承), 뜻을 한번 부연시켜 설명하는 것을 전(轉), 글 전체의 내용을 맺는 것을 결(結)이라 함.
• 七顚八起(칠전팔기) : "일곱 번 넘어져도 여덟 번째 일어난다."는 뜻으로, 실패를 거듭하여도 굴하지 않고 다시 일어섬.

忌

꺼릴 기, 피할 기

| 3급 |
心부수, 총 7획

'心 + 己(기)'로, 미워하고 싫어하여 꺼리는 마음[心] [憎惡也 從心己聲] 嫉也『增韻』 又忌諱也『廣韻』 又憚也 又怨也 -『康熙』

• 入山忌虎(입산기호) : "산에 들어가 놓고 범 잡기를 꺼린다."는 뜻으로, 막상 일을 당하면 처음과 달리 뒤로 꽁무니를 뺌을 이르는 말.
• 英雄忌人(영웅기인) : 《삼국지》에 나오는 말로, 영웅은 자기보다 더 잘난 사람은 가까이하지 않으려 한다는 뜻이며, 영웅이 공명(功名)을 세우기 위하여 남을 시기함.

記問之學(기문지학)   관련된 자료를 알아보면 다음과 같다.

• 옛것을 익혀 새것을 알면 남의 스승이 될 수 있다.
  〔溫故而知新 可以爲師矣〕《논어》〈위정편〉
• 기억하고 질문하는 학문으로는 남의 스승이 될 수 없다.
  〔記問之學 不足以爲師矣〕《예기》〈학기〉

《예기》의 '記問之學'은 《논어》의 '溫故知新'과 상대 관계에 있음을 알 수 있다. 즉 온고지신은 옛것만을 무조건 익히는 것[溫故]이 아니라, 오히려 새로운 것을 아는데[知新] 무게 중심을 두었다. 다시 말해, 옛것을 익혀서 새로운 것을 알아 미래를 창조하는 삶을 실천할 때 남들이 존경하는 스승이 될 수 있음을 말해준다. 반면 예기의 '記問之學', 즉 '기억하고 질문하는 정도의 학문'으로는 남의 존경의 대상이 될 수 없음을 말한 것이다.

| 터닦기 | 力 조합 한자 공부 |

| 씨앗 심기 | 力(힘 력) 加(더할 가) 協(화할 협) 脅(옆구리 협) |

싹틔우기 | 스토리 연상 학습 2

명량해전에서 13척의 배로 이순신 장군과 그 병사들이 더욱〔더 加〕〔힘 力〕을〔합하여 協〕공격하니, 이에 (위협威脅)을 느낀 330여 척의 왜선들이 퇴각했다.

| 나무 키우기 | 꽃 피우기 | 열매 맺기 |

力

힘 력

|7급|
力부수, 총 2획

사람의 근육(筋肉) 모양을 나타낸 것으로, 그 내면적 상징은 나라를 다스리는 공이나 큰 재앙을 막는 힘 따위 [筋也 象人筋之形 治功曰力 能禦大災 凡力之屬]

• 盡忠竭力(진충갈력) : 충성을 다하고 힘을 다함.
• 兼人之力(겸인지력) : 혼자서 몇 사람을 당해낼 만한 힘.
• 怪力亂神(괴력난신) : 괴이한 일과 엄청난 힘, 난리와 귀신. 합리적인 이성으로 설명이 불가능한 존재나 현상.

加

더할 가

|5급|
力부수, 총 5획

'力 + 口'로, 말[口]에 공력[力]을 더 보탬[語相譄加也 從力從口]

• 怒氣相加(노기상가) : 서로 싸우는 사이에 노기가 자꾸 더해감.
• 加也勿減也勿(가야물감야물) : '더하지도 덜하지도 말라'는 뜻으로, 한가위의 풍성한 만족을 이르는 말.

協

화할 협, 도울 협

|4급|

十부수, 총 8획

'十 + 劦'으로, 많은 사람들[十]이 힘을 합하여[劦] 조화롭게 생활함[同衆之龢也 從劦從十]

• 同心協力(동심협력):마음을 같이 하고 힘을 모아 서로 도움.

• 不協和音(불협화음):둘 이상의 음이 같이 울릴 때, 서로 어울리지 않고 탁하게 들리는 음(音)을 말하며, 서로 뜻이 맞지 않아 일어나는 충돌을 말함.

脅

옆구리 협,
갈빗대 협,
으르다 협

|3급|

月부수, 총 10획

'肉 + 劦(협)'으로, 사람의 겨드랑이 아래 양 옆구리[肉][兩膀也 從肉劦聲] 身左右兩膀『玉篇』胸脅『廣韻』腋下也『增韻』拍爲膊, 謂脅也 -『康熙』

• 脅約(협약) : 위협으로써 이루어진 약속이나 조약.

• 威脅射擊(위협사격) : 위협하기 위하여 가하는 사격.

兼人之力(겸인지력) 《논어》〈선진편〉에 나오는 말로, 兼人之勇(겸인지용)이라고도 한다.

어느 날 자로(子路)라는 제자가 공자에게 물었다.

"선생님 도(道)를 듣고 바로 이를 행하는 것이 어떻습니까?"

〔子路問 聞斯行諸〕

공자가 말했습니다.

"부형(父兄)이 있는데 어찌 바로 행하리오?"

〔子曰 有父兄在 如之何其聞斯行之〕

〈중략〉

이는 "유(由)가 일반인보다 지나쳐 물러가게 한 것이다."라 말했다.

〔子曰 由也兼人 故退之〕

즉, 겸인(兼人)은 다른 사람보다 매우 민첩하고 뛰어남, 또는 남보다 지나치다는 부정적인 의미가 있는데, 여기서는 후자에 해당한다.

秋思〔가을 마음〕 張籍(장적)

洛陽城裏見秋風	낙양성 안에서 가을 바람을 만나 보고
欲作家書意萬重	집으로 편지 쓰려 하니 생각이 만 겹이네.
復恐忽忽說不盡	급히 쓰느라 할 말 다 못했을까 다시 두려워
行人臨發又開封	행인이 길을 떠나려 할 때 또 봉한 것을 열어보네.

山行〔산길〕 杜牧(두목)

遠上寒山石徑斜	멀리 한산을 오르노라니 돌길은 비스듬한데
白雲生處有人家	흰 구름 이는 곳에 인가가 있네.
停車坐愛楓林晚	수레 멈추고 앉아 늦 단풍 숲을 즐기노라니
霜葉紅於二月花	서리 맞은 잎이 이월의 꽃보다 붉구나.

https://youtu.be/aHhgTNssCJs

부자(부수+자원) 좋아 한자 공부

心 부수와 必 조합 한자를 공부해 봅시다.

터닦기	心 부수 한자 공부

씨앗 심기	心(마음 심) 思(생각할 사) 愛(사랑 애) 息(숨 쉴 식)

싹틔우기	**스토리 연상 학습 1**

> (순식간瞬息間)의 비극에서도 측은한 〔생각 思〕이 일어남은 남을 〔사랑 愛〕
> 하는 〔마음 心〕이 본래부터 있었기 때문이다.

나무 키우기	꽃 피우기	열매 맺기

心
심장**심**, 마음 심
|7급|
心부수, 총 4획

사람 몸속에 있는 심장 모양[人心 土臟也 在身之中 象形]

- 野心滿滿(야심만만) : 무엇을 이루어 보겠다는 욕망이나 소망이 마음속에 가득함.
- 鬼面佛心(귀면불심) : 얼굴은 귀신의 형상이지만 마음은 부처와 같음.
- 自激之心(자격지심) : 자기가 한 일에 대해 스스로 미흡하게 여기는 마음.

思
생각할 **사**
|5급|
心부수, 총 9획

'田 ← 囟 + 心'으로, 지혜를 생각해 내는 마음[心]과 뇌[囟] [睿也 從心囟]

- 深思熟考(심사숙고) : 깊이 생각하고, 깊이 고찰함.
- 思慕不忘(사모불망) : 사모해 잊지 않음.
- 和諍思想(화쟁사상) : 다툼을 화해시키려는 사상. 여러 대립적인 이론들을 조화시키려는 불교사상으로 원효가 주장함.

愛
사랑 **애**, 즐길 애
|6급|
心부수, 총 13획

'夊 + 㤅(애)'로, 은혜를 베풀어 행하는[夊] 모양[行皃也 從夊㤅聲] 行皃也：心部曰：㤅, 惠也. 今字假愛爲㤅, 而㤅廢矣. 愛, 行皃也, 故從夊 『段注』

- 甘棠愛(감당애) : 연나라 소공이 감당나무 아래서 백성들의 송사를 잘하였는데, 소공이 죽자 백성들이 감당나무를 사랑했다는 뜻으로, 정치를 잘하는 자를 사모하는 마음을 뜻함.
- 愛之重之(애지중지) : 매우 사랑하고 소중히 여김.
- 節用愛人(절용애인) : 나라의 재물을 아껴 쓰고, 백성을 사랑함.

息

숨 쉴 식, 쉴 식,
번식할 식,
자식 식

| 4급 |
心부수, 총 10획

'心 + 自(자)'로, 코[自]를 통해 공기를 흡입하여 이를 심장[心]에 공급함[喘也 從心從自 自亦聲]

• 自强不息(자강불식) : 스스로 힘을 쓰고, 몸과 마음을 가다듬어 쉬지 아니함.

• 萬波息笛(만파식적) : 신라 신문왕 때 있었다고 하는 신기한 피리. 『삼국사기』와 『삼국유사』에 전하는데, 동해 섬에 있는 신기한 대나무로 만들었고, 이것을 불면 나라의 모든 근심 걱정이 사라졌다고 함.

• 無子息上八字(무자식상팔자) : 자식 없는 것이 걱정이 적어서 도리어 편하다는 말.

 성어 탐구

시작(始作), 창시(創始), 기원(起源), 원조(元祖) 등을 뜻하는 성어이다.

• 曠古(광고) : 전례(前例)가 없음.

• 濫觴(남상) : 술잔에 겨우 넘칠 정도의 작은 물이라는 뜻으로, 큰 강물도 그 근원은 술잔이 넘칠 정도의 작은 물에서 시작한다는 뜻이며, 모든 사물이나 일의 시초, 근원을 일컫는 말.

• 鼻祖(비조) : 어떤 일을 가장 먼저 시작한 사람. =元祖, 始祖

• 嚆矢(효시) : 전쟁터에서 우는 화살을 쏘아 개전(開戰)의 신호로 삼다라는 뜻으로, 모든 일의 시초를 말함.

• 未曾有(미증유) : 지금까지 아직 한 번도 있어 본 적이 없음.

• 破天荒(파천황) : 천지개벽 이전의 혼돈한 상태를 깨끄려 연다는 뜻으로, 이제까지 아무도 하지 않은 일을 행함을 이르는 말. 또는 진사(進士)에 급제한 사람을 말하기도 함.

• 空前絶後(공전절후) : 전(前)에도 없었고 앞으로도 없음을 뜻하며, 비교(比較)할 만한 것이 이전에도 없고 이후에도 없음.

• 前代未聞(전대미문) : "지난 시대에는 들어본 적이 없다."는 뜻으로, 매우 놀랍거나 새로운 일을 이르는 말.

• 前無後無(전무후무) : 전에도 없었고 앞으로도 있을 수 없음.

• 前人未踏(전인미답) : "이전 사람이 아직 밟지 않았다."는 뜻으로, 지금까지 아무도 손을 대거나 발을 디딘 일이 없음.

 지혜샘터

'시작'을 말해주는 여러 성어가 현대인에게 남겨준 교훈은 무엇일까요?
한 잔의 물이 강물이 된다는 濫觴의 시작, 멋있는 말 같지 않아요? 작은 일이라도 시작이 중요하다는 말이지요. 그 각각의 작은 물이 모여 바다가 되듯 前人未踏의 값진 삶을 개척해 보는 것은 어떨까요?

터닦기 必 조합 한자 공부

씨앗 심기 必(반드시 필) 密(빽빽할 밀) 蜜(꿀 밀) 秘(신비로울 비)

싹틔우기 스토리 연상 학습 2

두 사람만의 〔꿀 蜜〕같은 (비밀秘密)도 언젠가는 〔반드시 必〕 세상에 알려지기 마련이다.

나무 키우기	꽃 피우기	열매 맺기

必

반드시 **필**

| 5급 |
心부수, 총 5획

'八＋弋(익)'으로, 땅을 나눌 [八] 때 반드시 그 분기점에 푯말[弋]을 세움[分極也 從八弋 弋亦聲] 分極也：極猶準也. 木部棟極二字互訓. 橦字下云. 帳極也. 從八弋. 樹臬而分也. 弋今字作杙『段注』

• 生者必滅(생자필멸)：생명이 있는 것은 반드시 죽게 마련이라는 뜻으로, 불교에서 세상만사가 덧없음을 이르는 말.
• 積善之家必有餘慶(적선지가필유여경)：선행을 쌓은 집에는 반드시 남은 경사가 있음.
• 必死則生必生則死(필사즉생필생즉사)：죽기로 싸우면 반드시 살고, 살려고 비겁하면 반드시 죽는다는 뜻. 위기에 처한 나라를 구하는 충신의 각오를 토로한 말.

密

빽빽할 **밀**,
남몰래 **밀**, 숨길 **밀**

| 4급 |
宀부수, 총 11획

'山＋宓(밀)'로, 산[山]에 나무가 빽빽함[山如堂者 從山宓聲] 山如堂者：土部曰堂, 殿也. 釋山曰山如堂者, 密. 郭引尸子.『段注』

• 奧密稠密(오밀조밀)：솜씨나 재주가 매우 세밀하고 교묘한 모양. 또는 성질이 매우 자상스럽고 꼼꼼한 모양.
• 密雲不雨(밀운불우)：구름만 자욱이 끼고 비는 오지 않음.
• 周到綿密(주도면밀)：주의가 두루 미쳐 자세하고 빈틈이 없음.

蜜
꿀 밀
| 3급 |
虫부수, 총 14획

'虫 + 宓(밀)'로, 벌[虫]이 꽃에서 딴 꿀[蜂甘飴也 從虫宓] 蠠或從宓. 宓聲. 今通用此體『段注』

• 口蜜腹劍(구밀복검) : "입으로는 달콤함을 말하나 뱃속에는 칼을 감추고 있다."는 뜻으로, 겉으로는 친절하나 마음속은 음흉한 것.
• 波羅蜜多(바라밀다) : "태어나고 죽는 현실의 괴로움에서 번뇌와 고통이 없는 경지인 피안으로 건넌다."는 뜻으로, 열반에 이르고자 하는 보살의 수행을 이르는 말.

秘
신비로울 비,
숨길 비
| 4급 |
禾부수, 총 10획

'禾 + 必(필)'로, 示+必(필)자와 같으며, 신이 하는 일[示]은 은미(隱微)하여 헤아리기 어려움[神也 從示必聲] 秘, 密也. 通作祕.【集韻】-『康熙』 ※ 子曰 鬼神之爲德 其盛矣乎 視之而弗見 聽之而弗聞 體物而不可遺『中庸』

• 諱之秘之(휘지비지) : 우리가 흔히 쓰는 '흐지부지'란 말이며, 남을 꺼리어서 우물쭈물 얼버무려 넘김.
• 勿秘昭示(물비소시) : 감추지 말고 밝히어 보이라는 뜻으로, 점장이가 외는 주문의 끝마디 말.

口蜜腹劍(구밀복검) 《십팔사략(十八史略)》《신당서(新唐書)》에 나오는 이야기이다.
　　당(唐)나라 현종(玄宗) 때 이임보(李林甫)는 임금의 총애를 받은 후궁(後宮)에게 환심을 사 재상에 오른 인물이다. 그는 재상이 되어 권세와 지위를 이용하여 장차 자기를 위협할 만한 사람을 가려서 제거하였다. 이 때문에 중국 역대 간신을 대표하는 인물이 되어 '구밀복검(口蜜腹劍)'이라는 말을 탄생시켰다.
　　《신당서》에 그를 다음과 같이 평(評)하고 있다.
　　"이임보는 어진 사람을 미워하고 재주 있는 사람을 시기하여, 자기보다 나은 사람을 밀어내고 내리눌렀다[李林甫 妬賢嫉能 排抑勝己]. 성질이 음흉했는데[性陰險], 사람들이 말하기를, '입에는 꿀, 배에는 칼이 있다[人以爲 口有蜜腹有劍].'라 했다.

구밀복검의 성어가 현대인에게 남겨준 교훈은 무엇일까요?
이임보는 당시 임금의 총애를 받아 자기 멋대로 할 수 있어 행복했을 줄 모르나 영원히 간신의 대명사로 낙인찍혔다. 만약 그가 사후(死後)에 자신의 모습을 볼 수 있다면, 과연 이를 잘한 일이라 말할 수 있을까요? 후회하는 삶보다 남을 위해 사랑을 실천하며, 잘살았다는 삶을 사는 것이 현명한 삶이 아닐까요?

村夜〔시골의 밤〕　白居易(백거이)

霜草蒼蒼蟲切切	서리맞은 풀 무성한 속에 벌레 찌르럭거리고
村南村北行人絶	마을의 남과 북엔 인적도 끊어졌네.
獨出門前望野田	홀로 문 앞에 나와 들밭을 바라보니
月明蕎麥花如雪	달 밝아 메밀꽃이 눈처럼 희도다.

〈白氏長慶集〉

九月 九日 憶山東兄弟〔구월 구일 동산의 형제를 생각하며〕　王維(왕유)

獨在異鄕爲異客	홀로 타향에서 나그네 되어
每逢佳節倍思親	매번 명절을 맞을 때마다 부모님 생각 간절하네.
遙知兄弟登高處	멀리서 생각하니 형제들이 높은 곳에 올라가
遍插茱萸少一人	모두 수유를 꽂을 때 한사람 부족한 줄 멀리서도 알겠구나.

楓橋夜泊〔밤에 배를 풍교에 정박시키다〕　張繼(장계)

月落烏啼霜滿天	달은 지고 까마귀 우는데 서리는 하늘에 가득하고
江楓漁火對愁眠	강가의 단풍나무와 고기잡이 불빛에 시름겨워하며 잠자도다.
姑蘇城外寒山寺	고소성 밖 한산사
夜半鐘聲到客船	한밤중 종소리가 나그네의 배에 이르네.

35강

https://youtu.be/5qZ3oqUExRk

부자(부수+자원) 좋아 한자 공부

心 부수 한자를 공부해 봅시다.

터닦기 心 부수 한자 공부

씨앗 심기 恥(부끄러울 치) 忽(소홀할 홀) 慕(그리워 할 모) 憤(분할 분)

싹틔우기 스토리 연상 학습 1

그는 〔갑자기 忽〕〔분함 憤〕과 〔그리움 慕〕, 〔부끄러움 恥〕 등 다양한 표정 연기를 잘하는 재능을 소유하였다.

나무 키우기	꽃 피우기	열매 맺기

恥

부끄러울 **치**

|3급|
心부수, 총 10획

'心 + 耳(이)'로, 사람이 본래 소유한 부끄러워할 줄 아는 마음[心] [辱也 從心耳聲] 又慙也『廣韻』人不可以無恥『孟子』人不可以無所羞恥也『註』或作誀. 從心耳會意. 取聞過自愧之義. 凡人心慙, 則耳熱面赤, 是其驗也. 俗謂作恥『六書總要』-『康熙』

• 厚顏無恥(후안무치) : 얼굴이 두껍고 부끄러움이 없다라는 뜻으로, 뻔뻔스러워 부끄러워할 줄 모름.
• 不恥下問(불치하문) : 아랫사람에게 묻는 것을 부끄러워하지 않음. 모르는 것은 누구에게든지 물어봐야 함.
• 寡廉鮮恥(과렴선치) : 염치가 없고 부끄러워할 줄 모름.

忽

소홀할 **홀**,
갑자기 **홀**

|3급|
心부수, 총 8획

'心 + 勿(물)'로, 갑자기 어떤 일에 정성과 조심함[心]을 잊고 경홀히 행동함[忘也 從心勿聲]

• 忽顯忽沒(홀현홀몰) : 문득 나타났다가 문득 없어짐.
• 忽忽不樂(홀홀불락) : 실망하여 마음이 즐겁지 않음.
• 忽往忽來(홀왕홀래) : 걸핏하면 가고 걸핏하면 옴.

慕 그리워할 **모**, 사모할 **모**, 바랄 **모** |3급| 心부수, 총 15획	'心 + 莫(막)'으로, 어떤 일을 하는 사람은 자기가 반드시 마음[心]속으로 그 일을 좋아함[習也 從心莫聲] 習也 : 習其事者, 必中心好之『段注』	• 戀慕之情(연모지정) : 사랑하여 그리워하는 정. • 思慕不忘(사모불망) : 사모해 잊지 않음. • 終天之慕(종천지모) : 이 세상 끝날 때까지 계속되는 사모의 정.
憤 분할 **분**, 성낼 **분** |4급| 心부수, 총 15획	'忄+賁(분)'으로, 억울하고 원통한 일로 화가 난 마음[忄] [懣也 從心賁聲]	• 發憤忘食(발분망식) : 목표하는 일을 이루려고 끼니조차 잊고 분발함.

發憤忘食(발분망식)

《논어》〈술이〉편에 나오는 이야기이다.

섭공이 제자인 자로에게 공자에 대해 물었다. 자로가 대답하지 못했다.

〔葉公問孔子於子路 子路不對〕

공자가 말했다. 너는 왜 이리 말하지 않았느냐.〔子曰 女奚不曰〕

그 사람됨은 (배움을 좋아하여) 분발하여 먹을 것도 잊고〔其爲人也 發憤忘食〕

(배움을 얻으면) 즐거워서 근심을 잊고〔樂以忘憂〕

(이처럼 배우기를 좋아해서) 늙음이 다가옴도 알지 못하고 평생을 산 사람이라고.

〔不知老之將至云爾〕

발분망식의 성어가 현대인에게 남겨준 교훈은 무엇일까요?

공자는 '생이지지(生而知之)'의 성인(聖人)으로 날 때부터 아는 사람이지만, 이처럼 배우기를 좋아하여 밥 먹는 것도 잊고 평생을 살았다고 자평했다. 간혹 우리가 어떤 일에 열중하다 보면 밥 먹는 것을 잊은 적이 있다. 그러나 공자처럼 평생을 이처럼 살기는 불가능하다. 하지만 우리도 기쁨을 맛볼 배움의 목표를 확고히 세워 마치 광부가 금맥(金脈)을 발견하듯 적극적으로 산다면, 좀 더 그 빈도를 높일 수 있지 않을까?

터닦기 心 부수 한자 공부

씨앗 심기 怨(원망할 원) 忍(참을 인) 慢(거만할 만) 懇(정성 간)

싹틔우기 **스토리 연상 학습 2**

부모는 자녀를 위해 어떤 어려움도 〔참고 忍〕 견디며 〔원망 怨〕하지 않고, 〔게으름 慢〕을 피울 겨를도 없이 늘 〔정성 懇〕을 다한다.

나무 키우기	꽃 피우기	열매 맺기

怨

원망할 원

|4급|
心부수, 총 9획

‘心 + 夗(원)’으로, 어떤 일로 인해 마음[心]에 성이 남[恚也 從心夗聲] 恨也『廣韻』仇也, 讎也『增韻』 又讎也, 恚也『集韻』-『康熙』

• 克伐怨慾(극벌원욕) : 네 가지 악덕, 즉 남 이기기를 즐기는 일, 자기의 재능을 자랑하는 일, 원한을 품는 일, 욕심을 내고 탐내는 일.
• 怨入骨髓(원입골수) : 원한이 뼛속으로 들어간다는 말로, 원한이 뼈에 깊숙이 사무칠 정도로 깊음.
• 以直報怨(이직보원) : 원한을 가진 사람에게 도덕으로 대함. 원수를 정의로 대함.

忍

참을 인

|3급|
心부수, 총 7획

‘心 + 刃(인)’으로, 곰처럼 마음[心]씀이 굳건하고 인내심이 있음[能也 從心刃聲] 能也 : 能者, 熊屬. 能獸堅中. 故賢者偁能. 而彊壯偁能傑. 凡敢於行曰能. 今俗所謂能榦也. 敢於止亦曰能. 今俗所謂能耐也. 能耐本一字. 俗殊其音. 忍之義亦兼行止 『段注』

• 隱忍自重(은인자중) : 밖으로 드러내지 아니하고 참고 감추어 몸가짐을 신중히 함.
• 堅忍不拔(견인불발) : 굳게 참고 견디어 마음이 흔들리지 아니함.
• 目不忍見(목불인견) : 처지가 딱하거나 참혹하여 차마 눈뜨고 볼 수 없음.

慢 거만할 만, 방종할 만, 게으를 만 |3급| 心부수, 총 14획	'忄 + 曼(만)'으로, 제멋대로 생각[心]하고 잘난 체하며 남을 업신여기는 행동[惰也 從心曼聲 一曰慢 不畏也] 怠也, 倨也緩也 『廣韻』『朱子』曰慢, 放肆也 - 『康熙』	• 傲慢不遜(오만불손) : 잘난 체하고 방자하여 제멋대로 굴거나 남 앞에 겸손하지 않음. • 暴慢無禮(포만무례) : 하는 짓이 난폭하며 거만하고 무례함. • 自慢自足(자만자족) : 스스로 뽐내며 흡족하게 여김.
懇 정성 간, 노려볼 간 |3급| 心부수, 총 17획	'心 + 狠(간)'으로, 본자는 '懇'. 지극 정성을 다하는 마음[忄] [悃也 從心狠聲 本作懇, 今作懇] 誠也 『集韻』懇惻, 至誠也 又信也 『廣韻』 - 『康熙』	• 勤勤懇懇(근근간간) : 매우 부지런하고 정성스러운 모양. • 無任祈懇之至(무임기간지지) : 아주 간절히 바래서 비는 마음을 참을 수 없다는 뜻으로, 청원하는 글 끄트머리에 쓰는 말.

 성어 탐구

임시방편(臨時方便)을 뜻하는 성어이다.
• 彌縫策(미봉책) : 해진 곳을 임시로 꿰매어 깁는 계책이란 뜻으로, 결점이나 실패를 덮어 발각되지 않게 이리저리 주선하여 감추기만 하는 계책.
• 姑息之計(고식지계) : 근본 해결책이 아닌 임시로 편한 것을 취하는 계책. = 姑息之策(고식지책).
• 窮餘之策(궁여지책) : 궁한 끝에 나는 한 꾀. 막다른 골목에서 그 국면을 타개하려고 생각다 못해 짜낸 꾀.
• 掩耳盜鈴(엄이도령) : 제 귀를 막고 방울을 훔친다는 뜻으로, 얕은꾀로 남을 속이려 하나 아무 소용이 없음을 이르는 말. 방울 소리가 제 귀에 들리지 않으면 남의 귀에도 들리지 않으리라는 어리석은 생각을 이름. = 掩耳偸鈴(엄이투령), 掩耳盜鐘(엄이도종), 掩目捕雀(엄목포작).
• 臨時變通(임시변통) : 갑자기 생긴 일을 우선 임시로 둘러맞춰서 처리함.
• 下石上臺(하석상대) : 윗돌 빼서 아랫돌 괴고, 아랫돌 빼서 윗돌 괸다는 뜻으로, 몹시 꼬이는 일을 당하여 임시변통으로 이리저리 맞추어 나감을 이르는 말. = 上下撑石(상하탱석).
• 凍足放尿(동족방뇨):26강 • 望梅止渴(망매지갈):19강 • 因循姑息(인순고식):5강 • 臨機應變(임기응변):8강

 지혜샘터

'임시방편'의 성어들이 우리들에게 남겨준 교훈은 무엇일까요?
논어에 '人無遠慮 必有近憂'라는 말이 있다. "사람이 멀리 바라보고 깊이 생각하지 않으면 반드시 머지않아 근심이 생긴다."는 말이지요. 미봉책이나 궁여지책의 결과는 근심의 산물입니다. 근심은 곧 실패로 이어질 확률이 높습니다. 혹자는 실패는 성공의 어머니라 말했지만, 그것이 궁여지책의 연속이라면 그 어떤 교훈의 어머니도 되지 못합니다. 우리의 인생은 시험 삼아 재연할 연극이 아닙니다. 우리는 실패보다 면밀한 계획과 원대한 뜻을 세워 늘 성장·발전하는 日新又日新(일신우일신)의 삶을 설계해야 할 것입니다.

甘露寺次惠素韻〔감로사에서 차운하여〕　金富軾(김부식)

俗客不到處	속객이 이르지 않는 곳에
登臨意思淸	산에 오르고 물에 임하니 정신이 맑구나.
山形秋更好	산의 모습은 가을이라 더욱 좋고
江色夜猶明	강 빛은 밤이라 더욱 밝네.
白鳥高飛盡	백조는 하늘 높이 날아가고
孤帆獨去輕	외로운 돛대 홀로 가벼이 떠가네.
自慙蝸角上	부끄럽구나 좁은 세상에서
半世覓功名	공명 찾아 반평생을 헤매인 것이.

36강

https://youtu.be/4Bxr432CsYY

부자(부수+자원) 좋아 한자 공부

一 부수와 且 조합 한자를 공부해 봅시다.

터닦기 一 부수 한자 공부

씨앗 심기 世(세대 세) 丘(언덕 구) 七(일곱 칠) 丈(길이 단위 장)

싹틔우기 스토리 연상 학습 1

(세종世宗)대로(大路) 네거리는 (칠장七丈) 높이의 황토현〔언덕 丘〕이 막고 있어 본래는 삼거리였다고 전한다.

나무 키우기 ▶ **꽃 피우기** ▶   **열매 맺기** ▶

世 世

세대 **세**, 세상 **세**

| 7급 |
一부수. 총 5획

卅+乀으로, 30년을 1세(世)라 말함[三十年爲一世 從卅而曳長之 亦取其聲也] 從卅而曳長之 曳長之 謂末筆也. 亦取其聲. 末筆曳長 卽爲十二篇之乀. 從反厂. 亦是拽引之義世合卅乀會意. 亦取乀聲爲聲『段注』

• 隔世之感(격세지감) : 아주 바뀐 다른 세상이 된 것 같은 느낌. 또는 딴 세대와 같이 많은 변화가 있었음을 비유함.
• 流芳百世(유방백세) : 꽃다운 이름이 후세에 길이 전함. ↔ 遺臭萬年(유취만년).
• 惑世誣民(혹세무민) : 세상을 어지럽히고 백성을 미혹하게 하여 속임.

丘

언덕 **구**

| 3급 |
一부수. 총 5획

'北+一'로, 자연적으로 형성된 지형으로 사방이 높고 가운데가 낮은(北) 작은 산(一)[土之高也 非人所爲也 從北從一 一 地也. 人居在丘南 故從北 中邦之居 在崐崘東南 一曰四方高 中央下爲丘 象形]

• 首丘初心(수구초심) : 여우는 죽을 때가 되면 초심으로 돌아가 태어난 언덕 쪽을 향해 머리를 둔다는 뜻으로, 근본을 잊지 않음. 또는 죽어서라도 고향에 묻히고 싶어하는 마음.
• 麥丘邑人(맥구읍인) : 맥구읍의 사람이라는 말로, 노인을 뜻함.
• 狐丘之戒(호구지계) : 초나라 호구에 사는 노인이 손숙오에게 한 말로, 다른 사람으로부터 원망을 사는 일이 없도록 하라는 경계.

七 일곱 **칠** |8급| 一부수, 총 2획	'一'과 가운데를 약간 비끼어 뚫고 나온 것이 합해진 한자로, '切'의 본자로 보아 물건을 둘로 자름[刀] [陽之正也 從一, 微陰從中衺出也 『說文』 七爲切的本字. 表示划物爲二 從中切斷之意『字源字典』	• 七縱七擒(칠종칠금) : 제갈공명이 맹획을 일곱 번 놓아주고 일곱 번 잡았다는 말로, 상대를 마음대로 다룸. 무슨 일을 제 마음대로 함. • 竹林七賢(죽림칠현) : '대나무의 숲의 일곱 현인(賢人)'이라는 뜻으로, 중국 진(晉)나라 초기에 노장의 허무주의를 주장하고, 죽림에서 청담을 나누며 지내던 일곱 선비, 곧 완적(阮籍), 완함(阮咸), 혜강(嵆康), 산도(山濤), 향수(向秀), 유영(劉怜), 왕융(王戎) 등을 이르는 말.
丈 길이단위 **장**, 어른 **장** |3급| 一부수, 총 3획	'又 + 十'으로, 손[又]으로 십척 되는 지팡이[十]를 잡고 있음[十尺也 從又持十] 十尺也 從又持十 : 夫部曰周制八寸爲尺. 十尺爲丈. 人長八尺. 故曰丈夫『段注』	• 波瀾萬丈(파란만장) : 파도의 물결 치는 것이 만장(萬丈)의 길이나 된다는 뜻으로, 일의 진행에 변화가 심함을 비유하는 말. • 白髮三千丈(백발삼천장) : 머리가 몹시 세었다는 것을 과장(誇張)한 말로, 즉 늙은 몸의 서글픔을 표현한 것. 근심이나 비탄이 쌓여 가는 모양을 비유.

 돋보기

七縱七擒(칠종칠금)

《삼국지》에 나오는 이야기이다.

삼국시대 촉한(蜀漢)의 제1대 황제인 유비(劉備)가 세상을 떠나고, 제갈량(諸葛亮)은 후주(後主)인 유선(劉禪)을 보필하게 되었는데, 그때 각지에서 반란이 일어났다. 마지막 반란군 맹획(孟獲)이 반기를 들고일어나자 제갈량은 노강 깊숙이 들어가 그를 생포했다. 맹획을 생포한 제갈량은 오랑캐로부터 절대적으로 신임을 받고있는 그를 죽이는 것만이 능사는 아니라고 판단하여 맹획을 풀어주었다.

고향에 돌아온 맹획은 전열(戰列)을 재정비하여 또다시 반란을 일으켰다. 제갈량은 자신의 지략을 이용하여 맹획을 다시 생포했지만 또 풀어주었다. 이렇게 하기를 일곱 번, 마침내 맹획은 제갈량에게 마음속으로 복종하여 그 부하가 되기를 자청했다는 이야기이다.

 지혜샘터

칠종칠금의 성어가 우리에게 남겨준 교훈은 무엇일까요? 제갈량은 한때 한·중·일 삼국의 역사적 위인 중 제일 존경받는 인물로 선정되기도 했다. 《삼국지》의 저자 진수(陳壽)는 제갈량을 "재상으로서 솔선수범을 통해 정치·윤리의 모범을 완수했고, 국사를 처리함에 있어 능수능란했으며, 선을 권하고 악을 징벌함이 명확했다."고 평가했다. 후인들이 제갈량을, 시대를 초월하여 추종하는 까닭은, 아마도 그의 신출귀몰한 전략 말고도 군주에게 대를 이어 끝까지 충성을 다한 최고의 책사(策士)로서, 이룰 수 없는 꿈을 꾸었고, 이길 수 없는 적과의 싸움에서도 최선을 다한 충의(忠義)의 진실과 칠종칠금과 같은 너그러운 심성의 여운이 남아서 일지도 모른다.

만두(饅頭) 일화

제갈량이 남만 정벌 뒤, 노수(瀘水)라는 강에 이르러 거센 폭풍우로 강물이 심하게 요동쳐 강을 건너지 못하자, 한 신하가 "남만 풍습처럼 사람 마흔아홉 명과 검은 소, 흰 양 머리를 베어 제물로 바치면 풍랑이 잠잠해진다."라고 말했다. 이에 곰곰이 생각한 제갈량은 "죄 없는 이들을 또 죽일 수 없으니 사람 머리처럼 반죽을 만들고 그 안에 양고기와 소고기를 넣어 제사를 지내라."라고 했다. 이 일로 강을 무사히 건널 수 있었다. 오늘날 만두는 여기에서 유래하였으며, '남만 사람 머리'라는 뜻의 '만두(蠻頭)'는 후일 만두(饅頭)가 되었다.

터닦기 且. 조합 한자 공부

씨앗 심기 助(도울 조) 查(조사할 사) 祖(할아버지 조) 組(짤 조)

싹틔우기 스토리 연상 학습 2

(노조勞組) (조사調査)에 의하면, 6인실의 경우 〔할아버지 祖〕 1인을 〔도울 助〕 간병비 포함 월 약 200만원이 든다고 했다.

나무 키우기	**꽃 피우기**	**열매 맺기**
助 도울 조 │4급│ 力부수, 총 7획	'力＋且(조)'로, 손으로 서로 힘써[力] 도움[佐也 從力且聲] 左也 左今之佐字 左下曰 手相左助也 二篆爲轉注. 右下曰 手口相助也 易傳曰 右者 助也 按左右皆爲助 左者 以力助又 右者 以手助口『段注』	• 揠苗助長(알묘조장) : 곡식이 빨리 자라도록 이삭을 뽑아 올려 모두 죽게 했다는 뜻으로, 성급하게 이익을 보려다가 도리어 해를 보게 됨. • 天佑神助(천우신조) : 하늘이 돕고 신(神)이 도움. • 鷄鳴之助(계명지조) : 닭 울음의 도움이란 뜻으로, 어진 아내의 내조를 이르는 말.
查 조사할 사, 사실할 사, 사돈 사, 뗏목 사 │5급│ 木부수, 총 9획	'木＋且(차)'로, 나무[木]를 엇비슷하게 잘라 만든 뗏목[古同 査『宋本廣韻』-『漢典』 査 : 茬同樣『集韻』水中浮木『廣韻』又考察也 又與柤同, 註見柤. 又查下, 地名『正字通』-『康熙』	• 我歌查唱(아가사창) : 내가 부를 노래를 사돈이 부른다는 속담의 한역으로, 책망을 들을 사람이 도리어 큰소리침을 이르는 말. • 在物調査(재물조사) : 원장 계정상의 나머지가 실재(實在) 잔고와 들어맞는가를 확인하려고 현물(現物)을 실제로 조사하는 일.

祖 祖

사당 **조**, 시조 **조**,
조상 **조**,
할아버지 **조**

| 7급 |
礻부수, 총 9획

'示＋且(조)'로, 시조의 사당에 제물을 쌓아 놓고 제사[示]를 지냄[始廟也 從示且聲] 始廟也：始兼兩義. 新廟爲始 遠廟亦爲始 故祔祧皆曰 祖也 釋詁曰 祖 始也『段注』

- 敬神崇祖(경신숭조) : 신을 공경하고 조상을 숭배함.
- 仁祖反正(인조반정) : 광해군 15년(1623)에 김유, 이서, 이귀, 이괄 등 서인(西人) 일파(一派)가 인목대비(仁穆大妃)와 통모하여 광해군 및 집권당인 대북파를 몰아내고 능양군, 즉 인조(仁祖)를 즉위시킨 일.
- 換父易祖(환부역조) : "아비와 할아비를 바꾼다."는 말로, 지체가 좋지 못한 사람이 지체를 높이기 위하여 옳지 못한 수단으로 자손이 없는 양반 집의 뒤를 잇는 일.

組 組

짤 **조**, 조직할 **조**

| 4급 |
糸부수, 총 11획

'糸＋且(조)'로, 실[糸]이나 끈을 엮어 천 따위를 만듦[綬屬也 其小者以爲冠纓 從糸且聲] 綬屬也：屬當作織 淺人所改也 組可以爲綬 組非綬類也 綬織 猶冠織 織成之幘梁謂之纚 織成之綬材謂之組 詩曰執轡如 組 傳曰 組 織組也『段注』

- 協同組合(협동조합) : 경제적으로 약소한 처지에 있는 사람들이 사업의 개선 및 권익 따위를 위하여 조직한 단체.
- 繫頸以組(계경이조) : 갓이나 머리에 매는 끈을 목에 맴. 목을 매어 죽여 달라는 말로 항복한다는 뜻.

 성어 탐구

태평시절(太平時節)을 뜻하는 성어이다.
- 康衢煙月(강구연월) : 사통오달의 큰길에 태평하게 사람들이 왕래하고, 각 집에서는 밥 짓는 연기가 피어나며 한가롭게 달빛을 감상한다는 뜻으로, 태평한 세상의 평화로운 풍경을 말함. ＝ 太平烟月(태평연월).
- 國泰民安(국태민안) : 나라가 태평하고 백성이 살기가 평안함.
- 道不拾遺(도불습유) : 길에 떨어진 것을 줍지 않는다는 뜻으로, 나라가 잘 다스려져 백성의 풍속이 매우 좋음을 비유한 말이며, 또 형벌이 준엄하여 백성이 범법하지 아니함을 말하기도 함.
- 比屋可封(비옥가봉) : 집집마다 가히 표창할 만한 인물이 많다는 뜻으로, 백성이 모두 성인의 덕에 교화되어 어진 사람이 많음을 이르는 말.
- 堯舜時代(요순시대) : 요임금과 순임금이 덕으로 천하를 다스리던 태평한 시대＝太平聖代(태평성대).
- 濟世安民(제세안민) : 세상을 구제하고 백성을 편안하게 함.
- 海不揚波(해불양파) : 바다에 파도가 일지 않음을 뜻하며, 훌륭한 임금의 정치로 백성들이 편안함을 일컫는 말.
- 含哺鼓腹(함포고복) : 10강. ＝擊壤老人(격양노인), 鼓腹擊壤(고복격양).

 지혜샘터

'태평시절'을 말해주는 성어들이 우리에게 남겨준 교훈은 무엇일까요?
요순시대의 백성들은 풍요롭고 여유로와 심지어는 군주의 존재까지도 잊고 살았으며, 왕통은 백성도 모르게 선양(禪讓)이라는 방법으로 이어졌다. 현대는 그 어느 때보다 과학 문물과 정치 문화의 발달로 경제적 풍요와 민주주의가 확립되었다 하지만 태평시대라 말하진 않는다. 왜 그럴까요? 맹자는 "백성이 귀하고, 사직(社稷)이 그 다음이며, 임금은 가벼운 존재다(民爲貴 社稷次之 君爲輕)."라 말했다. 이는 통치자의 나라의 주인이 백성임과 이를 진심으로 실천하려는 성현(聖賢)의 자질과 노력을 강조한 것이다. 이 같은 인류가 바라는 태평성대는 아직도 진행 중이며, 미래는 당우(唐虞)시대와 동일한 조건은 불가능하므로, 이를 위해 끊임없이 노력하는 백성과 지도자의 성숙만이 유일한 대안이 될 것이다.

花石亭(화석정)　李珥(이이)

林亭秋已晚	숲속의 정자에 가을이 이미 깊었으니,
騷客意無窮	시인의 생각이 끝없이 일어나네.
遠水連天碧	먼 강물은 하늘에 잇닿아 푸르고
霜風向日紅	서리맞은 단풍은 햇빛을 받아 더욱 붉구나.
山吐孤輪月	산은 외로이 둥근 달을 토해내고
江含萬里風	강물은 만리의 바람을 머금고 출렁이네.
塞鴻何處去	변방의 기러기는 어느 곳으로 날아가는가?
聲斷暮雲中	울음소리 저무는 구름 속에 끊어지네.

〈栗谷全書〉

37강

https://youtu.be/lqFGxOETVHc

부자(부수+자원) 좋아 한자 공부

丁과 不 조합 한자를 공부해 봅시다.

터닦기 丁 조합 한자 공부

씨앗 심기 頂(정수리 정) 打(칠 타) 貯(쌓을 저) 寧(차라리 녕)

싹틔우기 스토리 연상 학습 1

(절정絶頂)으로 치닫는 물가를 (타개打開)하기 위해서는 [차라리 寧] 강제
(强制)(저축貯蓄)을 실시해야 한다는 의견이 많다.

나무 키우기	꽃 피우기	열매 맺기

頂

정수리 **정**

|3급|
頁부수, 총11획

'頁 + 丁(정)'으로, 머리[頁]의 맨 위 숫구멍이 있는 자리[顚 也 從頁丁聲]

- 摩頂放踵(마정방종) : 정수리부터 갈아 닳아져서 발꿈치까지 이른다는 뜻으로, 자기를 돌보지 아니하고 남을 깊이 사랑함. 온몸을 바쳐서 남을 위하여 희생함.
- 頂門一鍼(정문일침) : 따끔한 충고를 이르는 말.
- 頂天立地(정천입지) : "하늘을 이고 땅 위에 선다."는 뜻으로, 홀로 서서 타인에게 의지하지 않음.

打

칠 **타**

|5급|
手부수, 총5획

'扌 + 丁(정)'으로, 손[扌]으로 도구를 잡고 못[丁]을 두들겨 박음[擊也 從手丁聲]

- 打草驚蛇(타초경사) : 풀을 쳐서 뱀을 놀라게 한다는 뜻으로, 을(乙)을 징계하여 갑(甲)을 경계함을 이르는 말.
- 風打浪打(풍타낭타) : "바람 부는 대로 물결치는 대로"라는 뜻으로, 일정한 주의나 주장이 없이 그저 대세에 따라 행동함을 이르는 말.

貯 쌓을 저 |5급| 貝부수, 총 12획	'貝 + 宁(저)'로, 진귀한 패물[貝]을 쌓아 둠[積也 從貝宁聲]	• 勤儉貯蓄(근검저축) : 부지런하고 알뜰하여 재물을 모음. • 金屋貯嬌(금옥저교) : 집을 화려하게 꾸며 놓고 총애하는 미인을 살게 함을 이르는 말.
寧 차라리 녕, 어찌 녕, 편안할 녕 |3급| 宀부수, 총 14획	'丁←丂 + 寍(녕)'으로, 저렇게 하는 것보다 이렇게 하는 것이 차리리 나음[丂] [願詞也 從丂寍聲] 願罣也 : 其意爲願則其言爲寧 是曰意內言外 寍部曰 寍 安也. 今字多假寧爲寍. 寧行而寍廢矣『段注』	• 寧爲鷄口勿爲牛後(영위계구물위우후) : 닭의 입이 될지언정 소의 꼬리는 되지 말라는 뜻으로, 큰 인물을 추종하는 것보다는 작은 집단의 우두머리가 낫다는 말. • 多士寔寧(다사식녕) : 준걸과 재사(才士)가 조정에 많으니 국가가 태평함.

 돋보기

鷄口牛後(계구우후)

《사기》〈소진전(蘇秦傳)〉에 나오는 이야기이다.

소진(蘇秦)이 합종책(合從策)을 추진할 때 능숙한 변설(辯舌)로 주(周)·진(秦)·조(趙)나라를 설득했으나 아무도 관심을 보이지 않았다. 그러나 연(燕)나라 문후(文侯)는 조(趙)나라가 진(秦)나라와 전쟁으로 여유가 없어 연나라를 공격하지 않기 때문이라며, 조나라와 동맹을 맺어야 한다고 설득하니, 이를 수용하였다. 이에 소진은 힘을 얻어 다시 조나라를 설득하였고, 이어 한(韓)·위(魏)·제(齊)·초(楚)를 차례로 순방하여 합종설을 완성한다. 계구우후는 소진이 한(韓)의 선혜왕(宣惠王)을 설득할 때의 고사이다. 소진이 말했다.

"한(韓)나라는 강한 군사력과 어진 임금이 있는 나라인데도 진(秦)나라의 신하가 되기를 자청한다면, '차라리 닭의 입이 될지언정 소의 꼬리는 되지 말라(寧爲鷄口勿爲牛後).'는 말이 있듯이, 천하의 웃음거리가 될 것입니다."

이 말을 들은 선혜왕은 "아무리 어리석은 짐일지라도 진(秦)의 신하 노릇은 결코 하지 않으리라."라고 말하고 소진의 합종책을 수용했다는 이야기이다.

 지혜샘터

'계구우후'의 성어가 우리에게 남겨준 교훈은 무엇일까요?

낙양(洛陽) 사람 소진은 장의(張儀)와 함께 귀곡자(鬼谷子)에게서 공부했다. 후일 6국의 재상이 되어 큰 권력과 부를 한 손에 쥐게 되지만, 결국 합종책은 와해(瓦解)되고 한 자객의 치명상을 입고, 그 부상으로 생을 마치게 된다. 이 글의 계구우후는 소진이 전국시대 패도정치(覇道政治)를 좋아했던 한왕(韓王)을 설득한 이야기로, 맹자가 주장했던 왕도정치(王道政治)와는 상반된 정책이다.

당시 맹자는 세상을 요순시대로 만들려고 제왕(諸王)을 설득했으나 모두 우원(迂遠)하다며 홀대를 받았다. 현세에 이를 관조해 보면, 정작 세상에 필요한 것은 백성을 근본으로 하는 왕도정치임에도 제왕(諸王)들은 소진의 계구우후(鷄口牛後)의 작은 지혜에 넘어가 결국 나라를 패망하게 했으니, 그 백성의 원망과 사직(社稷)의 치욕에 대한 책임은 면하기 어려울 것이다.

| 터닦기 | 不 조합 한자 공부 |

| 씨앗 심기 | 不(아니 불) 否(아닐 부) 杯(잔 배) 盃(잔 배) |

| 싹틔우기 | **스토리 연상 학습 2** |

〔술잔 盃〕 '(계영배戒盈杯)'를 아는가? 이 잔은 부은 술이 70%가 되면 (거부拒否)하고 더 채워지지 〔않는다 不〕.

| 나무 키우기 | 꽃 피우기 | 열매 맺기 |

不

아니 불

|7급|
一부수, 총 4획

새가 하늘[一]로 날아올라 내려오지 않음[鳥飛上翔 不下來也 從一 一猶天也 象形]

- **不汗黨**(불한당) : 강도떼. 파렴치하게 남의 제물(祭物)을 마구 빼앗으며 행패를 부리는 무리.
- **魚魯不辨**(어로불변) : '魚'자와 '魯'자를 식별하지 못한다는 뜻으로, 매우 무식함을 이르는 말.
- **搖之不動**(요지부동) : 흔들어도 전혀 움직이지 않음. 결코 자신의 뜻을 굽히지 않는 고집 센 모습을 가리킴.
- **聞則病不聞藥**(문즉병불문약) : 들으면 병이요, 못 들으면 약. 곧 마음에 걸리는 말은 처음부터 듣지 않는 편이 낫다는 말.

否

아닐 부, 니쁠 비

|4급|
口부수, 총 7획

'口 + 不'로, 자기의 생각이 그렇지 않음[지을 말[口]함[不也 從口從不 〖注〗徐鍇曰：不可之意見於言 故從口]

- **曰可曰否**(왈가왈부) : 좋으니 나쁘니 하고 떠들어댐.
- **可否同數**(가부동수) : 투표 등의 개표 결과가 찬성과 반대가 동수임.
- **否極反泰**(비극반태) : 비운이 극한에 다다르면 행운이 돌아옴.

| 杯
 잔배, 술잔배
 │3급│
 木부수, 총 8획 | '木＋不(불)'로, 나무[木]로 만든 술그릇[古文. 匹. 作柸 俗作桮 通作杯. 飲酒器『說文』又盛羹器 -『康熙』] | • 杯中蛇影(배중사영) : 술잔 속의 뱀 그림자라는 뜻으로, 자기 스스로 의혹된 마음이 생겨 고민하는 일. 아무것도 아닌 일에 의심을 품고 지나치게 근심을 함.
 • 殘杯冷炙(잔배냉적) : 마시다 남은 술과 다 식은 구운 고기라는 뜻으로, 약소하고 보잘것없는 주안상으로 푸대접받는 것을 말함. |
| 盃
 잔배
 │3급│
 皿부수, 총 9획 | '血＋不(부)'로, 피가 덩어리져 굳어진 것을 담은 잔[凝血也 從血不聲] | • 覆盃之水(복배지수) : 엎지른 물. 다시 바로잡거나 만회할 수 없게 저질러 놓은 일을 이르는 말.
 • 一盃之飲必分而飲(일배지음필분이음) : 한 잔의 마실 것이라도 반드시 나누어서 먹어야 함. |

 성어 탐구

무용(無用)함을 뜻하는 성어이다.
- 勞而無功(노이무공) : 애를 썼으나 공이 없음. 애쓴 보람이 없음.
- 屠龍之技(도룡지기) : 용을 죽이는 기술이라는 뜻으로, 용이 이 세상에 없는 동물이므로 세상에 쓸모없는 기술을 이르는 말.
- 亡子計齒(망자계치) : 죽은 자식 나이 세기라는 뜻으로, 이미 지나간 쓸데없는 일을 생각하며 애석하게 여김.
- 卓上空論(탁상공론) : 탁자 위에서만 펼치는 헛된 논설이란 뜻으로, 실현성이 없는 허황된 이론을 일컬음.
- 漢江投石(한강투석) : 한강에 아무리 돌을 많이 집어 넣어도 메울 수 없다는 뜻으로, 아무리 도와도 보람이 없는 것. 아무리 투자를 하거나 애를 써도 보람이 없음을 이르는 말.
- 畫中之餠(화중지병) : 그림 속의 떡이란 뜻으로, 바라만 보았지 소용이 닿지 않음을 비유한 말. 보기만 했지 실제로 얻을 수 없음. 실속 없는 말에 비유하는 말.
- 對牛彈琴(대우탄금) : 6강. ＝牛前彈琴(우전탄금).
- 夜行被繡(야행피수) : 30강. ＝錦衣夜行(금의야행), 衣錦夜行(의금야행).
- 牛耳誦經(우이송경) : 30강. ＝牛耳讀經(우이독경).

 지혜샘터

'무용함'을 말해주는 성어가 우리에게 남겨준 교훈은 무엇일까요?
무용(無用)은 '쓸모나 쓸데가 없음'을 말한다. 허송세월을 보낸 삶도 여기에 해당된다. 만물의 영장으로 태어나 무의미한 삶은 참으로 부끄러울 일이다. 이양연은 "눈 내린 들판을 걸을 때 함부로 걷지 마라. 오늘 내가 남긴 발자국이 뒷사람의 이정표가 되리니[踏雪野中去 不須胡亂行 今日我行跡 遂作後人程]."라 노래했다. 이는 현대를 사는 우리에게 바른 삶의 책무를 제시한 말이기도 하다. 현존하는 노벨상 수상자들의 삶을 소개한 글에, 그들은 한결같이 관찰력, 분석력, 창의력, 인내력, 도전력 면에서 모두 뛰어났다고 평했다. 어떤 대상에 대해 면밀한 관찰력으로부터 원리를 끌어내는 명석한 분석력, 그리고 이를 통한 창의력의 발양, 또 그 목표를 끝까지 완성해내는 인내력, 그리고 작은 성취에 그치지 않고 더 높은 세계를 향한 끊임없는 도전력, 이 모두는 현대를 사는 우리가 배워야 할 귀감(龜鑑)의 이정표라 아니할 수 없다.

白馬江懷古(백마강회고)　處能(처능)

白馬波聲萬古愁	백마강 물결 소리는 만고의 시름이니
男兒到此涕堪流	남아가 여기에 이르러 눈물 흘릴 수밖에.
始誇魏國山河寶	처음엔 위나라가 산천이 험한 것을 보배로 여겼던 것처럼 자랑하더니
終作烏江子弟羞	끝내 오강의 강동 자제에게 부끄러워한 꼴처럼 되었구나.
廢堞有鴉啼落日	무너진 성터엔 석양에 우짖는 갈까마귀만 있고
荒臺無妓舞殘秋	황량한 누대엔 늦가을에 춤추는 기녀도 없네.
三分割據英雄盡	삼국을 나누어 할거하던 영웅들 다 사라지고
但看西風送客舟	다만 서풍이 나그네 탄 배 보내는 것만 보이네.

〈箕雅〉

38강

https://youtu.be/vEl7z8zISX8

부자(부수+자원) 좋아 한자 공부

公 조합과 八 부수 한자를 공부해 봅시다.

터닦기 : 公 조합 한자 공부

씨앗 심기 : 公(공평할 공) 松(소나무 송) 訟(송사할 송) 頌(칭송할 송)

싹틔우기 : 스토리 연상 학습 1

이명기 (공公)의 '(송하松下) 독서도(讀書圖)'는 나라의 창성을 위해 (쟁송爭訟)할 줄 아는 선비의 기상을 (찬송讚頌)하는 듯하다.

나무 키우기	꽃 피우기	열매 맺기
 공평할 **公**, 관청 **公**, 존칭 **公**, 귀인 **公** │6급│ 八부수, 총 4획	'八 + 厶'로, 사적(私的)인[厶] 것을 버리고[八] 공평하게 처리함[平分也 從八從厶 八猶背也『韓非』曰:背厶爲公]	•愚公移山(우공이산) : 우공이 산을 옮긴다는 말로, 남 보기엔 어리석은 일처럼 보이지만 한 가지 일을 끝까지 밀고 나가면 언젠가는 목적을 달성할 수 있음을 말함. •大公無私(대공무사) : 매우 공평하여 사사로움이 없음. •公無渡河歌(공무도하가) : 한문 가사(歌辭)의 첫 구절을 따서 일컫는, '공후인'의 다른 이름.
 소나무 **송** │4급│ 木부수, 총 8획	'木 + 公(공)'으로, 겨울의 추위에도 잘 견디는 소나무[木][松木也 從木公聲. 窠, 松或從容.〖注〗枩, 同松]	•松茂栢悅(송무백열) : '소나무가 무성함을 잣나무가 기뻐한다.'는 뜻으로, 벗이 잘됨을 기뻐한다는 말.

訟

송사할 송

|3급|
言부수, 총 11획

'言 + 公(공)'으로, 백성끼리 분쟁이 있을 때, 관부에 호소[言]하여 판결을 구하던 일[爭也 從言公聲 曰 : 謞訟 䚥 古文訟 爭也 : 公言之 也. 漢書呂后紀. 未敢訟言誅之. 鄭展曰 訟言, 公言也. 從言公聲. 此形聲包會意『段注』

- 自責內訟(자책내송) : 제 스스로 자기의 말과 행동을 꾸짖음.

- 必也使無訟(필야사무송) : 아무쪼록 말썽 없도록 함.

頌

칭송할 송

|4급|
頁부수, 총 13획

'頁 + 公(공)'으로, 성공한 사람의 성대한 덕행[頁]을 칭송함[貌也 從頁公聲] 稱述也『正韻』 稱頌成功謂之頌『釋名』又頌, 容也. 敍說其成功之形容也.『徐』曰 : 此容儀字. 歌誦者, 美盛德之形容, 故通作頌『韻會』-『康熙』

- 太平頌(태평송) : 신라 진덕(眞德) 여왕이 당(唐)나라 고종에게 보낸 송시(訟詩).

- 萬口稱頌(만구칭송) : 많은 사람들이 모두 칭송함.

 돋보기

愚公移山(우공이산)

《열자》〈탕문편〉에 나오는 이야기이다.
태형(太形)·왕옥(王屋) 두 산은 둘레가 700여 리나 되었는데, 원래 기주(冀州) 남쪽과 하양(河陽) 북쪽에 있었다. 당시 북산의 우공(愚公)은 나이가 장차 90에 가까웠으나, 이 두 산이 가로막혀 돌아다녀야 하는 고충을 자식들에게 말하고 이 산을 옮길 것을 협의한 후 실행에 옮긴다. 이 말을 들은 산신령이 산을 허무는 인간의 노력이 계속될까 겁이 나서, 옥황상제에게 이를 말려 주도록 호소하였다. 그러나 옥황상제는 우공의 정성에 감동하여 가장 힘센 과아씨(夸娥氏)의 아들을 시켜 두 산을 들어 옮기게 했으니, 하나는 삭동(朔東)에 두고, 하나는 옹남(雍南)에 두게 하였다.

 지혜샘터

'우공이산'의 성어가 우리에게 남겨준 교훈은 무엇일까요?
시대는 변해도 우공이산의 정신은 이어지기 마련이다. 인도 사람 '다시랏 만지'는 1967년 부인이 오지에 살며 부상으로 길이 막혀 치료를 받지 못해 사망하자, 자기와 같은 불행을 없애기 위해 산길을 뚫기로 결심한다. 늘 부인을 추모하며 오로지 망치와 정만으로 산을 허물기 시작했다. 22년이란 세월이 지난 뒤에는 그 꿈이 실현된다. 이 사연은 인도 사회에 큰 반향을 불러일으켰고, '마운틴 맨'이란 별칭도 얻었다. 그는 2007년 향년 80세로 세상을 떠났지만, 그의 거룩한 삶은 영화로 만들어져 전 인류를 감동시켰다. 난공불락의 세파에도 끝없는 도전으로 성공을 이루는 '우공의 정신'은 오늘에도 새로운 모습으로 면면히 이어지고 있다.

터닦기 八 부수 한자 공부

씨앗 심기 六(여섯 륙) 典(법 전) 具(갖출 구) 兮(어조사 혜)

싹틔우기 **스토리 연상 학습 2**

> (기리혜기器利兮畿)는 배려, 순수, 지조, 신의, 소식, 사랑의 〔여섯 六〕 가지의
> (전형적典型的) 상징을 (구비具備)한 새이다.

| **나무 키우기** | **꽃 피우기** | **열매 맺기** |

六

여섯 **륙**

|8급|

八부수, 총 4획

'入 + 八'로, 六은 음변(陰變)의 도(道)를 행하여 만물로 하여금 각각 성명(性命)을 바르게 함. ※ 역(易)의 수에서 '六'은 음의 변수이고, '八'은 음의 정수임[易之數 陰變于六 正于八 從入八『說文』數也『玉篇』三兩爲六 老陰數也『增韻』-『康熙』易之數. 陰變於六. 正於八 : 此謂六爲陰之變. 八爲陰之正也『段注』]

- 三十六計(삼십육계) : 서른여섯 가지의 계략이란 뜻으로, 상황이 불리할 때는 달아나는 것이 상책. 또는 형편이 불리할 때 달아나는 비겁함을 속되게 표현하는 말.
- 六何原則(육하원칙) : 언론계에서, 뉴스 보도에 반드시 담겨져야 할 여섯 가지 기본 요소, 곧 '누가, 언제, 어디서, 무엇을, 왜, 어떻게'를 일컫는 말.
- 八面六臂(팔면육비) : '여덟 개의 얼굴과 여섯 개의 팔'이라는 뜻으로, 뛰어난 능력으로 다방면에 걸쳐 눈부신 수완을 발휘하는 사람을 이르는 말.

典

법 **전**, 책 **전**

|5급|

八부수, 총 8획

'册 + 丌'로, 책[册]이 탁자 위[丌]에 있는 모양[五帝之書也 册在丌上 尊閣之也 莊都說 典 大册也]

- 華燭之典(화촉지전) : 혼례의 예식, 즉 결혼식.
- 高文典册(고문전책) : 국가 또는 임금의 명령에 의하여 간행된 귀중한 저술.
- 金石之典(금석지전) : 쇠나 돌처럼 변함이 없는 훌륭한 법전.

具 갖출 구, 구비할 구, 그릇 구 |5급| 八부수, 총 8획	'廾 + 目 ← 貝'으로, 그릇에 재화[貝]를 마련하여 두 손[廾]으로 바침[共置也 從廾 從貝省 古以貝爲貨] 共置也 : 共供古今字. 當從人部作供『段注』	• 具色親舊(구색친구) : 각 방면의 사람과 널리 사귀는 친구. • 百態具備(백태구비) : 온갖 아름다운 자태가 다 갖추어져 있음. • 具體而微(구체이미) : 형체는 갖추었으나 보잘 것없음.
兮 멈출 혜, 어조사 혜 |3급| 八부수, 총 4획	'丂 + 八'으로, 잠깐 그칠[丂] 때 나오는 소리[八] [語所稽也 從丂八. 象气越亐也] 語所稽也 : 稽部曰畱止也. 語於此少駐也. 從丂八. 象气越亐也 : 越亐皆揚也. 八象气分而揚也『段注』	• 寂兮寥兮(적혜요혜) : "형체와 소리가 없다"는 뜻으로, 노자의 중심 사상인 무위자연(無爲自然)을 이르는 말. • 禍兮福之所倚(화혜복지소의) : 화(禍)와 복(福)은 서로 의지(依支)하고 있음.

이룰 수 없는 무모한 행동을 뜻하는 성어이다.
• 螳螂拒轍(당랑거철) : "사마귀가 수레바퀴 자국에서 수레바퀴를 막는다."는 뜻으로, 자기의 힘은 헤아리지 않고 강자에게 함부로 덤빔.
• 猫項懸鈴(묘항현령) : '고양이 목에 방울 달기'라는 뜻으로, 실행하지 못할 일을 공연히 논의만 함.
• 百年河淸(백년하청) : 백 년을 기다린다 해도 황하의 흐린 물은 맑아지지 않는다는 뜻으로, 오랫동안 기다려도 바라는 것이 이루어질 수 없음을 이르는 말. = 千年一淸(천년일청), 河淸難俟(하청난사).
• 使蚊負山(사문부산) : "모기에게 산을 지게 한다."는 뜻으로, 능력이 모자라 중책을 감당하지 못함의 비유. = 蚊子負山(문자부산).
• 上山求魚(상산구어) : '산에 올라가서 물고기를 찾는다.'는 뜻으로, 당치 않은 일을 무리하게 하려 함을 비유하는 말. = 緣木求魚(연목구어) - 31강.
• 陸地行船(육지행선) : 육지에서 배를 저으려 한다는 뜻으로, 되지 않을 일을 억지로 하고자 함의 비유.
• 以卵投石(이란투석) : 계란을 돌에 던진다는 뜻으로, 무모한 일을 반복하는 것을 이르는 말. = 鷄卵投石(계란투석).
• 指天射魚(지천사어) : 하늘을 보고 물고기를 쏜다는 뜻으로, 사물을 구하는 방법이 그릇됨을 이르는 말.

'무모한 행동'을 말해 주는 성어가 우리에게 남겨준 교훈은 무엇일까요? 무모한 행동에는 공(公)과 사(私), 지(智)와 무지(無智)의 두 갈래 길이 존재할 수 있다. 앞서 우공이산의 교훈에서 보았듯, 우리는 삶에서 때론 以卵投石이나 螳螂拒轍과 같은 상황에 직면할 수 있다. 그러나 외적 환경을 탓하지 않고 대의(大義)를 위한 지성(至誠)의 투혼을 발휘한다면 천인감응(天人感應)의 결과를 낳기도 한다. 주지하다시피 13척의 배로 330여 척의 왜적과 싸운 이순신 장군의 명량해전, 신하의 반대와 유생들의 대모 속에서도 백성을 위해 창제된 세종대왕의 훈민정음은 당시 무모한 도전이란 비난을 받았지만 그 위대함은 자손만대에까지 찬란히 빛내준다.

江陵鏡浦臺〔강릉 경포대〕 安軸(안축)

雨晴秋氣滿江城	비 개니 가을 기운 강 언덕에 가득한데
來泛扁舟放野情	여기와 편주를 띄우며 자연 정취를 마음껏 누리도다.
地入壺中塵不到	땅이 별천지 안에 있으니 티끌도 이르지 못하고
天遊鏡裏畵難成	하늘이 경포 속에 떠도니 그리기 어렵도다.
烟波白鷗時時過	자욱한 물안개에 흰 갈매기만 때때로 오가고
沙路靑驢緩緩行	모랫길엔 어린 나귀가 느릿느릿 가누나.
爲報長年休疾棹	사공에게 알리노니 빨리 노를 젓지 말라,
待看孤月夜深明	외로운 달이 밤 깊어 밝은 것을 기다려보리라.

부자(부수+자원) 좋아 한자 공부

共 조합 한자를 공부해 봅시다.

터닦기 共 조합 한자 공부

씨앗 심기 共(함께 공) 供(이바지할 공) 洪(큰물 홍) 恭(공경할 공)

싹틔우기 스토리 연상 학습 1

소크라테스는 아고라 〔큰 洪〕 광장에서 그를 (공경恭敬)하며 따르는 청년들과〔함께 共〕 진리를 논할 때 깨달음의 단서를 (제공提供)하였다.

나무 키우기	꽃 피우기	열매 맺기

共

함께 공,
한 가지 공

|6급|
八부수, 총 6획

'廿 + 廾'으로, 이십[廿] 명이 두 손을 모아[廾] 같이 힘씀[同也 從廿廾. 𢍬, 古文共] 同也 從廿廾: 廿, 二十幷也. 二十人皆竦手是爲同也

• 天人共怒(천인공노): 하늘과 사람이 함께 분노한다는 뜻으로, 누구나 분노할 만큼 증오스러움.
• 不共戴天(불공대천): 한 하늘 아래서는 같이 살 수가 없는 원수라는 뜻으로, 원한이 깊이 사무친 원수를 이르는 말.
• 共命之鳥(공명지조): '목숨을 공유하는 새'라는 뜻으로, "상대방을 죽이면 결국 함께 죽는다."는 말임.

供

이바지할 공,
바칠 공

|3급|
人부수, 총 8획

'亻 + 共(공)'으로, 사람[亻]에게 물건 따위를 바침[設也 從人共聲] 設也: 設者, 施陳也. 釋詁. 供, 峙, 共, 具也『段注』

• 善供無德(선공무덕): 부처에게 아무리 공양(供養)을 잘하여도 아무 공덕이 없다는 뜻으로, 남을 위하여 힘써 일을 하였으나 그에 대한 소득이 없음을 일컫는 말.
• 聖供無德(성공무덕): "부처에게 공양했으나 아무런 공덕(功德)이 없다."는 뜻으로, 남을 위하여 노력만 하고 얻은 것이 없다는 말.

洪
큰물 홍, 넓을 홍
|3급|
水부수, 총 9획

'氵 + 共(공)'으로, 물[氵]이 많아짐으로 인해 하천이 범람하여 주변 지역에 큰 피해를 입히는 재해[洚水也 從水共聲] 洚水也 : 釋詁曰洪, 大也. 引伸之義也『段注』

• 洪喬之失(홍교지실) : 홍교가 태수의 직을 그만두고 떠날 때 부탁받은 편지를 모두 물속에 던져버렸다는 고사에서, 편지가 유실된 것을 비유하는 말.
• 宇宙洪荒(우주홍황) : 하늘과 땅 사이는 넓고 커서 끝이 없음.
• 洪範九疇(홍범구주) : 《서경》의 홍범에 기록되어 있는, 우(禹)가 정한 정치 도덕의 아홉 원칙.

恭
공경할 공,
공손할 공
|3급|
心부수, 총 10획

'心 + 共(공)'으로, 엄숙히 공경하는 마음[小]으로 맡은 일에 공손히 임함[肅也 從心共聲]

• 過恭非禮(과공비례) : 지나친 공손은 오히려 예의에 벗어남.
• 前倨後恭(전거후공) : 이전에는 거만하다가 나중에는 공손하다는 뜻으로, 상대편의 입지에 따라 태도가 상반됨을 비유.

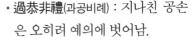

성어 탐구

위태로운 형세를 뜻하는 성어이다.
• 竿頭之勢(간두지세) : 장대 끝에 서 있는 형세란 뜻으로, 아주 위태로운 형세를 비유한 말. = 百尺竿頭(백척간두).
• 罔知所措(망지소조) : 매우 급(急)하여 어떻게 처리할 바를 모름.
• 命在頃刻(명재경각) : 목숨이 경각에 달렸다는 뜻으로, 숨이 곧 끊어질 지경에 이름, 거의 죽게 됨.
• 釜中之魚(부중지어) : 솥 속의 물고기라는 뜻으로, 생명에 위험이 곧 닥침을 비유한 말. = 游於釜中(유어부중).
• 砂上樓閣(사상누각) : 모래 위에 지은 누각이라는 뜻으로, 어떤 일이나 사물의 기초가 튼튼하지 못한 것을 비유.
• 山窮水盡(산궁수진) : 산이 앞을 가로막고, 물줄기는 끊어져 더 나아갈 길이 없다는 뜻으로, 막다른 궁지에 몰림을 비유. = 山盡水窮(산진수궁), 山盡海渴(산진해갈).
• 四面楚歌(사면초가) : 9강.
• 危如累卵(위여누란) : 17강 = 累卵之勢(누란지세), 累卵之危(누란지위).

지혜샘터

'위태로움'을 뜻하는 성어들이 우리에게 남겨준 교훈은 무엇일까요?
개인의 사사로움으로부터 크게는 국가 대사에 이르기까지 위태로움은 무지(無知)에서 비롯된 것들이 많다. 공자는 "명을 알지 못하면 군자가 될 수 없다고 했고[不知命 無以爲君子也]", 맹자는 "명을 아는 사람은 위험한 담장 밑에 있지 않는다[知命者 不立乎巖墻之下]."라 했다. 우리가 위태로움에서 벗어나 사람답게 사는 방법은 무엇일까요? 그것은 자신에게 주어진 하늘의 명(命)을 바로 알고, 이를 성실히 수행하는 삶, 곧 하늘과 땅을 꽉 채우는 지극히 크고 강한 힘의 존재인 의(義)와 도(道)의 배합인 호연지기(浩然之氣)의 삶이 아닐까요.

39강

터닦기 共 조합 한자 공부

씨앗 심기 巷(거리 항) 港(항구 항) 拱(두 손 맞잡을 공) 哄(시끄러울 홍)

싹틔우기 스토리 연상 학습 2

국가정책에 반대하는 주민들이 〔항구 港〕〔마을 거리 巷〕에 모여 〔두 손을 맞잡고 拱〕〔떠들썩하게 哄〕 규탄대회를 열었다.

나무 키우기 / **꽃 피우기** / **열매 맺기**

巷 

거리 항

| 3급 |

己부수, 총 9획

'巳 ← 邑 + 共(공)'으로, 마을[邑] 안에 사람들이 함께 사용하는 길[里中道也 從邑共 言在邑中所共 共亦聲]

- 街談巷說(가담항설) : 길거리나 세상 사람들 사이에 떠도는 이야기.
- 簞瓢陋巷(단표누항) : 소박한 밥상과 누추한 거리라는 뜻으로, 소박한 시골생활을 일컬음.
- 委巷文學(위항문학) : 조선 선조 때부터 시작된 중인(中人), 서얼(庶孼), 서리(書吏), 평민(平民) 등 여항(閭巷)인 출신(出身)의 시인(詩人), 문사에 의하여 이루어진 문학.

港 

항구 항, 뱃길 항

| 4급 |

水부수, 총 12획

'氵 + 巷(항)'으로, 강물[氵]이 흐르는 지류(支流)에 배가 다닐 수 있는 길[水派也 從水巷聲]

- 港口都市(항구도시) : 항구로 이루어진 도시.
- 海上空港(해상공항) : 바다에 마련된 비행장. 수상(水上) 비행기가 뜨고 내리도록 지정된 바다의 구역.
- 港灣業界(항만업계) : 항만업(港灣業)에 종사하는 사람들의 활동 분야나 영역.

拱 두손맞잡을 공 |1급| 手부수, 총 9획	'手+共(공)'으로, 손과 손[手]을 서로 맞잡음[斂手也 從手共聲]	• 垂拱平章(수공평장) : 옷자락을 늘어뜨리고 두 손을 모으고 있어도 공평하고 밝게 잘 다스려짐. • 陰拱傍觀(음공방관) : 뒷짐을 지고 옆에서 바라봄. 마땅히 관여하여야 할 일에 손도 쓰지 않고 그저 보고만 있음을 이르는 말.
哄 시끄러울 홍 |1급| 口부수, 총 9획	'口 + 共(공)'으로, 떠들썩하게 여럿이 지껄이는 소리[口][唱聲『廣韻』本作嗊, 眾聲『集韻』『類篇』本作叮 詳叮字註『集韻』又聲也 或作嗊『集韻』-『康熙』]	• 哄笑(홍소) : 매우 크게 웃거나 떠들썩하게 웃음, 또는 그 웃음. • 哄脅(홍협) : 속이고 협박함. • 哄然大笑(홍연대소) : 큰 소리로 껄껄 웃음.

 돋보기

垂拱平章(수공평장)　주흥사(周興嗣)의 《천자문(千字文)》에 나오는 글이다.

"임금이 조정에 앉아서 도(道)를 물으니, 옷자락을 늘어뜨리고 그저 팔짱만 낀 채로 있어도 나라가 공평하고 밝게 잘 다스려진다[坐朝問道 垂拱平章]."고 했다.

그 주해(註解)를 보면 다음과 같다.

"임금이 나라를 다스리는 요체는[人君爲治之要] 오직 조정에 앉아 몸가짐을 공손히 하고 현자(賢者)를 높이며[只在恭己而坐朝], 그에게 나라를 다스리는 법을 묻는 데 달려있을 뿐이다[尊賢問道而已]. 서경 필명에 이르기를, '옷을 드리우고 팔짱을 낀 채로 성공을 우러러 바란다[書畢命曰 垂拱仰成].'라 했고, 요전에 이르기를, '백성을 밝게 다스린다[堯典曰 平章百姓].'고 하였으니, 임금이 몸을 공손히 하고 현자를 높인다면[言恭己尊賢 則], 옷을 드리우고 팔짱을 낀 채로 있어도 저절로 태평성대의 정치가 이른다[垂衣拱手而自致均平章明之治也]."

📄 지혜샘터

수공평장의 성어가 우리에게 남겨준 교훈은 무엇일까요?

최고의 정치는 임금이 가만히 있는데도 저절로 다스려지는 무위지치(無爲之治)의 덕화정치(德化政治)다. 그래서 《주역》에 "황제와 요순은 옷을 늘어뜨리고 편히 앉아 있는데도 천하가 잘 다스려졌다[黃帝堯舜 垂衣裳而天下治]."고 말하였다. 《조선왕조실록》을 보면, "세종께서 경복궁 후원에 종자를 심어 세조로 하여금 관장하게 하니, 세조께서 이따금 친히 수고하셨다."라 했다. 이 또한 임금이 직접 농사일을 체험하여 정책에 반영하려는 덕화정치(德化政治)의 단초(端初)인 것이다. 통치자의 백성 사랑의 덕화(德化)는 이처럼 함이 없는 듯하지만[無爲] 천·인(天·人)의 감동을 자아내게 한다.

月夜憶舍弟〔달밤에 아우를 생각하다〕　杜甫(두보)

戌鼓斷人行	수자리하는 곳 북소리에 인적도 끊기고
邊秋一雁聲	변방 가을엔 외로운 기러기 울음소리뿐
露從今夜白	오늘 밤부터 이슬이 희어지는 백로이니
月是故鄕明	고향의 달도 밝으리라.
有弟皆分散	시골에 있는 아우들 모두 흩어지니
無家問死生	집안 식구 생사도 물을 길 없네.
寄書長不達	부쳐 보낸 편지는 늘 전달도 안 되고
況乃未休兵	하물며 전쟁은 아직 끝나지 않았음에랴.

〈杜工部集〉

40강

https://youtu.be/So6VlAElvjY

부자(부수+자원) 좋아 한자 공부

十과 屮 조합 한자를 공부해 봅시다.

터닦기 ┼ 조합 한자 공부

씨앗 심기 ┼(열 십) 計(셈할 계) 針(바늘 침) 南(남녘 남)

싹틔우기 ## 스토리 연상 학습 1

> (전남全南) 완도의 (명사심리明沙┼里) 개발 (方針방침)을 보면, 노르딕워킹
> 코스도 (설계設計)되어 있다.

나무 키우기	꽃 피우기	열매 맺기
 열**십** |8급| ┼부수, 총 2획	'一 + ㅣ'으로, 동서[一]와 남북[ㅣ]이 합쳐진 것으로 사방과 중앙이 모두 갖추어진 수[數之具也 一爲東西 ㅣ爲南北 則四方中央備矣]	• ┼伐之木(십벌지목) : '열 번 찍어 아니 넘어가는 나무가 없다.'는 뜻으로, 어떤 어려운 일이라도 여러 번 계속하여 끊임없이 노력하면 이루어짐. 또는 아무리 마음이 굳은 사람이라도 여러 번 계속하여 말을 하면 결국 그 말을 듣게 된다는 뜻. • ┼中八九(십중팔구) : 열 중에 여덟이나 아홉. 거의 틀림없음.
 셈할 **계**, 꾀할 **계** |6급| 言부수, 총 9획	'言 + ┼'으로, 산가지로 헤아린 것을 합산[┼]하여 말함 [言] [會也, 筭也 從言從┼]	• 糊口之計(호구지계) : '입에 풀칠하는 꾀'라는 뜻으로, 겨우 먹고 살아가는 방책. • 口腹之計(구복지계) : 입과 배를 채우는 계책, 즉 먹고 살아갈 방도. • 嘗試之計(상시지계) : 남의 뜻을 시험하여 알아내려는 꾀.

40강

針 鍼

바늘 **침**, 침 **침**

| 4급 |

金부수, 총 10획

'金 + 十 ← 咸(함)'으로, '鍼'의 속자. 옷을 꿰매는 쇠[金] 바늘[俗鍼字 所以縫也『說文徐註』-『康熙』] 鍼 : 所以縫也. 從金咸聲『說文』縫者, 以鍼紩衣也. 竹部箴下曰綴衣箴也. 以竹爲之, 僅可聯綴衣. 以金爲之, 乃可縫衣『段注』

- **磨斧作針**(마부작침) : 도끼를 갈아 바늘을 만든다는 뜻으로, 아무리 어려운 일이라도 끈기 있게 노력하면 이룰 수 있음의 비유.
- **針小棒大**(침소봉대) : 바늘을 큰 몽둥이라 하듯, 작은 일을 크게 불리어 말함.
- **如坐針席**(여좌침석) : 바늘방석에 앉은 것처럼 몹시 불안함.

南 

남녘 **남**

| 8급 |

十부수, 총 9획

'宋 + 羊(임)'으로, 남쪽 방면의 나무 가지가 무성함[艸木至南方有枝任也 從宋羊聲. 垄, 古文]『徐』曰南方主化育, 故曰主枝任也. 太陽者, 南方. 南, 任也. 陽氣任養物, 於時爲夏『前漢·律歷志』-『康熙』

※ 갑골에는 고대 남쪽 지방에서 사용하던 악기를 매단 모양.

- **南橘北枳**(남귤북지) : 남쪽 땅의 귤나무를 북쪽에 옮겨 심으면 탱자나무로 변한다는 뜻이며, 사람도 그 처한 환경에 따라 선하기도 악하기도 한다는 말.
- **松南雜識**(송남잡지) : 조선 후기의 학자 조재삼이 자녀를 교육하기 위해 자연과 생활에 관한 지식을 기록한 백과사전적 성격의 책.

돋보기

磨斧作針(마부작침)

《당서(唐書)》에 나오는 이야기이다.

당(唐)나라 시인(詩人) 이백(李白)이 어렸을 때, 아버지의 임지(任地)인 촉(蜀) 땅 성도(成都)에 살았다. 그는 훌륭한 스승을 찾아 상의산(象宜山)에 들어가 공부를 하던 중 싫증이 나서 스승의 허락도 없이 산을 내려오고 말았다. 집을 향해 걷고 있던 그는 계곡이 흐르는 냇가에 이르러 바위 위에서 열심히 도끼를 갈고 있는 한 노파를 만나게 되었다.

"할머니, 지금 뭘 하고 계세요?"

"바늘을 만들려고 도끼를 갈고 있다[磨斧作針]."

"그렇게 큰 도끼를 간다고 바늘이 될까요?"

"그럼, 되고말고. 중도에 그만두지만 않는다면 ……."

이백은 '중도에 그만두지 않는다면…'이란 노파의 말이 마음에 걸렸다. 여기서 생각을 바꾼 그는 노파에게 공손히 인사하고, 다시 산으로 올라가 공부에 정진하였다.

지혜샘터

마부작침의 성어가 우리에게 남겨준 교훈은 무엇일까요?

새해 일출을 보며 우리는 어떤 생각을 하는가. 설레임 속에 붉게 타오르는 태양을 보며 한 해의 소망을 담는다. 그 느낌은 마치 첫 입학과 입사, 성스러운 결혼식의 출발과도 흡사하다. 그러나 많은 사람들은 처음과 달리 얼마 가지 않아 생각 없는 배움이나 중퇴, 무책임한 회사 생활이나 명퇴, 불화와 파탄 등을 겪는다. 그 설렘과 긴장, 기쁨과 희망은 어데로 간 것인가. 이는 이백이 산을 내려와 집으로 향하는 나약함과 같은 결과는 아닐까? 도끼를 갈아 바늘을 만든다는 초지일관(初志一貫)의 자세는 또 다른 시선(詩仙)이라는 이백을 만들어 주었다.

터닦기 ▶ 半 조합 한자 공부

씨앗 심기 ▶ 半(반 반) 伴(짝 반) 判(판단할 판) 叛(배반할 반)

싹틔우기 ▶ ## 스토리 연상 학습 2

야전(夜戰)에서 상호 (오판誤判) 사격으로 (반군叛軍)의 (태반殆半)이 (동반同伴) 죽음을 당했다.

나무 키우기 ▶	**꽃 피우기** ▶	**열매 맺기** ▶
 半 반반 |6급| 十부수, 총 5획	'八 + 牛'로, 소[牛]를 반으로 나눔[八] [物中分也 從八從 牛 牛爲物大 可以分也]	· 夜半逃走(야반도주): 한밤중에 몰래 도망함. · 半面之分(반면지분): 일면지분도 못 되는 교분으로 얼굴만 겨우 알 뿐이고 교제는 얕은 사이. · 半農半漁(반농반어): 농사를 지으면서, 한편으로 고기잡이도 하는 일.
 伴 짝반, 따를반 |2급| 人부수, 총 7획	'イ + 半(반)'으로, 한가롭고 여유가 있는 사람[イ]을 벗하고 짝하여 따름[大貌 從 人半聲] 大貌: 大雅 伴奐爾 游矣 傳曰 伴奐 廣大有文 章也 箋云 伴奐 自縱弛之 意『段注』	· 伴食宰相(반식재상): 곁에 모시고 밥만 먹는 재상이라는 뜻으로, 무위도식으로 자리만 차지하고 있는 무능한 대신을 비꼬아 이르는 말. · 同伴罪囚(동반죄수): 죄를 함께 저지른 죄수.

判	'刂+半(반)'으로, 물건의 반을 판단하여 칼[刂]로 공평하게 자름[分也 從刀半聲]	• 理判事判(이판사판) : 이판(理判)과 사판(事判)이 합해진 말로, 막다른 데 이르러 어찌할 수 없게 된 지경을 말함.

判

판단할 판,
판결할 판

|4급|

刀부수, 총 7획

• 身言書判(신언서판) : 사람됨을 판단(判斷)하는 네 가지 기준. 중국 당(唐) 나라 때 관리를 등용하는 네 가지 방법.

叛	'反+半(반)'으로, 상도(常道)를 뒤집어 어지럽힘[反] [半反也 從反半 半亦聲] 半反也 : 反, 覆也. 反者叛之全. 叛者反之半. 以半反釋叛. 如以是少釋尟『段注』	• 叛服無常(반복무상) : 언행이 배반했다 복종했다 하며 일정하지 않거나 그 태도가 한결같지 아니함.

叛

배반할 반

|3급|

又부수, 총 9획

• 戰時叛逆(전시반역) : 전시(戰時)에 자국(自國)의 세력 범위 안에서, 적국(敵國)의 사람이나 중립국 사람이 적(敵)을 이롭게 하는 행위.

? 성어 탐구

위태로운 형세를 뜻하는 성어이다.

• 如履薄氷(여리박빙) : "얇은 얼음을 밟는다."는 뜻으로, 몹시 위험함이나 조심조심함을 가리키는 말.
• 危機一髮(위기일발) : 머리털 하나로 천균(千鈞)이나 되는 물건을 끌어당긴다는 뜻으로, 당장에라도 끊어질 듯한 위험한 순간을 비유한 말.
• 一觸卽發(일촉즉발) : 한 번 닿기만 하여도 곧 폭발한다는 뜻으로, 조그만 자극에도 큰일이 벌어질 것 같은 아슬아슬한 상태를 이르는 말.
• 措火積薪(조화적신) : 불을 장작더미 밑에 둔다는 뜻으로, 매우 큰 위험이나 재난이 숨어있음을 비유한 말.
• 存亡之秋(존망지추) : 존속하느냐 멸망하느냐의 매우 위급한 때. 또는 죽느냐 사느냐의 중대한 경우.
• 進退兩難(진퇴양난) : 나아갈 수도 물러설 수도 없는 궁지에 빠짐. =進退維谷(진퇴유곡).
• 焦眉之急(초미지급) : 눈썹이 타게 될 만큼 위급한 상태란 뜻으로, 그대로 방치할 수 없는 매우 다급한 일이나 경우의 비유. =燒眉之急(소미지급).
• 風前燈火(풍전등화) : 바람 앞의 등불이란 뜻으로, 사물이 오래 견디지 못하고 매우 위급한 자리에 놓여 있음을 가리키는 말. =風前燈燭(풍전등촉).
• 涸轍鮒魚(학철부어) : 수레바퀴 자국의 고인 물에 있는 붕어라는 뜻으로, 몹시 곤궁하거나 위급한 처지에 있는 사람의 비유.

📝 지혜샘터

'위태로움'의 성어들이 우리에게 남겨준 교훈은 무엇일까요?

스웨덴의 노벨(Alfred Bernhard Nobel)은 크림전쟁 후 아버지를 도와 폭약(爆藥) 개량 사업에 몰두한다. 그러나 이 과정에서 공장은 폭파되고 동생과 종업원 등 4명의 희생자를 낸다. 이를 계기로 연구에 몰두한 그는 니트로글리세린이 액체라는 데서 그 위험의 원인이 있음을 깨닫고, 드디어 1867년 고형(固形) 폭약인 다이너마이트를 개발한다. 노벨은 위태로움을 만나 그 속에서 성공의 답을 발견했다. '亂'자에 '어지럽다'와 '다스려지다'의 두 가지 뜻이 존재하듯, '위태로움' 속에는 '성공함'이라는 희망의 불씨가 늘 살아 있음을 알 수 있다.

子夜吳歌〔자야의 오나라 노래〕 李白(이백)

長安一片月   장안 하늘엔 한 조각달이 걸려 있고

萬戶擣衣聲   집집마다 다듬이 소리라.

秋風吹不盡   가을바람 끝없이 불어오니

總是玉關情   모두 옥문관으로 향하는 정이라.

何日平胡虜   어느 날에나 오랑캐를 평정하고

良人罷遠征   임이 원정에서 돌아오려나.

〈唐詩選〉

https://youtu.be/cS8S7qT4vQk

부자(부수+자원) 좋아 한자 공부

卑와 少 조합 한자를 공부해 봅시다.

터닦기 卑 조합 한자 공부

씨앗 심기 卑(천할 비) 碑(비석 비) 婢(여자 종 비) 裨(도울 비)

싹틔우기 스토리 연상 학습 1

> 송시열은 옥천군 이원면에 그 부친에게 젖을 〔준 裨〕〔낮은 卑〕 신분의 〔여종 婢〕 유모 헌비(憲菲)의 (비碑)를 세워 주었다.

나무 키우기	꽃 피우기	열매 맺기

卑
천할 **비**, 낮을 **비**
|3급|
十부수, 총 8획

'甲 + ナ'로, '우존좌비(右尊左卑)'에서, 왼쪽[ナ]은 오른쪽[甲] 아래에 있음[賤也 執事也 從ナ甲 〖注〗 徐鍇曰 : 右重而左卑, 故在甲下] 古者尊又而卑ナ 故從ナ在甲下. 甲象人頭『段注』

• 登高自卑(등고자비) : 높은 곳에 올라가려면 낮은 곳에서부터 오른다는 뜻으로, 일은 반드시 차례를 밟아야 함. 또는 지위가 높아질수록 스스로를 낮춤.

• 男尊女卑(남존여비) : "남자는 높고 귀하게 여기고, 여자는 낮고 천하게 여긴다."는 뜻으로, 사회적 지위나 권리에 있어 남자를 여자보다 존중하는 일.

碑
비석 **비**,
돌기둥 **비**
|4급|
石부수, 총 13획

'石 +卑(비)'로, 공적을 기리기 위해 돌[石]에 글을 새기어 세움[豎石也 從石卑聲]

• 萬口成碑(만구성비) : 만인의 입이 비를 이룬다는 뜻으로, 여러 사람이 칭찬하는 것이 송덕비를 세우는 것과 같음.

• 廣開土王碑(광개토왕비) : 만주 집안현 통구에 있는 고구려 19대 광개토왕의 사적을 새겨 세운 비(碑).

| 婢
 여자종**비**
 \|3급\|
 女부수, 총11획 | '女 + 卑(비)'로, 신분이 낮은[卑] 여자[女] 종[女之卑者也 從女卑聲] | • 奴顏婢膝(노안비슬) : 남자 종의 얼굴과 여자 종의 무릎이란 뜻으로, 남과 교제할 때 지나치게 굽실거리는 비굴한 태도.
 • 奴婢還賤法(노비환천법) : 고려 성종 때 노비(奴婢) 안검법에 따라 해방된 노비를 다시 노비로 만드는 법. |

| 裨
 보탤**비**,
 도울**비**, 줄**비**
 \|1급\|
 衣부수, 총13획 | '衣+卑(비)'로, 옷[衣]의 해진 곳에 조각을 대고 꿰맴[接益也 從衣卑聲] 接也 此也字依玉篇補 手部曰接 交也 益也 會部曰䙡 益也 土部曰埤 增也 皆字異而音義同『段注』 | • 寄與補裨(기여보비) : 이바지하여 돕고 부족함을 보태어 줌.
 • 裵裨將傳(배비장전) : 조선 후기의 작자·연대 미상의 소설(小說). |

돋보기

登高自卑(등고자비)

• 군자의 도란 먼 곳을 갈 때 반드시 가까운 곳부터 시작하는 것과 같고[君子之道 辟如行遠必自邇], 높은 곳에 오르려면 반드시 낮은 곳부터 시작하는 것과 같다[辟如登高必自卑].《중용》〈제ᄂ장〉

• 흐르는 물은[流水之爲物也] 빈 웅덩이를 채우지 않고는 나아가지 않는다[不盈科不行].《맹자》〈진심상〉

• 절차탁마(切磋琢磨)《시경》
  ◦ 맨 먼저 옥의 원석을 원하는 물건의 모양대로 자른다[切].
  ◦ 다음은 그 옥돌에서 필요 없는 부분을 줄로 갈아 쳐낸다[磋].
  ◦ 이 옥돌을 끌로 쪼아 원하는 모양으로 만든다[琢].
  ◦ 마지막으로 윤이 나도록 숫돌로 갈고 닦아 마름질한다[磨].

이 모두는 일은 반드시 차례를 밟아 실천해야 함을 주제로 말한 것이다.

지혜샘터

등고자비의 성어가 우리게 남겨준 교훈은 무엇일까요?

현대의 많은 사람들은 부귀영화를 꿈꾸며, 그 방법도 초고속을 선망(羨望)한다. 그러나 얻음이 빠르면 그 잃음도 빠름이 진리다. 병법의 권위자 손무(孫武)는 '우직(迂直)의 꾀'를 아는 자가 승리한다고 했고, 법가의 대부 한비(韓非)는 그 저서 세난(說難)편에서 상사(上司)를 설득하는 방법으로 평소 신임부터 시작하라고 했다. 또 노자는《도덕경》에서 천리 길도 한 걸음부터라[千里之行 始於足下] 말했는데, 이 모두는 '등고자비'의 삶을 강조한 것으로 우리가 실천해야 할 바로 그 도(道)임을 말해준 것이다.

| 터닦기 | 少 조합 한자 공부 |

| 씨앗 심기 | 少(적을 소) 沙(모래 사) 劣(용렬할 렬) 妙(묘할 묘) |

싹틔우기 스토리 연상 학습 2

(백사장白沙場)에서 펼친 소녀(少女)들의 비치발리볼 (묘기妙技)는 막상막하여서 그 (우열優劣)을 가리기 어려웠다.

| 나무 키우기 | 꽃 피우기 | 열매 맺기 |

少
적을 소, 젊을 소

|7급|
小부수, 총 4획

'小+丿(별)'로, 작은 것[小]을 더 쪼갬[丿] [不多也 從小丿聲]

- 老紅少靑(노홍소청) : 장기를 둘 때, 연장자가 붉은색인 한(漢)을, 연소자가 푸른색인 초(楚)를 가지고 두는 법을 말함.
- 老少同樂(노소동락) : 노인과 어린이가 함께 즐김.
- 羅浮少女(나부소녀) : 미인을 이르는 말.

沙
모래 **사**, 사막 **막**

|3급|
氵부수, 총 7획

'氵 + 少'로, 물[氵]에 의해 잘게 부스러진[少] 돌 부스러기[水散石也 從水少 水少沙見]

- 靑松白沙(청송백사) : 푸른 소나무와 흰 모래란 뜻으로, 해안의 아름다운 경치를 이르는 말.
- 沙中偶語(사중우어) : 신하가 남몰래 모반할 꾀를 속삭임.
- 沙鉢通文(사발통문) : 주동자가 누군지 드러나지 않게 관계자의 이름을 빙 둘러 적은 통문.

劣 용렬할 **렬**, 적을 **렬**, 못할 **렬** ｜3급｜ 力부수, 총 6획	'少 + 力'으로, 사람의 힘[力]이 변변하지 못하고 졸렬함[少][弱也 從力少]	• 優勝劣敗(우승열패) : 나은 자가 이기고 못한 자는 패함. 즉 적자생존을 말함. • 優劣難分(우열난분) : 뛰어나고 열등함을 분간할 수 없음. • 低俗劣惡(저속열악) : 저속(低俗)하고 열악(劣惡)함.
妙 젊을 **묘**, 예쁠 **묘**, 묘할 **묘** ｜4급｜ 女부수, 총 7획	'女+少'로, 젊고[少] 예쁜 여자[女] [好也 從女少]	• 自得之妙(자득지묘) : 스스로 깨달아 알아낸 묘리. • 奇奇妙妙(기기묘묘) : 기기하고도 묘함. 놀랄 만큼 너무나 기묘한 모습. • 妙年才格(묘년재격) : 젊은 나이에 타고 난 높은 품격(品格)과 재주.

? 성어 탐구

인생무상(人生無常)과 관련된 성어들이다.
• 南柯一夢(남가일몽) : 남쪽 가지의 꿈이란 뜻으로, 덧없는 꿈이나 한때의 헛된 부귀영화를 이르는 말.
• 白駒過隙(백구과극) : '흰 말이 지나가는 것을 문틈으로 보듯이 눈 깜박할 사이'라는 뜻으로, 세월이 너무 빨리 지나감을 이르는 말.
• 雪泥鴻爪(설니홍조) : 기러기가 눈이 녹은 진창 위에 남긴 발톱 자국이라는 뜻으로, 흔적이 남지 않거나 간 곳을 모른다는 말. 인생의 덧없음이나 희미한 옛 추억 등을 이르는 말.
• 一場春夢(일장춘몽) : 한바탕의 봄 꿈처럼 헛된 영화나 덧없는 일이란 뜻으로, 인생의 허무함을 비유하여 이르는 말.
• 草露人生(초로인생) : 해가 나오면 없어질 풀잎에 맺힌 이슬처럼 덧없는 인생을 이르는 말. = 人生朝露(인생조로).
• 邯鄲之夢(한단지몽) : 조나라 서울인 한단에서 꾼 꿈이라는 뜻으로, 인생의 부귀영화는 일장춘몽과 같이 허무함을 이르는 말. = 邯鄲枕(한단침), 黃粱夢(황량몽), 盧生之夢(노생지몽), 呂翁之枕(여옹지침), 一炊之夢(일취지몽).

〈참조사항〉
당나라 현종 때 여옹(呂翁)이라는 도사가 있는데, 하루는 한단(邯鄲)이라는 곳에 있는 한 주막에서 쉬고 있었다. 그때 허름한 차림의 노생(盧生)이라는 젊은이가 들어와 한참 신세타령을 하더니 여옹의 베개를 베고 잠이 들었다. 그 베개는 도자기로 된 베개로 양쪽에 구멍이 있었는데, 그 구멍이 차차 커지는 것이 아닌가! 노생이 이상히 여겨 그 속으로 들어가 보니 훌륭한 집이 있었다. 노생은 거기서 최씨의 딸을 아내로 맞이하고, 진사시험에도 급제하여 경조윤을 거쳐 어사대부, 이부시랑에까지 올랐다. 그는 한때, 모함으로 좌천되기도 했으나 다시 재상으로 등용되어 천자를 보필했다. 그러다가 모반사건에 연루되었다 하여 포박되었다. 그때 그는 고향에서 농사나 지을걸 하는 후회 때문에 자결하려다가 아내가 말리는 바람에 뜻을 이루지 못했다. 몇 년 뒤, 노생은 무죄로 판명되어 다시 중서령이 되고, 연국공에 봉해져 천자의 두터운 신임을 받았다. 그후 다섯 아들과 십여 명의 손자를 두고 행복한 나날을 보내다가 노환으로 죽고 말았다. 노생이 언뜻 깨어 보니 모든 것이 꿈이었다. 주모가 끓이던 조(粟)가 아직 익지도 않은 짧은 시간이었다. 노생이 이상히여겨 "어찌 꿈일 수 있는가?" 하자, 여옹은 웃으며 "인생지사 또한 이와 같은 것이라네." 라 말했다 함.

 지혜샘터

'인생무상'의 성어들이 우리에게 남겨준 교훈은 무엇일까요?
《장자》를 보면, 9만 리 창공 위로 유유히 날아가는 대붕(大鵬)의 모습을 보고, 매미와 참새가 비웃는 우화를 소개하고 있다. 장자는 여기에서 인간의 진정한 자유를 말하며, 나만을 위한 아집 없는 무기(無己), 공적을 바라지 않는 무공(無功), 명예를 포기하는 무명(無名)의 삶을 강조했다. 인생의 생과 사, 귀와 천, 재물의 다과는 봄, 여름, 가을, 겨울의 순환과도 그 맥을 같이 하는 것으로, 인생무상의 큰 우주 속에 늘 공존하고 있음을 깨닫게 한다.

山居秋暝〔산속의 가을 저녁〕 王維(왕유)

空山新雨後	적막한 산에 비 그치니
天氣晚來秋	저녁 되어 날씨는 이미 가을이라.
明月松間照	달빛은 소나무 사이로 비추고
淸泉石上流	맑은 샘물은 바위 위로 흐르네.
竹喧歸浣女	대숲에 요란하게 빨래하던 아녀자들 돌아가고
蓮動下漁舟	고깃배는 내려가며 연잎을 흔드네.
隨意春芳歇	제멋대로 난 봄꽃 시든지 오래지만
王孫自可留	나는 이 산에 머무르고 싶다.

42강

https://youtu.be/Pji1gZwmJSw

부자(부수+자원) 좋아 한자 공부

尙 조합 한자를 공부해 봅시다.

터닦기 ▶ 尙 조합 한자 공부

씨앗 심기 ▶ 尙(숭상할 상) 常(항상 상) 當(마땅 당) 掌(손바닥 장)

싹틔우기 ▶ ## 스토리 연상 학습 1

그는 〔마땅히 當〕 시민의 뜻을 〔항상 常〕 (숭상崇尙)해야 함에도 이번 선거에서 〔손바닥 掌〕 뒤집듯 당적을 바꾸었다.

나무 키우기	**꽃 피우기**	**열매 맺기**

尙 尙

숭상할 **상**,
바랄 **상**,
오히려 **상**

│3급│
小부수, 총 8획

'八 + 向(향)'으로, 거듭 쌓아 높이 올라가기[八를 바람[曾也 庶幾也 從八向聲] 曾也 : 尙之詞亦舒 故釋尙爲曾 曾重也 尙 上也 皆積絫加高之意 義亦相通也『段注』

• 讀書尙友(독서상우) : 책을 읽음으로써 옛 현인(賢人)과 거슬러 올라가 벗함.
• 時機尙早(시기상조) : 시기가 미처 무르익지 않았음.
• 口尙乳臭(구상유취) : 입에서 젖내가 난다는 뜻으로, 말과 행동이 유치함.

常

관례 **상**, 보통 **상**,
항상 **상**,
떳떳할 **상**

│4급│
巾부수, 총 11획

'巾 + 尙(상)'으로, 치마[巾←衣]로 몸의 아랫부분을 가림[下裙也 從巾尙聲 裳 常 或從衣] 下裙也 : 釋名曰 上曰衣 下曰裳 裳 障也 以自障蔽也『段注』

• 德無常師(덕무상사) : 덕을 닦는 데는 일정한 스승이 없다는 뜻으로, 마주치는 환경, 마주치는 사람 모두가 수행에 도움이 됨.
• 家常茶飯(가상다반) : '집에서 먹는 평소의 식사'라는 뜻으로, 일상사나 당연지사를 이르는 말.
• 兵家常事(병가상사) : 전쟁에서 이기고 지는 것은 흔히 있는 일이니, 지더라도 낙담하지 말라는 뜻.

當

마땅 **당**, 당할 **당**,
그 **당**

| 5급 |
田부수, 총 13획

'田+尚(상)'으로, 밭[田]의 면적을 과부족(過不足)이 없이 서로 동등하게 분배함[田相値也 從田尚聲] 田相値也 : 値者 持也. 田與田相持也. 引申之, 凡相持相抵皆曰當. 報下曰當皇人也. 是其一耑也『段注』

• 一騎當千(일기당천) : '한 기병이 천 명의 적을 당해냄'이란 뜻으로, 남달리 뛰어난 기술이나 경험이 있음의 비유. 혼자 일시에 능히 많은 일을 잘 처리해 나감.

• 窮當益堅(궁당익견) : 곤궁해질수록 그 지조는 더욱 굳어짐을 이르는 말.

掌

손바닥 **장**

| 3급 |
手부수, 총 12획

'手+尚(상)'으로, 손을 등과 안쪽으로 구분할 때, 손 안쪽을 말함[手中也 從手尚聲] 手中也 : 手有面有背. 背在外則面在中. 故曰手中『段注』

• 孤掌難鳴(고장난명) : 외손뼉은 울릴 수 없다는 뜻으로, 혼자서는 어떤 일을 이룰 수 없음. 상대 없이는 싸움이 일어나지 않음을 이르는 말.

• 拍掌大笑(박장대소) : 손뼉을 치며 크게 웃음.

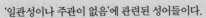 성어 탐구

'일관성이나 주관이 없음'에 관련된 성어들이다.

• 附和雷同(부화뇌동) : '우레 소리에 맞춰 함께한다.'는 뜻으로, 자신의 뚜렷한 생각 없이 경솔하게 남의 의견에 따라 움직이는 태도를 이르는 말.

• 西施嚬目(서시빈목) : '눈살을 찌푸리는 것을 흉내낸다.'는 뜻으로, 쓸데없이 남의 흉내를 내어 세상의 웃음거리가 됨의 비유. 또는 남의 단점을 장점인 줄 알고 본뜸을 비유함. ※ 西施矉目

• 餘桃之罪(여도지죄) : 위나라 미자하(彌子瑕)가 임금에게 총애를 받았다가 미움을 받게 됨의 고사에서 나온 말로, 같은 행동이라도 사랑을 받을 때와 미움을 받을 때가 각기 다르게 적용됨을 비유하는 말.

• 高麗公事三日(고려공사삼일) : 고려의 정책은 사흘 만에 바뀐다는 뜻으로, 어떤 일을 시작하여도 오래 지속되지 못하고 중간에 그만두거나 바뀌는 경우를 비유하는 말.

• 朝令暮改(조령모개) : 26강. ＝朝變夕改(조변석개).

• 追友江南(추우강남) : 31강.

 지혜샘터

'일관성이나 주관 없음'의 성어가 우리에게 남겨준 교훈은 무엇일까요?
《주역》〈계사상〉에 "삼라만상은 그 성질이 유사한 것끼리 모이고[方以類聚], 만물은 무리 지어 나뉘어 사는데[物以群分], 여기에서 길흉이 생긴다[吉凶生矣]."라 하였다. 공자는 《논어》에서 우선유(友善柔)를 경계했는데, 아첨하여 기쁘게 하는 데만 잘하고 성실치 못한 사람[謂工於媚悅而不諒]과 사귀면 손해가 된다고 했다. 우리는 인생사에서 사이비(似而非)한 인물을 만날 수 있다. 그들의 공통점이 일관성이나 주관이 없다는 것이다. 만일 자신이 그들의 무리 속에 산다면, 후일 그 책임은 자신에게 있음을 명심할 필요가 있다.

터닦기   尙 조합 한자 공부

씨앗 심기   賞(상줄 상) 堂(집 당) 黨(무리 당) 嘗(맛볼 상)

싹틔우기   **스토리 연상 학습 1**

나라에서 〔시험 삼아 嘗試〕〔무리 黨〕를 모아 놓고 3척 나무를 옮기는 자에 게 (포상褒賞)하겠다고 했는데, (당당堂堂)하게 옮기는 자가 있었다.

나무 키우기   **꽃 피우기**   **열매 맺기**

賞 상줄 상, 구경할 상 |5급| 貝부수, 총 15획	'貝 + 尙(상)'으로, 공이 있어 재화[貝]를 내려줌[賜有功也 從貝尙聲] 賜有功也 : 錯曰 賞之言尙也. 尙其功也『段 注』	• 論功行賞(논공행상) : 공이 있고 없음이나 크고 작음을 따져 거기에 알맞은 상을 줌. • 勸賞黜陟(권상출척) : 농민의 의기를 앙양키 위 하여 열심인 자는 상주고, 게을리한 자는 출 척함. • 考例施賞(고례시상) : 전례를 참고하여 상을 줌.
堂 집 당, 학교 당, 친족 당 |6급| 土부수, 총 11획	'土 + 尙(상)'으로, 높은 터에 잘 지은 큰 집(高屋)[殿也 從土尙聲 坐, 古文堂. 臺, 籒文堂從高省]	• 堂狗風月(당구풍월) : '서당 개 3년에 풍월을 한 다.'는 뜻으로, 무식쟁이라도 유식한 사람과 사귀면 견문이 넓어짐. 또는 어떤 일을 오래 하면 자연히 할 줄 알게 됨. • 廟堂公論(묘당공론) : 조정의 군신들이 모이어 나라 일을 논의하는 일. • 申師任堂(신사임당) : 조선 중기의 여류 서화가.

黨 무리 당, 아첨할 당, 치우칠 당 │4급│ 黑부수, 총 20획	'黑 + 尙(상)'으로, 원자는 曭. 해와 달이 침침하여[黑] 밝지 못함[不鮮也 從黑尙聲] 不鮮也 : 新鮮字當作鱻. 屈賦遠遊篇. 時曖曖其曭莽. 王注曰 日月晻黮而無光也. 然則黨曭古今字.『段注』	• 不偏不黨(불편부당) : 어느 한쪽으로 기울어짐 없이 중정(中正), 공평(公平)함. • 黨同伐異(당동벌이) : 일의 옳고 그름을 가리지 않고 동아리끼리 뭉쳐 다른 동아리를 공격함. • 成群作黨(성군작당) : 여러 사람이 모여 패를 지어 무리를 이룸, 또는 그 무리.
嘗 맛볼 상, 일찍 상 │3급│ 口부수, 총 14획	'旨 + 尙(상)'으로, 입으로 음식 맛[旨]을 맛봄[口味之也 從旨尙聲]	• 臥薪嘗膽(와신상담) : 섶에 눕고 쓸개를 맛본다는 뜻으로, 원수를 갚으려고 온갖 괴로움을 참고 견딤을 이르는 말. • 嘗糞之徒(상분지도) : 똥도 핥을 놈이라는 뜻으로, 남에게 아첨하여 부끄러운 짓도 가리지 않고 하는 사람을 이르는 말.

臥薪嘗膽(와신상담)　《사기》에 나오는 이야기다.

오(吳)나라 합려(闔閭)는 월(越)나라 구천(勾踐)과의 싸움에서 손가락 부상을 입고 얼마 있지 않아 죽고 말았다. 합려는 임종에 앞서 아들 부차(夫差)에게 자신의 원수를 갚으라고 당부한다. 왕이 된 부차는 아버지의 원수를 갚기 위해 섶나무를 깔아 놓고 그 위에서 잠을 자며[臥薪] 군대를 양성했다. 이 사실을 안 월왕 구천이 선제공격을 하여 패배를 당하고 항복한다. 이에 신하의 몸으로 월나라로 돌아온 구천은 곁에 쓸개를 달아놓고 그 쓴맛을 핥으며[嘗膽] 복수의 칼날을 갈았다. 항복한 날로부터 12년이 지난 기원전 482년 구천은 드디어 오나라로 쳐들어가 그를 패배시키니, 왕 부차는 자결하였고 오나라는 멸망하였다.

지혜샘터

'와신상담'의 성어가 우리에게 남겨준 교훈은 무엇일까요?

고려 성종 12년에 소손녕(蕭遜寧)이 이끄는 거란의 제1차 침입 때, 고려는 봉산성 싸움에 패하면서 일찍부터 할지론(割地論)에 무게를 두었다. 그러나 대도수(大道秀)가 안융진 전투에서 승리하면서 거란군은 기세가 꺾였고, 이때를 놓치지 않고 서희(徐熙)는 강화협상 대표로 거란군 진영으로 향한다. 손자병법 36계에, 아궁이에서 장작을 빼낸다는 '부저추신(釜底抽薪)'이 있다. 장작이 없으니 아궁이의 솥이 끓을 리 없다. 싸우지 않고 승리하는 비법은 적의 의도, 싸움의 목적을 읽는 데 있다. 서희는 유리한 입장에서 협상에 임했고, 더 중요한 건 거란군의 의도를 정확히 꿰뚫었다는 점이다. 구천의 만신창이 싸움과는 비교도할 수 없는 빛나는 명 담판의 승리를 만들어 냈다.

雜詩(잡시)　　陶淵明(도연명)

秋菊有佳色	가을 국화 아름다운 빛깔 지니니
裛露掇其英	이슬에 옷 적시며 그 꽃 딴다네.
汎此忘憂物	이 술 걸러 만물 근심 잊게 하고
遠我遺世情	세속의 정에서 나를 멀리 있게 한다.
一觴雖獨進	한 잔 술 비록 홀로 들지만
杯盡壺自傾	술잔이 다하면 동이는 저절로 기울어지네.
日入群動息	해 지고 온갖 것들 다 휴식을 취하니
歸鳥趨林鳴	돌아오는 새 숲으로 날아들며 우네.
嘯傲東軒下	동쪽 처마 아래에서 휘파람 부니
聊復得此生	애오라지 이 생애를 다시 얻은 듯하구나.

〈飮酒 二十首 中 第 七首(음주 20수 중 제7수)〉

https://youtu.be/RUP8UmqJvbc

부자(부수+자원) 좋아 한자 공부

示 부수와 鬼 조합 한자를 공부해 봅시다.

터닦기	示 부수 한자 공부
씨앗 심기	示(보일 시) 社(토지 신 사) 祭(제사 제) 祀(제사 사)

싹틔우기 스토리 연상 학습 1

> 역사서에서 임금이 (사직단社稷壇)에 (제사祭祀)하던 일을 자주 〔볼 示〕 수 있다.

나무 키우기	꽃 피우기	열매 맺기

示 示

보일 **시**, 알릴 **시**

| 5급 |
示부수, 총 5획

하늘은 해, 달, 별을 통해 사람들에게 그 길흉의 실상을 보여줌[天垂象 見吉凶 所以 示人也. 三垂 日月星也. 觀乎天文 以察時變 示神事也]

• 梟示警衆(효시경중) : 죄인의 목을 베어 높은 곳에 매달아 놓아 다른 사람에게 보임으로써, 죄를 범하면 반드시 처벌됨을 경고하는 일.

• 展示效果(전시효과) : 소비(消費) 지출(支出)이 자신의 소득 수준에 따르지 않고 남의 모방에 따라 늘어나는 사회적, 심리적 효과. 어떤 업적 따위를 과시하려고 실질적인 효과가 크지도 않은 상징적인 사업을 실시하는 따위를 일컫는 말.

社 社

토지 신 **사**,
단체 **사**, 모일 **사**

| 6급 |
示부수, 총 8획

'示+土'로, 신령스러움을 보여[示]주는 땅[土]의 수호신(守護神)[地主也 從示土.『周禮』:二十五家爲社, 各樹其土所宜之木. 社, 古文社.〔注〕社. 社, 古文]

※ 고대에는 천자에서 서민까지 봉토입사(封土立社)하고 복을 빎.

• 社稷之神(사직지신) : 사직단에 모신 토신(土神)과 곡신(穀神)을 말함.

• 鷄豚同社(계돈동사) : "닭과 돼지가 한데 어울린다."는 뜻으로, 같은 고향 사람끼리 서로 친목을 도모함을 이르는 말.

• 城狐社鼠(성호사서) : '성곽(城郭)에 사는 여우와 사단(社壇)에 사는 쥐'라는 뜻으로, 임금 곁에 있는 간신(奸臣)의 무리를 이르는 말.

祭

제사 **제**, 행사 제

| 4급 |
示부수, 총 11획

'肉 + 又 +示'로, 손[又]으로 제물[肉]을 들어 신에게 바쳐 보임[示] [祭祀也 從示 以手持肉]

- 祭祀蒸嘗(제사증상) : 제사 중 겨울 제사는 증(蒸), 가을 제사는 상(嘗)이라 함.
- 冠婚喪祭(관혼상제) : 관례·혼례·상례·제례의 네 가지 예를 두고 말함.
- 祭政一致(제정일치) : 제사와 정치가 일치한다는 사상 및 그러한 정치형태. 정교일치.

祀

제사 **사**

| 3급 |
示부수, 총 8획

'示 + 巳(사)'로, 제사를 지내니 하늘의 신령스러움이 나타나[示] 무사함 [祭 無巳也 從示巳聲] 從示巳聲. 示常與祭祀有關. 本義 : 祭祀天神 -『漢典』

- 豫探神祀(예탐신사) : 집안에 무슨 경사가 있을 때에 먼저 조상에게 아뢰는 굿.
- 告祀祝願(고사축원) : 고사(告祀)를 지내며 비는 일.

 성어 탐구

'무지(無知)함'과 관련된 성어이다.

- 盲者丹靑(맹자단청) : 소경의 단청(丹靑) 구경이라는 뜻으로, 사물을 보아 알지도 못하는 것을 아는 체함을 이르는 말. = 盲玩丹靑(맹완단청).
- 目不識丁(목불식정) : 낫 놓고 기역 자도 모른다는 뜻으로, 일자무식을 이르는 말. = 不識一丁(불식일정).
- 無知蒙昧(무지몽매) : 아는 것이 전혀 없을 뿐 아니라 사리에 어두움.
- 菽麥不辨(숙맥불변) : 콩인지 보리인지 분별하지 못한다는 뜻으로, 어리석고 못난 사람.
- 一字無識(일자무식) : 한 글자도 알지 못함.
- 南大門入納(남대문입납) : '서울 가서 김서방 찾기'란 속담과 같은 말로, 주소도 이름도 모르고 사람이나 집을 찾는 무지함을 조롱하는 말. 무지한 방법으로 자신의 목적을 이루려고 할 때의 표현. ※ 입납(入納)이란 '편지를 삼가 드립니다'의 뜻으로, 편지의 겉봉투에 쓰는 인사말.
- 三尺童子(삼척동자) : 20강.
- 暗中摸索(암중모색) : 8강.
- 魚魯不辨(어로불변) : 37강.

지혜샘터

'무지(無知)함'의 성어가 우리에게 남겨준 교훈은 무엇일까요?

무지함에는 작은 무지가 있고, 큰 무지가 있다. 단편적 지식의 모름이 전자라면, 꿈이 없는 삶 등이 후자일 것이다. <어느 95세 노인의 후회>란 글에, "95살에 어학 공부를 시작하는 이유를, 10년 후 맞이하게 될 105번째 생일날 그때 왜 아무것도 시작하지 않았는지를 후회하지 않기 위해서다."라 했다. 그는 65세에 은퇴한 후, '그저 고통 없이 죽기만을 기다리는 30년 동안의 무지(無知)'를 깨달은 것이다. 우리는 작은 무지에는 부끄러워할 줄 알지만, 큰 무지(無知)는 그 자체를 모르고 사는 경우가 많다. 참으로 부끄러운 일이 무엇인지를 깨닫는 것이 중요한 일이다.

터닦기 鬼 조합 한자 공부

씨앗 심기 鬼(귀신 귀) 塊(덩어리 괴) 愧(부끄러워할 괴) 醜(보기 흉할 추)

싹틔우기 ## 스토리 연상 학습 2

유신론자(有神論者)들은 〔귀신 鬼〕은 존재하며 〔흙덩이 塊〕처럼 〔흉한 醜〕
모습에 〔부끄러움 愧〕도 많다고 말한다.

나무 키우기	꽃 피우기	열매 맺기

귀신 귀

| 3급 |
鬼부수, 총 9획

'甶+儿+厶'로, 사람[儿]이 죽으면 귀신[甶]이 되며, 귀신은 음기(陰氣)로 사람에 비하여 사사로움[厶]에 해당됨[人所歸爲鬼 從人 甶象鬼頭 鬼陰气賊害 故從厶] 從厶 二字今補 厶讀如私 鬼陰气賊害 故從厶 陰當作仌 此說從厶之意也 神陽鬼陰 陽公陰私『段注』

- 疑心暗鬼(의심암귀) : 의심이 있으면 귀신이 생긴다는 뜻으로, 의심하는 마음이 있으면 대수롭지 않은 일까지 두려워서 불안해함.
- 神出鬼沒(신출귀몰) : 자유자재로 출몰하여 그 변화가 무궁무진함.
- 魚頭鬼面(어두귀면) : '물고기 머리에 귀신 낯짝'이라는 뜻으로, '괴상(怪常) 망측(罔測)하게 생긴 얼굴'을 형용하는 말.

**덩어리 괴,
흙덩어리 괴**

| 3급 |
土부수, 총 12획

'土+鬼'로, 속자는 凷. 흙[土]이 엉켜 덩어리짐[俗凷字 依爾雅釋文『段注』] 凷 : 墣也 從土, 一屈象形. 塊, 凷或從鬼『說文』

- 火山巖塊(화산암괴) : 화산 분출물. ※ 이미 굳어진 암석이 폭발로 인하여 깨어진 32mm 이상의 덩이를 말함.
- 斷層地塊(단층지괴) : 단층(斷層)으로 경계(境界)가 진 지괴.

愧 憶 부끄러워할 괴 |3급| 忄부수, 총 13획	'忄 + 鬼'로, 본자는 '媿', '聰'. 마음[心]에 부끄러움을 느낌[媿或從恥省『說文』慙也 『爾雅·釋言』無愧於口 不若 無愧於身. 無愧於身 不若無 愧於心. 本作媿 從女. 或從 恥省作聰. 亦作䰟腂『皇極 經世』-『康熙』]	• 俯仰無愧(부앙무괴) : 하늘을 우러러보나 땅을 굽어보나 양심에 부끄러움이 없음을 이르는 말. • 無愧於心(무괴어심) : 마음에 조금도 부끄러울 것이 없음. • 自愧之心(자괴지심) : 스스로 부끄러이 여기는 마음.
醜 醜 보기 흉할 추, 못생길 추 |3급| 酉부수, 총 16획	'鬼 + 酉(유)'로, 귀신[鬼]처럼 보기 흉한 모습[可惡也 從 鬼酉聲] 可惡也 : 鄭風. 無我 魗兮. 鄭云 魗亦惡也 是魗 卽醜字也『段注』	• 地醜德齊(지추덕제) : 나라의 크기나 군주의 덕 망이 서로 비슷하다는 뜻으로, 서로 조건이 비슷함을 이르는 말. • 西施有所醜(서시유소추) : "미인인 서시에게도 추한 데가 있다."는 뜻으로, 현인에게도 단점 이 있음을 비유해 이르는 말.

 돋보기

地醜德齊(지추덕제)

《맹자》〈공손추하〉에 나오는 이야기이다.

맹자는 당시 제후들의 영토가 서로 비슷하고, 정치풍토 등을 포괄하는 도덕적 수준도 서로 같음을 지적했습니다. 이는 위정자가 훌륭한 정책을 통해 이상 국가를 만들려면 자신이 함부로 대할 수 없는 훌륭한 신하, 즉 가르침을 받는 신하[所受教]를 중용해야 한다. 그러나 당시 제후들은 오히려 자신이 가르치고[所教] 명령을 내며, 이를 잘 따르는 신하만을 좋아했다. 따라서 세상을 빛나게 하는 특출한 정책은 나올 리 만무하였고, 서로 공격하고 빼앗는 패도정치(覇道政治)의 한계를 넘지 못하고 있음을 비판한 것입니다.

 지혜샘터

'지추덕제'의 성어가 우리에게 남겨준 교훈은 무엇일까요?

조선시대 인물 중 임금에게 가르침을 준 신하이자 두려운 존재로는 정암(靜庵) 조광조(趙光祖)를 꼽는다. 그는 왕도정치의 실현을 이상으로 삼고 벼슬길에 나온 지 불과 4년 만에 사약을 받고 억울한 죽음을 맞이한다. 잘못이 있다면 당시 하향곡선으로 치닫는 조선 사회를 개혁하여 요순의 임금과 백성으로 만들려고 온 힘을 다한 것뿐이었다. 선조 때 경연에서 윤근수는 "기묘사화 이후로 사람들이 선(善)으로 향하는 마음을 품게 된 것은 조광조가 쏟은 공력의 결과이다."라 진언했다. 비록 정암의 개혁이 미완성으로 끝났지만, 분명한 것은 그 진실한 마음만은 밝은 하늘 아래 한 점 부끄러움 없이 남아 조선을 완전한 유교 국가로 정립하는 데 초석이 되게 했다는 점이다.

登高(등고)　杜甫(두보)

風急天高猿嘯哀	바람이 빠르고 하늘은 높고 원숭이 슬피 우는데
渚淸沙白鳥飛廻	물은 맑고 모래는 희고 물새는 날아도네.
無邊落木蕭蕭下	끝없이 떨어지는 나뭇잎 우수수 지는데
不盡長江滾滾來	다함이 없는 장강만 도도히 흐르네.
萬里悲秋常作客	만리 타향 슬픈 가을에 늘 나그네 되어
百年多病獨登臺	한평생 병 많은 이 몸 홀로 누대에 올랐노라.
艱難苦恨繁霜鬢	온갖 고생 괴로운 한에 흰머리만 많아졌고
潦倒新停濁酒杯	늙고 쇠약해져 이제는 술까지도 끊었다네.

〈杜工部集〉

https://youtu.be/t0m8vGs_V5s

부자(부수+자원) 좋아 한자 공부

白와 靑 조합 한자를 공부해 봅시다.

터닦기 白 조합 한자 공부

씨앗 심기 白(흰 백) 伯(맏 백) 迫(닥칠 박) 拍(칠 박)

싹틔우기 스토리 연상 학습 1

(창백蒼白)한 얼굴로 출발 시간에 (임박臨迫)하여 도착하니, 〔맏 伯〕형이 반갑게 (박수拍手)로 맞이해 주었다.

나무 키우기	꽃 피우기	열매 맺기

白 白

흰 **백**, 밝을 **백**,
아뢸 **백**

|8급|
白부수, 총 5획

'入＋二'로, 서방(西方) 색인 백색(白色)[西方色也 陰用事 物色白 從入合二 二, 陰數 『說文』. 從入合二 出者陽也 入者陰也 故從入『段注』

• 白日夢(백일몽) : 대낮에 꿈을 꾼다는 뜻으로, 허황된 공상을 하고 있음을 비유한 말.
• 白骨難忘(백골난망) : 죽어도 잊지 못할 큰 은혜를 입음이란 뜻으로, 남에게 큰 은혜나 덕을 입었을 때 고마움을 표시하는 말.
• 堅白同異(견백동이) : 시(是)를 비(非)라 하고 '비'를 '시'라 하며, 동(同)을 이(異)라 하는 것과 같은 억지 논리. 궤변.
• 明明白白(명명백백) : 아주 분명하고 명백함.

伯

맏 **백**, 높을 **백**

|3급|
人부수, 총 7획

'亻(인)＋白(백)'으로, 여러 형제자매 가운데서 제일 윗사람인 장자(長子)[亻] [長也 從人白聲] 長也 : 釋詁 伯, 長子 也『段注』

• 伯樂子(백락자) : 백락의 아들이라는 말로, 어리석은 자식을 뜻함.
• 伯樂一顧(백락일고) : 백락을 만나 명마(名馬)가 세상에 알려진다는 뜻으로, 훌륭한 사람에게 인정받음. 또는 알아주는 사람이 있어야 능력을 발휘할 수 있음을 이르는 말.
• 伯仲叔季(백중숙계) : 형제의 차례를 나타내는 말. 백은 맏이, 중은 둘째, 숙은 셋째, 계는 막내.

44강

迫 닥칠 **박**, 다그칠 **박** |3급| 辵부수, 총 9획	'辶 + 白(백)'으로, 좀 더 가까이 다가가도록[辶] 재촉함[近也 從辵白聲] 近也 : 釋言曰 逼 迫也 逼本又作偪『段注』	• 優遊不迫(우유불박) : 느긋하고 침착하여 서둘지 않음. • 迫不得已(박부득이) : 일이 매우 급박하여 어떻게 할 수가 없음. • 流離漂迫(유리표박) : 일정한 거처가 없이 이곳저곳 떠돌아다님.
拍 칠 **박** |4급| 手부수, 총 8획	'扌 + 白(백)'으로, 본자는 '拍'. 손[扌]으로 그 위를 침[本作 拍 拊也『說文』搏也 以手搏 其上也『釋名』-『康熙』]	• 拍掌大笑(박장대소) : 손뼉을 치면서 크게 웃음. • 拍案大叫(박안대규) : 책상을 치며 큰 소리를 지름.

 돋보기

伯樂一顧(백락일고)	〈전국책戰國策〉에 나오는 이야기이다. "주나라 때 어떤 말[馬] 장수가 말을 팔려고 시장에 내놓았지만 사흘이 지나도 아무도 사려고 하지 않았다. 이에 백락(伯樂 – 손양(孫陽)이라는 사람이 마상(馬相)을 잘 보았기 때문에 백락은 그를 지칭함)을 찾아가 감정만 해달라고 신신당부를 하였다. 백락이 시장에 가서 그 말의 주위를 돌며 감탄하는 눈길로 그냥 쳐다보기만 하였다. 이를 본 사람들은 구하기 힘든 준마(駿馬)라고 여겨 앞을 다투어 서로 사려고 하여 말의 값은 순식간에 껑충 뛰었다."는 것이다. 한유(韓愈)는 〈잡설(雜說)〉에서 "하루에 천 리를 달리는 명마는 항상 있으나 말을 볼 수 있는 백락이 항상 있는 것은 아니며, 만일 백락이 없다면 천리마는 마구간에 박혀 그 능력을 발휘하지 못할 뿐 아니라, 보통 이하의 생활을 하게 될 것이다."라 했다.

 지혜샘터

'백락일고'의 성어가 우리에게 남겨준 교훈은 무엇일까요?
임진왜란 3년 전 비변사에 우의정 이산해(李山海)와 병조판서 정언신(鄭彦信)의 이순신(李舜臣) 장군의 추천은 백락일고(伯樂一顧)의 가치를 십분 발휘할 수 있도록 했다. 1905년 을사늑약이 체결된 날 밤 정한론(征韓論)을 주창한 요시다 쇼인의 제자 데라우치 마사타케는 "도요토미 히데요시가 이루지 못한 조선 출병을 우리가 완수했다."고 했다. 이후 5년이 지난 1910년 8월 22일, 조선은 결국그 운명을 다한다. 고려시대 석 굉연(釋 宏演) 스님은 "천리마가 소금 수레를 끄나니[豈無鹽車困良驥], 백락이 없는 지금에 어이하리[伯樂已矣今何爲]. 아아! 백락이 없는 지금에 어이하리[嗚呼伯樂已矣今何爲]."라 노래했다. 왕조를 뛰어넘어 그 통한의 역사는 오늘에도 전율(戰慄)을 느끼게 한다.

터닦기 ▸ 靑 조합 한자 공부

씨앗 심기 ▸ 靑(푸를 청) 淸(맑을 청) 情(뜻 정) 請(청할 청)

싹틔우기 ▸ ## 스토리 연상 학습 2

(청순淸純)한 이미지에 (정情)이 끌린 (청년靑年)은 드디어 그녀에게 (청혼請婚)을 했다.

나무 키우기 ▸	**꽃 피우기** ▸	**열매 맺기** ▸
靑 靑 푸를 청 |8급| 靑부수, 총 8획	'丹 + 生'으로, 정성[丹]으로 식물을 가꾸어 처음 땅 위로 나올[生] 때의 색[東方色也 木生火 從生丹] 靑, 生也. 象物之生時色也『釋名』靑出之藍而靑於藍『荀子·勸學篇』-『康熙』草木之生, 其色靑也『字源字典』	• 靑天霹靂(청천벽력) : 맑게 갠 하늘에서 갑자기 떨어진 벼락이라는 뜻으로, 돌발적인 사태나 사변(事變). 필세(筆勢)가 세참. • 綠水靑山(녹수청산) : 초록빛 물과 푸른 산. • 靑山流水(청산유수) : 거침없이 말을 잘하는 모습. • 靑雲萬里(청운만리) : 입신출세를 위한 원대한 포부를 비유적으로 이르는 말.
淸 淸 맑을 청 |6급| 水부수, 총 11획	'ⅰ + 靑(청)'으로, 강물[ⅰ]이 맑고 깨끗한 모양[朗也 澂水之貌 從水靑聲]	• 水淸無大魚(수청무대어) : 물이 맑으면 큰 고기가 없다는 뜻으로, 사람이 너무 깨끗하거나 엄하면 그를 꺼려 주변에 사람이 없음을 이르는 말. • 死後淸心丸(사후청심환) : '죽은 뒤의 약'이라는 뜻으로, 시기를 놓친 것을 의미함.

情 뜻 정

|5급|
心부수, 총 11획

'忄 + 靑(청)'으로, 희로애락(喜怒哀樂)의 인간의 감정[心] [人之陰气有欲者 從心靑聲] 性之動也. 從心靑聲 『正韻』喜怒哀樂愛惡, 謂六情『白虎通』何謂人情. 喜怒哀懼愛惡欲. 七者弗學而能『禮·禮運』-『康熙』

• 望雲之情(망운지정) : 구름을 바라보며 그리워한다는 뜻으로, 타향에서 고향에 계신 부모를 생각함. 멀리 떠나온 자식이 어버이를 사모하여 그리는 정.
• 雲雨之情(운우지정) : 남녀 간에 육체적으로 어울리는 사랑.

請 청할 청

|4급|
言부수, 총 15획

'言 + 靑(청)'으로, 어떤 일을 이루기 위해 남에게 자기의 생각을 말함[言] [謁也 從言靑聲]

• 轉之轉請(전지전청) : (직접 청하지 않고) 여러 사람을 거쳐서 간접으로 청함.
• 負荊請罪(부형청죄) : 가시 나무를 등에 지고 때려 주기를 바란다. 자신의 잘못을 인정하고 사죄하는 것을 의미함.

 성어 탐구

'학문의 진보'에 관련된 성어들이다.

• 日進月步(일진월보) : 날로 달로 끊임없이 진보, 발전함.
• 日就月將(일취월장) : 날마다 달마다 성장하고 발전한다는 뜻으로, 학업이 날이 가고 달이 갈수록 진보함을 말함.
• 靑出於藍(청출어람) : '푸른색이 쪽에서 나왔지만 쪽빛보다 더 푸르다.'는 뜻으로, 제자가 스승보다 나음을 이르는 말.
• 聞一知十(문일지십) : 한 가지를 들으면 열 가지를 미루어 안다는 뜻으로, 총명함을 이르는 말.
• 後生可畏(후생가외) : 뒤에 난 사람은 두려워할 만하다는 뜻으로, 후배는 나이가 젊고 의기가 왕성하므로 학문을 계속 쌓고 덕을 닦으면 그 진보는 선배를 능가하는 경지에 이를 것이라는 말.
• 刮目相對(괄목상대) : 2강.

 지혜샘터

'학문의 진보' 관련 성어가 우리에게 남겨 준 교훈은 무엇일까요?
역사학자이자 독립운동가인 단재 신채호 선생이 허리를 구부리지도 않고 고개도 숙이지 않은 채 세수를 했다. 이 광경을 옆에서 지켜보던 이광수가 그 이유를 물으니, 다음과 같이 답했다. "여보게, 일본 놈들한테 나라를 빼앗겨 고개를 숙이고 사는 것도 분해 죽겠는데, 이까짓 하찮은 세숫대야에 고개를 숙여서야 되겠는가! 난 죽어도 그렇게는 못하네!" 이 말을 들은 이광수는 선생의 애국정신에 큰 감명을 받았다고 한다. '학문의 진정한 진보'는 무엇일까? 글로 쓰는 지식이 아니라 애국의 실천에 있지 않을까?

秋日偶成〔가을날에 우연히 짓다〕　鄭顥(정호)

閑來無事復從容	한가롭고 어려운 일 없이 조용히 살며
睡覺東窓日已紅	잠에서 깨니 동창에 해 이미 붉게 떴다.
萬物靜觀皆自得	만물을 조용히 관조하며 모두 홀로 깨닫고
四時佳興與人同	사시의 아름다운 흥취를 사람과 함께 한다.
道通天地有形外	도는 천지와 통하여 형체의 구속 밖에 있고
思入風雲變態中	생각은 자연의 변화와 함께 한다.
富貴不淫貧賤樂	부귀가 빈천의 즐거움을 넘지 않으니
男兒到此是豪雄	남아가 이에 이르면 바로 영웅호걸이리라.

https://youtu.be/wCaGsfpistA

부자(부수+자원) 좋아 한자 공부

犬 부수 한자를 공부해 봅시다.

| 터닦기 | 犬 부수 한자 공부 |

| 씨앗 심기 | 犬(개 견) 狀(모양 상) 獄(감옥 옥) 獲(얻을 획) |

싹틔우기 **스토리 연상 학습 1**

> (감옥監獄)에 사자〔모양 狀〕의 마운틴 셰퍼드라는〔개 犬〕를 두는 것은 지킴이 효과를〔얻기 獲〕 위함이라 한다.

| 나무 키우기 | 꽃 피우기 | 열매 맺기 |

犬

개 **견**

| 4급 |

犬부수, 총 4획

개의 목줄과 발을 특징적으로 그린 개 모양[狗之有縣蹏者也 象形 孔子曰 視犬之者 如畫狗也]

- 犬兎之爭(견토지쟁) : 개와 토끼의 다툼이라는 뜻으로, 두 사람의 싸움에 제삼자가 이익을 봄을 이르는 말.
- 犬馬之心(견마지심) : 임금이나 부모를 위해 바치는 충성·효성.
- 犬馬之養(견마지양) : 단지 어버이를 부양할 뿐 공경하는 마음이 없음.
- 犬猿之間(견원지간) : 개와 원숭이의 사이라는 뜻으로, 대단히 사이가 나쁨.

狀

모양 **상**, 문서 **장**,

편지 **장**

| 4급 |

犬부수, 총 8획

'犬 + 爿(장)'으로, 개[犬] 모양[犬形也 從犬爿聲 『說文』形也 『玉篇』知鬼神之情狀 『易·繫辭』又形容之也, 陳也 『韻會』-『康熙』]

- 千狀萬態(천상만태) : 천 가지 모습과 만 가지 형상이라는 뜻으로, 세상 사물이 한결같지 아니하고 각각 모습·모양이 다름을 이르는 말.
- 情狀參酌(정상참작) : 재판관이 범죄의 사정을 헤아려서 형벌을 가볍게 하는 일.

<table>
<tr>
<td>

獄

감옥 옥

|3급|
犬부수, 총 14획

</td>
<td>

'言＋犾'로, 감옥을 두 마리 개[犬, 犭]가 짖으며[言] 견고히 지킴[确也 從犾從言 二犬 所以守也] 确也 : 召南 傳曰 獄, 埆也. 埆同确. 堅剛相持之意『段注』

</td>
<td>

• 妻城子獄(처성자옥) : 아내와 자식이 있는 사람은 집안 일에 얽매어 자유로이 활동할 수 없음을 이르는 말.
• 己亥邪獄(기해사옥) : 조선 헌종 5년(1839)에 프랑스 신부를 비롯한 천주교도 70여 명을 처형한 천주교 박해 사건.
• 阿鼻地獄(아비지옥) : 불교에서 말하는 8대 지옥 중의 여덟째로, 고통이 가장 심하다는 지옥.

</td>
</tr>
<tr>
<td>

獲

얻을 획

|3급|
犬부수, 총 17획

</td>
<td>

'犭＋蒦(획)'으로, 사냥개[犭]가 풀[艹] 위에 떨어진 새[隹]를 물어와 주인의 손[又]에 있음[獵所獲也 從犬蒦聲]

</td>
<td>

• 猶獲石田(유획석전) : 물건을 얻었으나 쓸모가 없음의 비유.
• 見奔獐放獲兔(견분장방획토) : '달아나는 노루보다가 잡은 토끼 놓친다.'는 속담의 한역으로, 큰 것에 욕심을 내다가 도리어 자기가 가진 것마저 잃어버린다는 말.

</td>
</tr>
</table>

 돋보기

犬兔之爭(견토지쟁)　《전국책》에 나오는 이야기이다.

한자로(韓子盧)는 세상에서 가장 빠른 개이고[韓子盧者 天下之疾犬也], 동곽준(東郭逡)은 세상에서 가장 꾀가 많은 토끼다[東郭逡者 海內之狡也]. 이들은 서로 싸움을 하였는데, 개가 토끼를 쫓아[韓盧逐東郭逡] 산을 돈 것이 세 번이고[環山者三], 산 위에 오른 것이 다섯 번이었다[騰山者五]. 토끼는 앞에서 극도로 지치고[極於前], 개는 뒤에서 쓰러져[犬廢於後] 모두 피곤하여 각각 그 자리에서 죽으니[犬俱罷 各死其處], 농부는 어떤 수고로움도 없이 그들을 차지할 수 있었다[田父得之 無勞倦之苦 而擅其功].

지혜샘터

'견토지쟁'의 성어가 우리에게 남겨준 교훈은 무엇일까요?

인디언 할아버지가 손자에게 늑대 이야기를 해 주었다. "우리 마음속엔 항상 두 마리의 늑대가 싸우고 있단다. 한 마리는 나쁜 늑대이고, 또 한 마리는 착한 늑대란다." "그럼 누가 이기나요?" "네가 밥을 주는 쪽이 이긴단다." 인간이라면 누구나 성장 과정에서 이 두 늑대와의 싸움을 경험한다. 착한 늑대에게 밥을 주어야 한다는 것은 알고 있지만, 질투, 분노, 원망, 거짓, 게으름 등을 먹고 사는 나쁜 늑대에게 유혹되기 쉽다. 이 같은 갈등을 이기는 것은 나 자신이다. 내 속에 있는 착한 늑대와 나쁜 늑대를 제대로 훈련한 내 인생은 진정한 승자인 어부지리(漁父之利)의 삶을 얻을 수 있을 것이다.

터닦기 犬 부수 한자 공부

씨앗 심기 犯(범할 범) 猶(머뭇거릴 유) 獻(드릴 헌) 獸(짐승 수)

싹틔우기 ## 스토리 연상 학습 2

(금수禽獸)와 같은 (범법자犯法者)에게 법원은 선례 (문헌文獻)이 없어 결국 (집행유예執行猶豫)를 선고했다.

나무 키우기	**꽃 피우기**	**열매 맺기**
犯 㓙 범할 **범** |4급| 犬부수, 총 5획	'犭 + 㔾(절)'로, 개[犬]가 침범하여 해침[侵也 從犬㔾聲] 侵也 : 本謂犬 假借之謂人『段注』抵觸也『玉篇』干也, 侵也, 僭也, 勝也『廣韻』 -『康熙』	• 邪不犯正(사불범정) : 사악한 것은 바른 것을 감히 범하지 못한다는 뜻으로, 정의(正義)가 반드시 이긴다는 말. • 衆怒難犯(중노난범) : 뭇사람의 분노를 함부로 건드려서는 안 된다는 말.
猶 㹨 원숭이 **유**, 머뭇거릴 **유** |3급| 犬부수, 총 12획	'犬 + 酋(유)'로, 머뭇거리기를 잘하는 원숭이[犭] 종류의 동물[玃屬 從犬酋聲 — 曰隴西謂犬子爲猶]	• 困獸猶鬪(곤수유투) : 위급한 경우에는 짐승일지라도 적을 향해 싸우려 덤빈다는 뜻으로, 곧 궁지에 빠지면 약한 자가 도리어 강한 자를 해칠 수 있다는 뜻. • 過猶不及(과유불급) : 지나침은 미치지 못함과 같음.

獻 드릴 **헌** |3급| 犬부수, 총 20획	'犬 + 鬳(권)'으로, 종묘 제사에 제물로 올리는 개[犬]고기[宗廟犬名羹獻 犬肥者以獻之 從犬鬳聲] ※ 종묘 제사에 쓰는 삶은 개고기를 갱헌(羹獻)이라 함.	• 借花獻佛(차화헌불) : 남의 꽃을 빌려 부처에게 바친다는 뜻으로, 남의 물건으로 선물(膳物)하거나 자기 일을 봄을 이르는 말. • 無祝單獻(무축단헌) : 제사 지낼 때에 축문이 없이 술을 한 잔만 올림.
獸 짐승 **수** |3급| 犬부수, 총 19획	'嘼+犬'으로, 개[犬], 호랑이, 표범 등 네 발 달린 짐승[嘼] [守備者也 一曰 兩足曰禽 四足曰獸 從嘼從犬] 守備者也 : 能守能備, 如虎豹在山是也 『段注』	• 率獸食人(솔수식인) : 폭정으로 백성들에게 고통을 줌을 뜻함. 궁 안의 주방에는 고기가 있는데, 들에는 굶어 죽은 백성들의 시체가 있다면, 이것은 짐승을 몰다가 사람을 잡아 먹이는 것과 다름이 없다는 말.

능력이 서로 비슷함을 뜻하는 성어이다.

• 大同小異(대동소이) : 혜시(惠施)의 소동이(小同異), 대동이(大同異)에서 비롯된 말로, 거의 같고 조금 다름. 비슷함.

• 童角抵戲(동각저희) : 막동이 씨름 놀이하듯이란 한역으로, 서로 엇비슷함. = 莫童角抵戲.

• 伯仲之勢(백중지세) : 누구를 형이라 아우라 하기 어렵다는 뜻으로, 우열의 차이가 없이 엇비슷함을 이르는 말.

• 五十步百步(오십보백보) : 오십 보 도망한 자가 백 보 도망한 자를 비웃는다는 뜻으로, 조금 낫고 못한 차이는 있지만 본질적으로 차이가 없음.

• 龍虎相搏(용호상박) : 용과 호랑이가 서로 싸운다는 뜻으로, 두 강자가 서로 승패를 다툼을 이르는 말.

• 優劣難分(우열난분) : 뛰어나고 열등함을 분간할 수 없음.

• 春蘭秋菊(춘란추국) : 봄의 난초와 가을의 국화는 각각 특색이 있어 어느 것이 더 낫다고 할 수 없음.

• 互角之勢(호각지세) : 두 뿔이 길이나 굵기에서 큰 차이가 없다는 뜻으로, 서로 비슷비슷한 위세를 말함.

• 難兄難弟(난형난제) : 13강.

• 莫上莫下(막상막하) : 1강.

'능력이 서로 비슷함' 관련 성어가 우리에게 남겨준 교훈은 무엇일까요?

치열한 경쟁 속에 간발의 차이로 순위가 뒤바뀌는 경우가 많다. 승패를 떠나 최선을 다하는 삶은 아름답다. 다산 정약용(丁若鏞)이 강진에서 유배생활 중 15세 소년 황상(黃裳)과 사제 관계를 맺는다. 어느 날 제자는 스승에게, 자신의 세 가지 결점을 말한다. 첫째는 머리가 나쁜 것이며, 둘째는 앞뒤가 꽉 막힌 것이며, 셋째는 분별력이 부족한 것 등이었다. 그러자 스승은, "너에게는 공부하는 자가 가지는 세 가지 결점이 없다."라고 위로하며, 다음과 같이 말했다. "둔하지만 공부에 파고드는 사람은 식견이 넓어지고, 꽉 막혔지만 그것이 한 번 뚫리면 거칠 것이 없으며, 답답하지만 꾸준히 연마하는 사람은 그 빛이 더욱 반짝인다." 그로부터 60여 년이 흐른 뒤, 황상은 이 세 가지 가르침을 평생 가슴에 새기며 살았노라고 그의 『임술기(壬戌記)』에서 밝히고 있다.

極寒〔몹시 추운 날〕 朴趾源(박지원)

北岳高戌削	북악은 높아 깎아지른 듯하고
南山松黑色	남산의 소나무 검은빛 띠었네.
隼過林木肅	매가 지나가자 나무들이 움츠리고
鶴鳴昊天碧	학 울음에 하늘은 푸르기만 하네.

〈燕巖集〉

松都懷古〔송도에서 옛날을 그리워하다〕 安玉瑗(안옥원)

雪月前朝色	눈 비춘 달빛은 전 왕조의 빛이요,
寒鐘古國聲	차가운 종소리 옛 나라의 소리로다.
南樓愁獨立	남쪽 다락에 근심스레 홀로 서니
殘郭暮煙生	퇴락한 성곽에서 저녁 연기 피어난다.

https://youtu.be/Rk5AvzvCnLA

부자(부수+자원) 좋아 한자 공부

羊 조합과 虎 부수 한자를 공부해 봅시다.

터닦기 羊 조합 한자 공부

씨앗 심기 羊(양 양) 美(아름다울 미) 洋(큰 바다 양) 詳(자세할 상)

싹틔우기 스토리 연상 학습 1

> (태평양太平洋)을 건너온 (미국美國)산(産) (양羊) 고기는 생산자까지 (상세
> 詳細)히 기록되어 있다.

나무 키우기	꽃 피우기	열매 맺기
羊 羊 양 양 |4급| 羊부수, 총 6획	양의 머리, 뿔, 다리, 꼬리 모양[祥也, 從丫, 象頭角足尾之形 孔子曰 牛羊之字以形擧也] 祥也: 考工記注曰 羊, 善也『段注』	• 九折羊腸(구절양장): 아홉 번 굽은 양의 창자란 뜻으로, 대단히 구불구불하고 험한 산길을 가리키는 말. • 商羊鼓舞(상양고무): 상양이라는 새가 날아다니면 큰비가 온다는 전설에서, 홍수·수해가 있을 것을 미리 알린다는 뜻.
美 美 아름다울 미, 맛이 좋을 미 |6급| 羊부수, 총 9획	'羊+大'로, 양[羊]이 크고[大] 살이 쪄 아름답고 맛이 좋음[甘也 從羊從大 羊在六畜 主給膳也] 從羊大: 羊大則肥美. 六牲馬牛羊豕犬鷄也『段注』	• 鏡中美人(경중미인): 거울 속의 미인이라는 뜻으로, 실속이 없는 일. 실속보다는 겉치레뿐인 사람. • 來語不美去語何美(내어불미거어하미): "오는 말이 곱지 않는데 가는 말이 어찌 고우랴?"라는 뜻으로, 남에게 말한 만큼 같은 대접을 받게 된다는 말.

洋 (洋)

큰 바다 양,
서양 양

|6급|
水부수, 총 9획

'氵 + 羊(양)'으로, 큰 바다와 같은 강[氵] 이
름[洋水, 出齊 臨朐高山 東北入鉅定]

- 前途洋洋(전도양양) : 앞길이나 앞날이 크게 열리어 희망이 있음.
- 望洋之歎(망양지탄) : 달아난 양을 잃어버리고 하는 탄식이라는 뜻으로, 학문의 길이 여러 방면이어서 진리를 깨치기 어려움을 이름.

詳 (詳)

자세할 상

|3급|
言부수, 총 13획

'言 + 羊(양)'으로, 자세히 살피어 논의함[言]
[審議也 從言羊聲『說文』審也, 論也, 諟也
『玉篇』語備也『增韻』詳乃視聽『書·蔡仲之
命』審也『傳』-『康熙』]

- 顧答審詳(고답심상) : 편지의 회답도 자세히 살펴 써야 함.
- 博學而詳說之(박학이상설지) : 상세(詳細)히 풀이하는 것은 요점(要點)을 알아듣도록 설명하기 위함이라는 말.

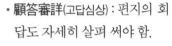 성어 탐구

환경 영향 관련 성어들이다.
- 近墨者黑(근묵자흑) : '먹을 가까이하는 사람은 검어진다'는 뜻으로, 주변 환경이 중요함을 이르는 말 = 近朱者赤(근주자적).
- 同聲異俗(동성이속) : 사람은 날 때는 다 같은 소리를 가지고 있으나, 성장의 환경인 언어·풍속·습관에 따라 달라짐을 말함.
- 麻中之蓬(마중지봉) : 삼밭에 난 쑥이란 뜻으로, 구부러진 쑥도 삼밭에 나면 저절로 바르게 자라듯, 좋은 환경에 있거나 좋은 벗과 사귀면 자연히 감화를 받아서 착한 사람이 됨을 비유.
- 染絲之變(염사지변) : 묵자가 실을 물들이는 사람을 보고 탄식했다는 것에서 나온 말로, 사람이 주변 환경의 영향을 받아 악해지기도 선해지기도 함을 비유.
- 鄭家奴歌詩(정가노가시) : 정가의 종들이 시를 읊는다는 뜻으로, 환경의 영향이 매우 큼의 비유. 후한 학자 정현(鄭玄)의 집 종들이 문하생이 배우는 것을 어깨너머로 익혀《시경》의 구절을 일상 대화에서 자유로이 쓰고 있었다는 옛일에서 온 말.
- 芝蘭之室(지란지실) : "착한 사람과 있으면 지초와 난초가 있는 집에 들어가는 것과 같다(與善人居如入芝蘭之室)."는 말로, 환경의 중요성을 말함.
- 南橘北枳(남귤북지) : 40강 = 橘化爲枳(귤화위지).
- 堂狗風月(당구풍월) : 42강.
- 孟母三遷(맹모삼천) : 1강 = 三遷之敎(삼천지교).

 지혜샘터

환경의 중요성을 뜻하는 성어들이 우리에게 남겨준 교훈은 무엇일까요?
전나무는 힘들고 어려운 환경 속에서 가장 화려한 꽃을 피우며, 대추나무는 염소를 묶어 놓아 그를 괴롭힐 때 오히려 열매가 더 많이 열린다고 한다. 노자《도덕경》에는 몸을 귀하게 여기는 귀생(貴生)보다 몸을 괴롭히는 섭생(攝生)의 도(道)를 강조했다. 즉 거친 음식 먹고, 춥고 힘들 때 인간의 생명은 더 최적화된다는 것이다. 우리는 삶에서 열악한 환경을 탓하는 나약함보다 또 남들이 모두 불가능한 것이라 치부한 일일지라도 그 외적 환경을 극복하고 내적 생명의 도(道)를 완수해 내는 지혜로운 도인(道人)이 되어야 할 것입니다.

| 터닦기 | 虎 부수 한자 공부 |

| 씨앗 심기 | 虎(범 호) 號(부르짖을 호) 處(곳 처) 虛(터 허) |

| 싹틔우기 | **스토리 연상 학습 2** |

(호식총虎食塚)이란 (칭호稱號)는 (허문虛聞)이 아닌 실제로 호랑이가 사람을 잡아먹은 〔곳 處〕에 세운 돌무덤이다.

| 나무 키우기 | 꽃 피우기 | 열매 맺기 |

虎

범 호

|3급|
虍부수, 총 8획

'虍+儿'으로, 산 짐승의 우두머리인 호랑이의 몸체[虍]와 다리[儿] 모양[山獸之君. 象形. 從虍從儿 虎足象人足也]

- 狐假虎威(호가호위) : 여우가 호랑이의 위세를 빌린다는 뜻으로, 남의 권세를 빌려 허세 부림의 비유.
- 虎死留皮人死留名(호사유피인사유명) : 범은 죽어서 가죽을 남김. 사람은 죽은 뒤에는 이름을 남긴다는 뜻으로, 사람은 죽어서 명예를 남겨야 함을 이르는 말.

號

부르짖을 호,
이름 호, 번호 호

|6급|
虍부수, 총 13획

'虎+号(호)'로, 범[虎]이 포효(咆哮)하는 우렁찬 소리[嘷也 從虎從号 号亦聲]

- 號令如汗(호령여한) : 이미 낸 명령은 땀이 되들어갈 수 없듯이 취소할 수가 없는 것.
- 號令如山(호령여산) : "호령(號令)이 산과 같다."는 뜻으로, 호령은 엄중(嚴重)해 움직일 수 없음을 이르는 말.

處 곳 처, 처리할 처 |4급| 虍부수, 총 11획	'処 + 虍(호)'로, 머물러 생활하며 사는 곳[処] [處或從虍聲. 今或體獨行. 轉謂処俗字『段注』居也『玉篇』莫或遑處『詩·王風』又止也. 其後也處『詩·召南』留也, 息也, 定也『廣韻』又居室也. 于時處處『詩·大雅』-『康熙』	• 凌遲處斬(능지처참) : 머리, 팔, 다리, 몸통을 토막 쳐 죽이던 극형. • 馬行處牛亦去(마행처우역거) : 말 가는 데 소도 간다는 뜻으로, 재주가 모자라도 꾸준히 노력하면 일을 성취할 수 있음. 남이 하는 일이면 자신도 노력하여 능히 할 수 있음.
虛 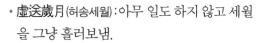 터 허, 빌 허, 헛될 허 |4급| 虍부수, 총 12획	'丘 + 虍(호)'로, 4개의 읍(邑) 면적 정도의 큰 지역[丘] [大丘也 昆侖丘謂之昆侖虛 古者九夫爲井 四井爲邑 四邑爲丘 丘謂之虛 從丘虍聲] 空虛也『正韻』又虛土之人大『大戴禮』虛, 縱也 又孤虛『註』-『康熙』	• 虛送歲月(허송세월) : 아무 일도 하지 않고 세월을 그냥 흘러보냄. • 虛心坦懷(허심탄회) : 품은 생각을 다 털어놓고 마음을 비움. • 虛虛實實(허허실실) : 허를 찌르고 실(實)을 꾀하는 계책으로 싸우는 모양을 이르는 말로써, 계략이나 수단을 써서 서로 상대방의 약점을 비난하여 싸움. 허실을 살펴서 상대방의 동정(動靜)을 알아냄을 이르는 말.

 돋보기

狐假虎威(호가호위)

《전국책》〈초책〉에 나오는 이야기이다.
북방 사람들이 초(楚) 재상 소해휼(昭奚恤)을 몹시 두려워했다. 이에 선왕(宣王)이 강을(江乙)에게 그 이유를 묻자, 다음과 같이 답했다. "호랑이가 여우를 잡아먹으려 하자, 여우가 말했다. '하느님이 나를 백수의 우두머리로 임명하였으니, 만일 나를 잡아먹는다면 하느님의 명령을 어긴 것이 되어 천벌을 받게 될 것이다. 내 말을 믿지 못하겠거든 내 뒤에 따라와 확인해 보아라.' 여우의 말을 듣고 호랑이가 그 뒤를 따르니, 과연 짐승들이 모두 달아났다. 짐승들이 두려워한 것은 호랑이였지만, 호랑이는 그를 알지 못했다. 북방의 사람들이 소해휼을 두려워하는 것도 이와 같아서, 실은 그의 배후에 있는 초(楚)나라의 군세를 두려워하고 있는 것입니다."

지혜샘터

호가호위(狐假虎威)의 행동으로 비난을 받았지만, 성공한 사람의 실화가 있다. 초나라의 재상 안영(晏嬰)의 마부는 기골이 장대하고 인품이 훌륭했다. 반면 재상인 안영은 키가 유달리 작고 볼품이 없는 외모의 소유자였다. 재상의 마차가 지나가면 모든 사람이 정중히 인사를 했는데, 마부는 자기가 마치 재상인양 거드름을 피웠다. 그러던 어느 날 겸손해진 마부의 모습을 본 안영이 그 이유를 물으니, "제 부인이 저의 경솔한 행동을 말해주어 고쳤습니다."라 했다. 이 말을 듣고 안영은 그에게 벼슬을 내려주었다. 평소 마부의 행동을 알면서도 침묵한 재상, 남편의 잘못을 말해준 부인, 자신의 잘못을 고친 마부, 그리고 이를 아름답게 여겨 벼슬을 준 재상의 품격은 인간사에서 보기 드문 여향(餘香)의 맛을 전해준다.

征婦怨〔전쟁 나간 남편을 원망하는 부인〕 鄭夢周(정몽주)

一別年多消息稀	한 번 헤어지고 오랫동안 소식 없으니
塞垣存沒有誰知	변방에서 죽었는지 살았는지 누가 알리요?
今朝始寄寒衣去	오늘 아침 비로소 겨울옷 부쳐 보내니
泣送歸時在腹兒	울며 전송하고 돌아올 때 뱃속 아이 있었답니다.

〈圃隱集〉

山中雪夜〔눈 내린 밤에 산중에서〕 李齊賢(이제현)

紙被生寒佛燈暗	종이 이불에 찬바람 일고 법당 불등도 가물거리네.
沙彌一夜不鳴鐘	사미승은 하룻밤 내내 종 울리지 않고.
應嗔宿客開門早	자는 객 일찍 문 열어 응당 성낼지 모르나
要看庵前雪壓松	암자 앞 눈 덮힌 소나무 보려 함이라네.

47장

https://youtu.be/4z8UByOWGbM

부자(부수+자원) 좋아 한자 공부

豕과 彑자 조합 한자를 공부해 봅시다.

터닦기　豕 조합 한자 공부

씨앗 심기　豚(돼지 돈)　逐(쫓을 축)　遂(이룰 수)　豪(호걸 호)

싹틔우기　## 스토리 연상 학습 1

> 황금〔돼지 豚〕해에 세종대왕(구축함驅逐艦)이 세계 최강의 사격 능력을 과시하며, (강호强豪) 한국 해군의 임무를 (완수完遂)했다.

나무 키우기 ▶　　**꽃 피우기** ▶　　　　**열매 맺기** ▶

豚 　肠

돼지 **돈**

|3급|
豕부수, 총 11획

'月＋豕'로, 종묘 제사에 올릴 살찐[肉] 작은 돼지[豕] [小豕也 從古文豕 從又持肉 以給祠祀]

- 信及豚魚(신급돈어) : 돼지와 물고기도 감응할 정도의 두터운 신의.
- 豚蹄一酒(돈제일주) : 돼지발과 술 한 잔이라는 말로, 작은 물건으로 많은 물건을 구하려 함을 비유.

逐 　遂

쫓을 **축**, 디틀 축

|3급|
辶부수, 총 11획

'辶＋豕←豕(축)'으로, 달아난 짐승을 잡으려고 쫓아감[辶] [追也 從辵豕省聲]

- 隨衆逐隊(수중축대) : 자기의 뚜렷한 주관이 없이 여러 사람의 틈에 끼어 덩달아 행동함.
- 中原逐鹿(중원축록) : 중원〔天下〕에서 사슴〔帝位〕을 쫓는다는 말로, 즉 제위의 다툼. 정권을 다툼. 어떤 지위를 얻기 위해 서로 경쟁함의 뜻.

遂

이룰 **수**,
드디어 **수**

|3급|
辶부수, 총 13획

'辶 + 㒸(수)'로, 바라거나 뜻하던 일을 실행하여[辶] 드디어 이룸[亡也 從辵㒸聲] 亡也 : 廣韵. 達也. 進也. 成也. 安也. 止也. 往也. 從志也. 按皆引伸之義也『段注』

• 半身不遂(반신불수) : 몸의 좌우 어느 한쪽을 마음대로 잘 쓰지 못함, 또는 그런 사람.

• 文過遂非(문과수비) : 허물을 어물어물 숨기며 조금도 뉘우치지 않음. = 文過飾非(문과식비).

豪

호걸 **호**,
호화로울 **호**

|3급|
豕부수, 총 14획

'豕 + 高(고)'로, 가시털이 우부룩하게 난 힘센 멧돼지[豕] [豪豕. 鬣如筆管者 出南郡 從豕高聲『說文』竹山有獸, 其狀如豚, 白毛, 大如笄而黑端, 名曰豪彘『山海經』狟豬也. 夾髀有麁毫, 長數尺, 能以脊上毫射物, 吳越呼爲鸞豬『註』又俊也『玉篇』-『康熙』]

• 綠林豪傑(녹림호걸) : 푸른 숲속에 사는 호걸이라는 뜻으로, 불한당이나 화적 따위를 달리 이르는 말.

• 英雄豪傑(영웅호걸) : 재주가 비범하고 용맹이 탁월하며 대업을 성취한 사람과 지용(智勇)과 기개와 풍모가 있는 사람.

• 豪言壯談(호언장담) : 분수(分數)에 맞지 않는 말을 큰소리로 자신 있게 말함.

 돋보기

綠林豪傑(녹림호걸)

《한서(漢書)》〈왕망전(王莽傳)〉에 있는 이야기이다.

녹림(綠林)은 원래 중국 형주(荊州)에 있는 산 이름으로, 전한(前漢) 말기 왕망(王莽)이 왕위를 찬탈하여 국호를 신(新)이라 하고 집권하였는데, 전(前) 시대보다 정세가 매우 악화되었다. 이에 신시(新市) 사람 왕광(王匡)과 왕봉(王鳳)이 굶주린 백성과 난민들을 모아 녹림산을 근거로 반란을 일으켜 관군에 저항하였다. 그러던 중 한나라 황족 출신 유수(劉秀)가 군대를 일으키자 이에 합류하였다. 후일 유수는 왕망을 멸망시키고 후한(後漢)을 건국하여 광무제(光武帝)로 즉위한다. 녹림호걸은 왕광 등이 초기 산속에 숨어서 무리를 이루어 도적질을 일삼던 집단을 가리킨다.

 지혜샘터

'녹림호걸'의 성어가 우리에게 남겨준 교훈은 무엇일까요?

박은식은 《한국통사(韓國痛史)》에서, "동학당은 정치를 개혁하고 민생을 보호한다는 원래의 목적에도 불구하고 대부분이 배우지 못하고 미천한 오합지졸이었다. 그러므로 지방에서 분풀이와 폭정에 대한 응징은 행하였지만, 담력과 학식이 부족했던 탓에 중앙 정부의 개혁에는 이르지 못하였으니, 참으로 한스러운 일이다." 라 했다. 세기를 되돌아볼 때, 동학 농민 운동이 더욱 개탄스러운 것은 후한(後漢)의 광무제처럼 새 왕조의 탄생이 되지 못하고, 당시 지도자의 무능으로 굶주린 고양이에게 생선을 맡기는 꼴이 되어 결국 식민 통치의 빌미가 되었다는 점이다.

터닦기 ▶ 睪 조합 한자 공부

씨앗 심기 ▶ 驛(역말 역) 擇(고를 택) 譯(통역할 역) 澤(윤택할 택)

싹틔우기 ▶ **스토리 연상 학습 2**

> (역마직성驛馬直星)의 미국 무역상들은 최근 중국의 (윤택潤澤)한 부유층
> 대상 말[고르는 擇] 방법 등 (통역通譯) 사업에 관심이 많다.

나무 키우기	꽃 피우기	열매 맺기

驛

역말 **역**

|3급|
馬부수, 총 23획

'馬 + 睪(역)'으로, 관부(官府)의 공문서를 전달하기 위해 관마(官馬) [馬]를 두던 곳[置騎也 從馬睪聲] 置騎也 : 言騎以別於車也. 馹爲傳車, 驛爲置騎, 二字之別也『段注』

- 驛馬直星(역마직성) : 늘 부산하게 멀리 다니는 사람.
- 驛傳競走(역전경주) : 장거리를 이어 달리는 경기. 장거리를 몇 개의 구간으로 나누어서, 몇 사람이 한 팀이 되어 맡은 구간을 달리고 다음 선수와 바꿔 달리게 함.
- 都羅山驛(도라산역) : 경기도 파주시 군내면 도라산리 민통선 안에 있는 경의선의 최북단 역. 서울과 신의주를 잇는 경의선 철도의 역 중 하나로, 경기도 파주시 군내면 도라산리 민통선 안에 있음.

擇 擇

고를 **택**, 가릴 **택**

|4급|
手부수, 총 16획

'扌 + 睪(택)'으로, 손으로[手] 잘 가려 좋은 것을 선택함[柬選也 從手睪聲]

- 良禽擇木(양금택목) : 좋은 새는 나무를 가려서 둥지를 튼다는 뜻으로, 어진 사람은 훌륭한 임금을 가려 섬김을 이르는 말.
- 殺生有擇(살생유택) : 삼국 통일의 원동력이 된 화랑의 세속오계의 하나. 산 것을 죽일 때는 가려서 죽일 것.

譯 통역할 **역** |3급| 言부수, 총 20획	'言 + 睪(역)'으로, 네 지역의 오랑캐[四夷]의 말[言]을 통역하여 전함[傳四夷之語者 從言睪聲]	• 譯科榜目(역과방목): 조선시대 역과 관련 책 이름. ※연산군 4년(1498)부터 고종 때까지 역과에 합격한 사람들의 이름을 시년별로 기록한 명부 책.
澤 윤택할 **택**, 못 **택** |7급| 水부수, 총 16획	'氵 + 睪(택)'으로, 만물을 길러 윤택하게 하는 물[氵]을 모아 놓은 연못[光潤也 從水睪聲] 水草交厝, 名之爲澤. 澤者, 言其潤澤萬物, 以阜民用也 『風俗通·山澤篇』 -『康熙』	• 雨露之澤(우로지택): 이슬과 비의 은혜란 뜻으로, 넓고 큰 임금의 은혜를 말함. • 竭澤而漁(갈택이어): 연못을 말려 고기를 얻는다는 말로, 눈앞의 이익만 추구하여 먼 장래를 생각하지 않음.

 성어 탐구

'융통성 없음'을 뜻하는 성어이다.
- 刻舟求劍(각주구검): 배에 새기어 칼을 구한다는 뜻으로, 융통성이 없으며 세상일에 어둡고 어리석음을 말함.
- 膠柱鼓瑟(교주고슬): 비파나 거문고의 기러기발을 아교로 붙여 놓고 연주함을 뜻하며, 고지식하여 융통성이 전혀 없음. 또는 규칙에 얽매여 변통할 줄 모르는 사람.
- 墨翟之守(묵적지수): 묵적의 지킴이란 뜻으로, 자기의 의견이나 주장을 굽히지 않고 끝까지 지킴. 융통성이 없음의 비유 = 墨翟守城.
- 尾生之信(미생지신): 미생의 믿음이란 뜻으로, 미련하고 우직하게 약속을 지킴. 또는 융통성이 없는 미련한 행동을 뜻함.
- 漱石枕流(수석침류): 돌로 양치질하고 흐르는 물을 베개로 삼는다는 말로, 실패를 인정하려 들지 않고 억지를 씀. 남에게 지기 싫어서 좀처럼 체념을 안하고 억지를 강하게 부림을 뜻함.
- 鄭人買履(정인매리): 정나라 사람의 신발 사기라는 뜻으로, 융통성이 없음을 이르는 말.
- 守株待兎(수주대토): 25강.

 지혜샘터

'융통성 없음'을 말해 주는 성어가 우리에게 남겨준 교훈은 무엇일까요?
《서경(書經)》의 '묶고 또 맨다(紳之束之)'는 글을 읽고, 허리띠를 묶고 그 위에 또 하나를 덧대어 맨 송나라 사람이 있었다. 이를 본 자가 "여보게, 그게 웬 꼴인가?" 《서경》에 묶고 또 매라 한 말도 모른단 말이오? 나야 그대로 따를 수밖에." 우리가 어떤 일을 열심히 한다 해도 송나라 사람처럼 그 일을 그르치는 경우가 많다. 왜 이 같은 결과를 초래할까? 그것은 지식과 지혜의 차이다. 만물의 영장인 인간은 지식적 동물이 아니라 지혜로운 삶을 꾸려갈 의무가 있다.

黔丹寺 雪景(검단사 설경)　鄭磏(정렴)

山徑無人鳥不回	산길에 사람 없고 새 또한 오지 않고
孤村暗淡冷雲堆	외로운 마을 암담하고 차가운 구름만 쌓이네.
院僧踏破琉璃界	절 중이 유리 세계 밟고 가서
江上敲冰汲水來	강 위 얼음 깨고 물 길어 오네.

〈芝峰類說〉

雪夜〔눈 쌓인 밤〕　韓龍雲(한용운)

四山圍獄雪如海	사방 산은 감옥을 둘러싸고 눈으로 바다가 되었네.
衾寒如鐵夢如灰	이불은 쇳덩이처럼 차갑고 꿈은 재처럼 허망하네.
鐵窓猶有鎖不得	잠긴 철창을 뚫고
夜聞鐘聲何處來	어디선가 들려오는 밤의 종소리

江雪(강설)　柳宗元(유종원)

千山鳥飛絶	온 산에 새도 날지 않고
萬徑人蹤滅	모든 길에 사람의 발길도 끊겼구나.
孤舟簑笠翁	외로운 배에 도롱이 입고 삿갓 쓴 노인이
獨釣寒江雪	홀로 눈 내리는 차가운 강에서 낚시질하네.

〈唐詩選〉

48강

https://youtu.be/l5eDqBmAFoo

부자(부수+자원) 좋아 한자 공부

蜀과 番 조합 한자를 공부해 봅시다.

터닦기 蜀 조합 한자 공부

씨앗 심기 觸(받을 촉) 獨(홀로 독) 燭(촛불 촉) 濁(흐릴 탁)

싹틔우기 ▸ 스토리 연상 학습 1

〔흐릿 濁〕하여 (유독惟獨) (접촉接觸) 사고가 많은 곳에 가로등을 설치하여 〔밝게 燭〕하자는 의견이 많았다.

나무 키우기	꽃 피우기	열매 맺기
觸 받을 촉, 당을 촉, 범할 촉 |3급| 角부수, 총 20획	'角＋蜀(촉)'으로, 짐승이 뿔[角]로 사물을 찌름[牴也 從角蜀聲]	• 蠻觸之爭(만촉지쟁) : 만씨와 촉씨의 다툼이라는 뜻으로, 시시한 일로 다툼. • 一觸卽發(일촉즉발) : 한 번 닿으면 폭발한다는 뜻으로, 금방이라도 일이 크게 터질 듯한 아슬아슬한 긴장 상태.
獨 홀로 독 |5급| 犬부수, 총 16획	'犭＋蜀(촉)'으로, 개[犭]처럼 서로 먹으려고 싸우면 홀로가 됨[犬相得而鬪也 從犬蜀聲 羊爲羣 犬爲獨也]	• 獨眼龍(독안룡) : 애꾸눈의 용이란 뜻으로, 당나라 장수 이극용이 애꾸눈으로 큰 용맹을 떨쳤으므로, 애꾸눈의 영웅을 일컬음. • 鰥寡孤獨(환과고독) : 늙은 홀아비, 홀어미, 고아, 늙어서 의지할 데 없는 사람이라는 뜻으로, 외롭고 의지할 곳이 없는 사람을 비유한 말. • 無男獨女(무남독녀) : 아들은 없고 오직 딸만 하나 있음. 아주 귀한 자손을 가리키는 말.

燭

뜰불 **촉**, 촛불 **촉**,
비칠 **촉**, 밝을 **촉**

|3급|
火부수, 총 17획

'火 + 蜀(촉)'으로, 집안 뜰이나 문밖에 놓는 등불[火] [庭燎大燭也 從火蜀聲] ※불을 밝힘이 문 안에 있는 것을 '庭燎'라 하고, 문밖에 있는 것을 '大燭'이라 함.

- 暗衢明燭(암구명촉) : 어두운 거리에 밝은 등불이라는 뜻으로, 삶의 가르침을 주는 책을 이르는 말.
- 扣槃捫燭(구반문촉) : 구리 쟁반을 두드리고 초를 만진다는 말로, 어떤 사실을 정확히 파악하지 못하고 오해함의 비유. 道聽塗說(도청도설).

濁

물 이름 **탁**,
흐릴 **탁**

|3급|
水부수, 총 16획

'氵 + 蜀(촉)'으로, 흙탕물이 섞여 흐르는 강물[氵] 이름[濁水. 出齊郡厲嫣山 東北入鉅定 從水蜀聲]

- 激濁揚淸(격탁양청) : "탁류(濁流)를 몰아내고 청파(淸波)를 끌어들인다."는 뜻으로, 악을 제거하고 선을 떨침을 비유해 이르는 말.
- 一魚濁水(일어탁수) : 물고기 한 마리가 온 냇물을 흐린다는 뜻으로, 한 사람의 잘못으로 여러 사람이 그 해를 입게 됨의 비유.

'견문이 좁음'을 뜻하는 성어이다.

- 孤陋寡聞(고루과문) : 하등(下等)의 식견도, 재능도 없음.
- 管見窺天(관견규천) : '대롱을 통해 하늘을 봄'이란 뜻으로, 우물 안 개구리를 말함. ＝管見(관견), 以管窺天(이관규천), 通管窺天(통관규천), 管中之天(관중지천).
- 群盲撫象(군맹무상) : 여러 맹인이 코끼리를 더듬는다는 뜻으로, 자기의 좁은 소견과 주관으로 사물을 그릇 판단함. ＝群盲評象(군맹평상).
- 遼東之豕(요동지시) : 요동 땅의 돼지. 남 보기에는 대단찮은 물건을 대단히 귀한 것으로 생각하는 어리석은 태도. 견문이 좁고 오만한 탓에 하찮은 공을 득의양양하여 자랑함의 비유.
- 坐井觀天(좌정관천) : 우물 안에 앉아서 하늘을 본다는 뜻으로, 견식이 좁고 세상 물정을 모르는 것을 나타내는 말. ＝井中觀天(정중관천).
- 井中之蛙(정중지와) : 1강＝井底之蛙(정저지와), 垢中之蛙(감중지와).
- 越犬吠雪(월견폐설) : 16강＝蜀犬吠日(촉견폐일).

'견문이 좁음'을 뜻하는 성어가 우리에게 남겨준 교훈은 무엇일까요?

내가 알고 있는 지식, 내가 소중히 여기는 명예, 내가 보는 세상이 최고라고 생각하는 사람들이 있다. 일명 장자가 말하는 우물 안 개구리이다. 편협한 사람은 진정한 도(道)의 세계를 즐길 줄 모른다. 장자는 다음 3가지 집착을 파괴하라고 충고했다. 첫째는, 자신이 속해 있는 공간을 파괴하라! 둘째는, 자신이 살아가는 시간을 파괴하라! 셋째는, 자신이 알고 있는 지식을 파괴하라! 우리가 이 세상에 태어난 이유는 저 넓고 큰 하늘과 바다의 세계를 살기 위함이 아니겠는가?

터닦기 番 조합 한자 공부

씨앗 심기 番(차례 번) 播(뿌릴 파) 飜(날 번) 蕃(우거질 번)

싹틔우기 스토리 연상 학습 2

> 잡목이 (번성蕃盛)한 눈길에 〔퍼뜨려 播〕진 〔발자국 番〕 모양을 보면 〔날아 飜〕 다니는 짐승인지 길짐승인지 알 수 있다.

나무 키우기	꽃 피우기	열매 맺기
番 차례 **번**, 짐승 발바닥 **번**, 번들 **번**, 회수 **번** |6급| 田부수, 총 12획	'釆+田'으로, 본자는 '蹯'. 짐승 발자국[田]을 분별[釆]함[獸足謂之番 從釆田象其掌. 或作蹞蹯『說文』-『康熙』]獸足謂之番. 從釆, 田象其掌: 下象掌. 上象指爪. 是爲象形『段注』	•番上正兵(번상정병):조선 전기에, 지방에서 올라와 중앙의 오위(五衛)에 근무하던 정병. •二番抵當(이번저당):동일한 부동산에 이중으로 저당권을 설정하는 일. •僞裝番號(위장번호):주로 수사 기관 등에서 그 기관에 속한 차량임을 숨기거나 오인시키기 위하여 달던 차량 번호.
播 뿌릴 **파**, 퍼뜨릴 **파**, 달아날 **파** |3급| 手부수, 총 15획	'扌+番(번)'으로, 손[扌]으로 씨를 뿌림[種也 一曰布也 從手番聲 敊, 古文播]	•萬口傳播(만구전파):여러 사람의 입을 통하여 온 세상에 널리 퍼짐.

飜 飜 날 **번**, 뒤집힐 **번**, 번역할 **번** │3급│ 飛부수, 총 21획	'飛 + 番(번)'으로, '翻'과 동자. 날개를 펄럭이며[飛] 자유롭게 활동함[飛也 『玉篇』 又水之溢洄曰飜, 見 『劉績 · 管子註』-『康熙』] ※ 翻 同字 『宋本廣韻』	• 覆雨飜雲(복우번운) : "손을 엎으면 비가 되고, 손을 뒤집으면 구름이 된다."는 뜻으로, 소인의 우정이 변덕스럽다는 말.
蕃 蕃 우거질 **번** │1급│ 艸부수, 총 16획	'艸 + 番(번)'으로, 풀[艸] · 나무 따위가 자라 무성해짐[艸茂也 從艸番聲] 屛也 : 屛蔽也 『段注』	• 羝羊觸蕃(저양촉번) : 숫양이 늘 뿔로 받기를 좋아하여 울타리를 받다가 뿔이 걸려 꼼짝도 못한다는 뜻으로, 사람의 진퇴가 자유롭지 못하게 됨을 이르는 말.

覆雨飜雲(복우번운)	두보의 〈빈교행〉이라는 시를 보면 다음과 같다.
	손바닥을 뒤집으면 구름이 되고 다시 엎으면 비가 되니[翻手作雲覆手雨], 그 가볍고 경박한 풍조를 어찌 다 헤아릴 수 있으리오[紛紛輕薄何須數]. 그대는 보지 않았는가. 관중과 포숙의 가난할 때의 사귐을[君不見管鮑貧時交]. 지금 사람들은 이 도 버리기를 흙처럼 하네[此道今人棄如土].

'복우번운'의 성어가 우리에게 남겨준 교훈은 무엇일까요?

세상일을 관조해 보면, 어제의 동지가 적이 되고, 과거의 원수와 손잡는 자들이 많다. 왜 이런 삶을 연출할까? 아마도 이는 남에게 보이고자 하는 흑심(黑心)의 작용 때문은 아닐까? 《채근담》에 "학문을 함에, 아주 많은 공부를 하지 않았다 하더라도, 물욕을 덜어버릴 수만 있다면 성인의 경지로 초월할 수 있다[爲學 無甚增益工夫 減除得物累 便超聖境]."고 했다. 세상을 정복하는 것보다 더 위대한 삶은 자신의 마음을 정복하는 것이다. 세상을 정복한 위대한 왕은 많으나, 자신의 욕망을 정복한 왕은 드물기 때문이다.

新雪〔새눈〕 李崇仁(이숭인)

蒼茫歲暮天	아득한 세모의 하늘에
新雪遍山川	새 눈이 산천을 덮었네.
鳥失山中木	새는 산중의 나무를 찾아 헤매고
僧尋石上泉	스님은 돌 위의 샘을 찾고 있네.
飢烏啼野外	굶주린 까마귀는 들녘에서 울고
凍柳臥溪邊	얼어붙은 버드나무는 시냇가에 누웠구나.
何處人家在	어느 곳에 인가가 있는지
遠林生白煙	먼 숲에서 흰 연기 피어나네.

〈大東詩選〉

49강

https://youtu.be/Mp9wV4YUxbo

부자(부수+자원) 좋아 한자 공부

也 조합과 乙 부수 한자를 공부해 봅시다.

터닦기　也 조합 한자 공부

씨앗 심기　也(어조사 야)　他(남 타)　地(땅 지)　池(못 지)

싹틔우기　**스토리 연상 학습 1**

(시일야방성대곡是日也放聲大哭)은 (지성池城)을 이루지 못한 자성(自省)과 을사늑약의 부당성을 (타국他國) 등 (천지사방天地四方)에 알리기 위함이다.

나무 키우기　　**꽃 피우기**　　　　　**열매 맺기**

也

어조사 **야**

|3급|
乙부수, 총 3획

여자의 음부를 상형함[女陰也 象形. 也, 秦刻石也字] 女 侌也 : 此篆女陰是本義. 叚借爲語罔『段注』 ※ 기다란 뱀이 구불구불 사린 모양으로 보기도 함.

• 是日也放聲大哭(시일야방성대곡) : "이날에야 비로소 소리 놓아 크게 울다."라는 뜻으로, 1905년 11월 20일 〈황성신문〉에 실린 장지연(張志淵)의 논설. 을사늑약의 부당성을 비판한 글.

• 獨也靑靑(독야청청) : 홀로 푸르게 서 있는 모습. 홀로 높은 절개를 지켜 늘 변함이 없음을 이르는 말.

他

남 **타**, 다를 타

|5급|
人부수, 총 5획

'亻 +也← 它(타)'로, '佗, 它'와 통용. 이 사람이 아닌 저 사람[亻] [與佗它通. 彼之稱也 此之別也『正韻』 誰也『玉篇』-『康熙』]

• 他弓莫輓(타궁막만) : 남의 활을 당겨 쏘지 말라는 뜻으로, 무익한 일은 하지 말라는 말. 자기가 닦은 것을 지켜 딴 데 마음 쓰지 말 것을 이르는 말.

• 他山之石(타산지석) : 다른 산에서 나는 거칠고 나쁜 돌이라도 숫돌로 쓰면 자기의 옥을 갈 수가 있으므로, 다른 사람의 하찮은 언행이라도 자기의 지덕을 닦는 데 도움이 됨을 비유. 남의 나쁜 행동을 보고 자신을 바로 세움.

| 地 | '土 + 也(야)'로, 만물이 길러지고 또 의지하는 땅[土] 〔元气初分 輕淸陽爲天 重濁陰爲地 萬物所陳列也 從土也聲『說文』 地, 底也, 其體底下, 載萬物也『釋名』坤爲地『易・說卦傳』-『康熙』〕 | • 伏地不動(복지부동) : '땅에 엎드려 움직이지 아니한다.'는 뜻으로, 마땅히 해야 할 일을 하지 않고 몸을 사림을 비유함. |

地
땅 지
|7급|
土부수, 총 6획

| 池 | 'ⅰ + 也(야)'로, 인위적으로 둑을 쌓아 물[ⅰ] 길을 막은 못〔陂也 從水也聲 孔安國曰 : 停水曰池『說文』雍氏掌溝瀆澮池之禁『周禮』謂陂障之水道也『註』毋漉陂池『禮・月令』畜水曰陂, 穿地通水曰池 又 城塹曰溝池『註』-『康熙』〕 | • 金城湯池(금성탕지) : '쇠로 만든 성(城)과 끓는 물을 채운 못'이란 뜻으로, 매우 견고한 성(城)과 해자(垓子)을 말하며 전(傳)하여 침해받기 어려운 장소를 비유. |

池
못 지
|3급|
水부수, 총 6획

뒤늦은 후회 관련 성어이다.
- 亡羊補牢(망양보뢰) : 양 잃고 우리를 고친다는 뜻으로, 이미 일을 그르친 뒤에는 뉘우쳐도 소용이 없음을 이르는 말. ＝亡牛補牢(망우보뢰).
- 渴而穿井(갈이천정) : 목이 말라야만 그제서야 우물을 판다는 뜻으로, 평소에 준비 없이 일을 당하고서야 허둥지둥 서두름을 말함. 또는 자신에게 닥쳐오지 않은 일에 대해서는 무심하다가도 막상 급한 일이 발생하거나 필요한 일이 생기면 스스로 나서 해결하게 됨. ＝臨渴掘井(임갈굴정), 臨耕掘井(임경굴정).
- 噬臍莫及(서제막급) : 배꼽을 물려고 하여도 입이 닿지 않는다는 뜻으로, 일이 그릇된 뒤에는 후회하여도 아무 소용이 없음을 비유함.
- 十日之菊(십일지국) : 열흘의 국화란 뜻으로, 국화는 음력 9월 9일이 가장 보기 좋은 것인데, 10일이 되었으니 때가 지나 소용없게 되었음을 비유함.〔十日之菊 六日菖蒲(9월 10일의 국화꽃이요, 5월 6일의 창포라.)〕
- 雨後送傘(우후송산) : 비 온 뒤에 우산을 보낸다는 뜻으로, 이미 지나간 일에 쓸데없는 말과 행동을 보태는 경우를 말함.
- 死後藥方文(사후약방문) : 사람이 죽은 뒤에 약을 짓는다는 뜻으로, 일을 그르친 뒤에 아무리 뉘우쳐야 이미 늦었다는 말.
- 晩時之歎(만시지탄) : 25강 ＝後時之歎(후시지탄).

'뒤늦은 후회'를 뜻하는 성어들이 우리에게 남겨준 교훈은 무엇일까요?
조선시대 주세붕(周世鵬)이 중종에게 올린 〈이상잠(履霜箴)〉에 "작은 일에서 큰 의미를 찾는 자는 흥하고, 쉬운 일에서 어려움을 생각지 않는 자는 망한다〔圖大於細者興 忘難於易者亡〕."고 했다. 여기의 이상(履霜)이란 《주역(周易)》곤괘(坤卦)에 "서리를 밟으면 단단한 얼음이 이른다〔履霜堅冰至〕."라는 말에서 나온 것으로, 일의 조짐을 보고 미리 그 화(禍)를 경계하라는 뜻이다. 우리는 삶에서 '그런 작은 일 가지고 무얼 그리 걱정인가?'라고 말한다면, 호미로 막을 것을 가래로 막으며 뒤늦은 후회를 하게 될 것이다. 털끝만큼 벌어졌을 때 천만리로 벌어질 상황을 예측하고 대비하는 생각하는 사람이 되어야 할 것이다.

터닦기 乙 부수 한자 공부

씨앗 심기 乙(새 을) 亂(어지러울 란) 乾(하늘 건) 乞(빌 걸)

싹틔우기 **스토리 연상 학습 2**

> 밥 달라고 (애걸복걸哀乞伏乞)하는 새끼들을 생각하며 어미〔새 乙〕는〔하늘 乾〕의 이곳저곳을〔어지러이 亂〕날아다녔다.

나무 키우기 | **꽃 피우기** | **열매 맺기**

새 을,
둘째 천간 을

|3급|
乙부수, 총 1획

새의 머리, 목, 몸, 꼬리를 그린 새의 옆모습, 또는 초목이 굽어 나오는 모양[象春艸木冤曲而出『說文』金文的乙字 象一只鳥的頭, 頸, 身, 尾的簡單輪郭之形『字源字典』]

• 怒甲移乙(노갑이을) : 갑에게 당한 노염을 을에게 옮긴다는 뜻으로, 어떤 사람에게서 당한 노염을 전혀 관계없는 딴 사람에게 화풀이함을 이르는 말.

• 甲男乙女(갑남을녀) : 갑이라는 남자와 을이라는 여자. 보통 사람들.

亂

어지러울 란,
다스릴 란

|4급|
乙부수, 총 13획

'乙+𤔔'으로, 어린 사람[幺+子]이 서로 어떤 일의 경계[冂]를 다투었으나 이를 잘 다스림[乙+爻] [治也. 從乙, 乙, 治之也. 從𤔔 ※𤔔:治也. 幺子相亂 爻治之也. 讀若亂同. 一曰理也. 𤔔, 古文𤔔. 〔注〕徐鍇曰：曰冂, 坰也. 界也『說文』古文. 𤔔𤔔-『康熙』]

• 快刀亂麻(쾌도난마) : 헝클어진 삼을 잘 드는 칼로 자른다는 뜻으로, 복잡하게 얽힌 사물이나 비꼬인 문제들을 솜씨 있고 바르게 처리함을 비유해 이르는 말.

• 蓬頭亂髮(봉두난발) : 아무렇게나 자란 쑥처럼, 더부룩하고 헝클어진 머리. 겉모양이 몹시 나쁘거나 무관심함.

• 自中之亂(자중지란) : 자기들의 무리 속에서 일어난 싸움.

乾 하늘 **건**, 괘 이름 **건**, 굳셀 **건**, 마를 **간** |3급| 乙부수, 총 11획	'乙+軑(간)'으로, 새싹이 힘차게 땅을 꿰뚫고 위로 나와[乙] 하늘로 향함[上出也 從乙 乙 物之達也 軑聲『說文』易卦名『正韻』乾, 健也 『本義』乾, 進也. 行不息也 『釋名』-『康熙』]	• 唾面自乾(타면자건) : 남이 내 얼굴에 침을 뱉으면 저절로 마를 때까지 기다린다는 뜻으로, 처세에는 인내가 필요함을 이르는 말. • 乾坤一擲(건곤일척) : 운명과 흥망을 걸고 단판걸이로 마지막 승부나 성패를 겨룸.
乞 빌 **걸**, 구할 **걸** |2급| 乙부수, 총 3획	'气'의 '음'을 빌린 자로 '남에게 도움을 구하는 것'을 뜻함[求也. 凡與人物, 亦曰乞『正韻』气, 氣也. 因聲借爲 與人之乞. 音氣 因與人之義, 借爲求人之乞 此因借而借也『鄭樵·通志』-『康熙』象形.『說文』本作 '气', 借云气字表示乞求義. 本義 : 向人求討-『漢典』] ※ 气ー＝乞	• 乞骸骨(걸해골) : 해골을 빈다는 말로, 늙은 재상이 나이가 많아 조정에 나오지 못하게 될 때 임금에게 그만두기를 주청(奏請)함을 뜻함. • 哀乞伏乞(애걸복걸) : 애처롭게 하소연하면서 빌고 또 빎을 뜻함. • 乞人憐天(걸인연천) : 거지가 하늘을 불쌍히 여긴다는 뜻으로, 격에 맞지 않는 걱정을 함.

돋보기

唾面自乾(타면자건)

《십팔사략(十八史略)》에 나오는 이야기이다.

중국 여제(女帝)로서 약 15년간 권세를 누렸던 당나라 측천무후(則天武后) 때, 누사덕(婁師德)이라는 신하가 있었다. 그의 아우가 대주자사(代州刺史)로 임명되자 그를 불러 어떻게 처신할지를 물으니, "비록 남이 내 얼굴에 침을 뱉더라도 결코 상관하거나 화내지 않고 잠자코 닦겠습니다."라 말했다. 이에 "내가 염려하는 바가 바로 그것이다. 만약 어떤 사람이 네게 침을 뱉는다면, 그것은 네게 뭔가 크게 화가 났기 때문일 것이다. 그런데 네가 바로 그 자리에서 침을 닦아버린다면 상대의 기분을 거스르게 되어 그는 틀림없이 더 크게 화를 내게 될 것이다. 침 같은 것은 닦지 않아도 그냥 두면 자연히 마르게 되니, 그때는 웃으며 그냥 침을 두는 게 좋다."라 훈계했다.

 지혜샘터

타면자건의 성어가 우리에게 남겨준 교훈은 무엇일까요? 매미는 6년~17년 정도의 긴 기간을 애벌레로 지낸 후, 고작 7일~30일 정도를 성충으로 지상에서 보낸다고 한다. 솔개는 40년 정도를 살면, 높은 산의 정상에 올라가 스스로 부리를 바위에 쪼아 새로운 부리로 만들며, 또 그 새 부리로 자신의 발톱을 모두 뽑아 날카로운 새 발톱을 나게 하고, 그 새 발톱으로 깃털을 뽑아내는 힘든 작업을 마치고 나서야 약 30년 정도를 더 산다고 한다. 이들은 긴 인고(忍苦)를 이겨내며 금선탈각(金蟬脫殼)과 환골탈태(換骨奪胎)의 교훈을 보여주었다. 윤회설에 의하면, 우리 인간도 긴 영적 세계의 수련과 인연으로 더 성장하기 위해 다시 환생한다고 한다. '얼굴의 침도 웃으며 그냥 두는 게 좋다.'는 누사덕의 훈계 또한 우리의 성장을 위한 큰 디딤돌임을 깨닫게 한다.

貧女吟〔가난한 여인의 노래〕　許蘭雪軒(허난설헌)

豈是乏容色	어찌 용모인들 빠지리요
工針復工織	바느질에 길쌈 솜씨 좋은데,
少小長寒門	가난한 집에 나서 자라니
良媒不相識	중매 할미 아랑곳 아니하네.
不帶寒饑色	추워도 주려도 내색치 않고
盡日當窓織	진종일 창가에서 베를 짜나니,
惟有父母憐	부모야 안쓰럽다 여기시지만
四隣何曾識	이웃이야 그런 사정 어이 알리요.
夜久織未休	밤 이슥토록 베틀에 떠나지 않네
憂憂鳴寒機	바디집 치는 소리 듣기에도 차갑다.
機中一匹練	베틀에 감긴 한 필의 베
終作何誰衣	나중엔 누구의 옷감이 될 건가.
手把金剪刀	가위 잡고 삭독삭독 옷 마를 제면
夜寒十指直	밤도 차라 열 손끝이 곱아드는데,
爲人作嫁衣	시집갈 옷 삯바느질 쉴 새 없건만
年年還獨宿	해마다 독수공방 면할 길 없네.

〈許蘭雪軒詩集〉

https://youtu.be/LFF5tJpo1Jw

부자(부수+자원) 좋아 한자 공부

佳 조합 한자를 공부해 봅시다.

터닦기 隹 조합 한자 공부

씨앗 심기 推(밀 추) 維(맬 유) 唯(오직 유) 集(모일 집)

싹틔우기 ## 스토리 연상 학습 1

(집회集會) 참가자들은 〔오직 唯〕 자신의 주장을 관철시키기 위해 안전을 위해 〔매어 維〕 놓은 정지선을 〔밀치 推〕고 들어갔다.

나무 키우기	**꽃 피우기**	**열매 맺기**
推 稚 밀 추(퇴), 천거할 추 |4급| 手부수, 총 11획	'扌+隹(추)'로 손[扌]으로, 어떤 것을 끌거나 밀어냄, 또는 옮김[排也 從手隹聲『說文』或輓之 或推之『左傳』前牽爲輓 後送爲推 又移也『註』-『康熙』]	• 與世推移(여세추이) : 세상의 변화에 따라 함께 변함. • 推己及人(추기급인) : 자신의 처지를 미루어 다른 사람의 형편을 헤아린다는 뜻.
維 維 맬 유, 지탱할 유, 벼리 유 |3급| 糸부수, 총 14획	'糸+隹(추)'로, 수레 덮개를 매는 밧줄[糸] [車蓋維也 從糸隹聲] 車蓋維也 : 車蓋之制, 詳於考工記. 而其維無考. 許以此篆專系之車蓋. 蓋必有所受矣. 引申之, 凡相系者曰維. 軫維, 綏維是也. 管子曰 禮義廉恥. 國之四維『段注』	• 景行維賢(경행유현) : 행실을 훌륭하게 하고 당당하게 행하면 어진 사람이 됨. • 咸與維新(함여유신) : "다 함께 새롭게 하자."는 이 말은 《서경》〈하서〉 윤정편(胤征篇)에 나온다. 윤후(胤侯)가 하왕(夏王)의 명령으로 희화(羲和)를 치러 갈 때의 선언으로, 희화를 치게 된 까닭을 설명하고 그곳 관리들과 백성들을 안심시키기 위해 사용했다. 즉 오래 물들어 있는 더러운 습성을 모두가 함께 이를 씻어내어 새롭게 하자고 당부한 글이다.

唯 오직 유, 대답할 유 |3급| 口부수, 총11획	'口+隹(추)'로, 오로지 어른이 부르면 빨리 대답[口]함[諾也. 從口隹聲『說文』唯, 獨也『玉篇』專辭『集韻』-『康熙』]	• 唯一無二(유일무이) : 둘이 아니고 오직 하나뿐이라는 뜻으로, 오직 하나밖에 없음. • 天上天下唯我獨尊(천상천하유아독존) : 이 세상에 나보다 존귀한 사람은 없다는 말. 또는 자기만 잘 났다고 자부하는 독선적인 태도의 비유.
集 모일 집 |6급| 隹부수, 총12획	'隹+木'으로, '雧'와 동자. 여러 마리 새[隹]들이 나무[木] 위에 모여 있음[羣鳥在木上也. 從雥從木. 集, 雧或省『說文』又 衆也, 安也『廣韻』又 合也『玉篇』聚也, 會也, 同也『廣韻』-『康熙』雧或省 今字作此『段注』	• 離合集散(이합집산) : 헤어졌다가 모였다가 하는 일. • 集腋成裘(집액성구) : 여우의 겨드랑이 밑에 난 흰털을 모아 갖옷을 만든다는 뜻으로, 여러 사람의 힘을 모아 한 가지 일을 성취함을 비유해 이르는 말.

 성어 탐구

'미래대비' 관련 성어이다.
• 居安思危(거안사위) : 편안할 때도 위태로울 때의 일을 생각하라는 뜻. = 安居危思(안거위사), 安不忘危(안불망위).
• 曲突徙薪(곡돌사신) : 굴뚝을 꼬불꼬불하게 만들고 아궁이 근처의 땔나무를 다른 곳으로 옮긴다는 뜻으로, 화근을 미리 방지하라는 말.
• 教子采薪(교자채신) : 자식에게 땔나무 채취하는 법을 가르치라는 말로, 무슨 일이든 장기적인 안목을 갖고 근본적인 처방에 힘쓰라는 말.
• 明哲保身(명철보신) : 세태와 사리에 밝아서 자신을 잘 보호함.
• 先病服藥(선병복약) : 병이 나기 전에 미리 약을 먹음. 병을 미리 막음을 이르는 말.
• 鍊磨長養(연마장양) : 갈고 닦고 오래도록 준비하여 옴.
• 有備無患(유비무환) : '준비가 있으면 근심이 없다.'라는 뜻으로, 미리 준비가 되어 있으면 우환을 당하지 아니함. 또는 뒷걱정이 없다는 뜻.

지혜샘터

'미래대비' 관련 성어들이 우리에게 남겨준 교훈은 무엇일까요?
언제 닥칠지 모를 위기에 대한 준비는 예나 지금이나 국가나 개인에 있어서 매우 중요한 일이다. 어떤 대상도 그 위기에서 비켜 가기란 쉽지 않다. 교토삼굴(狡兔三窟)이라는 성어가 있다. 이는 제나라 맹상군(孟嘗君)의 식객이었던 풍환(馮驩)이 자신이 모시던 주군을 위하여 세 개의 은신처를 확보해 준 이야기다. 개인이나 국가적 위기 앞에 교토삼굴의 대의(大義)를 실천했던 옛 선현들의 삶 또한 오늘의 귀감(龜鑑)이 되어 준다.

| 터닦기 | 隹 조합 한자 공부 |

| 씨앗 심기 | 雅(아담할 아) 稚(어릴 치) 誰(누구 수) 雙(두 쌍) |

싹틔우기 스토리 연상 학습 2

한〔쌍 雙〕의〔어린 稚〕새들이〔누가 誰〕더〔아름다운 雅〕목소리를 간직하고 있는지 경쟁하듯 노래를 불렀다.

나무 키우기	꽃 피우기	열매 맺기
雅 雅 아담할 아, 아름다울 아, 바를 아 |3급| 隹부수, 총 12획	'隹 + 牙(아)'로, 까마귀의 일종인 초오(楚烏)[隹] [楚烏也 一名鸒 一名卑居 秦謂之雅 從隹牙聲]	• 雅致高節(아치고절) : 아담한 풍취나 높은 절개라는 뜻으로, 매화를 이르는 말. • 堅持雅操(견지아조) : 맑은 절조(節操)를 굳게 가지고 있으면 나의 도리(道理)를 극진히 하는 것임. • 一日之雅(일일지아) : 잠깐 동안의 사귐(교제). 사귐이 얕음. 아(雅)는 평소(平素)의 교제(交際)를 나타냄.
稚 稚 어릴 치 |3급| 禾부수, 총 13획	'禾 + 隹(추)'로, 꽁지 짧은 새[隹]만큼 자란 벼[禾] [幼稚, 亦小也, 晚也 同稺『廣韻』-『康熙』]	• 上沙稚島(상사치도) : 전라남도 서해 상 나주 군도에 속하는 섬의 하나. • 幼稚燦爛(유치찬란) : 수준이나 정도가 엄청나게 낮음.

| 誰
 누구 수
 \|3급\|
 言부수, 총 15획 | '言＋隹(추)'로, 이름을 모를 때 물어보는 말[言] [何也 從 言隹聲『說文』不知其名也 『玉篇』-『康熙』] | • 誰怨誰咎(수원수구) : '누구를 원망하며 누구를 탓하랴.'라는 뜻으로, 곧 남을 원망하거나 꾸짖을 것이 없음.
 • 鹿死誰手(녹사수수) : "사슴이 누구의 손에 죽는가?"라는 뜻으로, 승패를 결정하지 못하는 것을 이르는 말. |
| 雙
 두 쌍, 쌍 쌍
 \|3급\|
 隹부수, 총 18획 | '雔＋又'로, 손[又] 위에 한 쌍의 새[雔]가 있음[隹二枚 也 從雔 又持之] | • 國士無雙(국사무쌍) : 나라의 인물은 둘이 있을 수 없다. 즉 나라를 대표하는 최고의 인물을 가리키는 표현.
 • 一箭雙鵰(일전쌍조) : 한 대의 화살로 두 마리의 새를 맞춘다는 말로, 단 번의 조치로 두 개의 수확을 거두는 것을 말함. |

國士無雙(국사무쌍) 《사기》에 나오는 이야기이다.

한왕(漢王) 유방(劉邦)이 군사를 이끌고 남정(南鄭)으로 갈 때, 한신(韓信)이 도망했다. 그때 승상 소하(蕭何)가 그것을 알고 급히 한신을 쫓아갔다. 유방은 소하도 도망한 줄 알고 크게 낙담하고 있었는데 이틀 뒤에 한신을 데리고 돌아오니, 유방이 꾸짖으며 다그쳤다.

"왜 도망쳤느냐?" "도망한 것이 아니라 한신을 잡으러 갔습니다." "다른 장수들이 이탈했을 때는 그렇지 않더니, 유독 한신만을 쫓아간 이유는 무엇이냐?" "모든 장수는 얻기가 쉬울 따름이지만 한신 같은 경우에 이르러서는 이 나라의 인물 중에 둘도 없습니다. 폐하께서 한중(漢中)의 왕만 되시려 한다면, 그가 필요 없겠지만 천하를 소유하고자 한다면 한신 없이는 더불어 그 일을 도모할 사람이 없습니다."

국사무쌍의 성어가 우리에게 남겨준 교훈은 무엇일까요?

한신은 한(漢)나라 통일의 3걸 중 한 사람으로 토사구팽(兎死狗烹)을 당한 인물이다. 채근담에 "오직 화기있고, 마음이 따뜻한 사람이라야, 누릴 수 있는 복 또한 두텁고 오래간다[唯和氣熱心之人, 其福亦厚, 其澤亦長]."고 했다. 마음이 따뜻한 사람은 여유롭고 행복하다. 반면 아무리 뛰어난 사람이라도 마음이 차가운 사람은 스스로 화(禍)를 자초한 경우가 많다. 볼테르가 말했다. "아름다움은 눈을 즐겁게 할 뿐이지만, 아름다운 마음은 영혼을 매혹시킨다." 라고.

江村夜興(강촌야흥)　任奎(임규)

月黑烏飛渚	달빛은 흐릿한데 까마귀 물가에 날고
烟沈江自波	자욱한 안갯속에 강물은 넘실거리네.
漁舟何處宿	고깃배 어디에 정박하려나
漠漠一聲歌	아득히 한 가락 노랫소리.

<東文選>

江南曲(강남곡)　許蘭雪軒(허난설헌)

人言江南樂	사람은 강남의 즐거움을 말하나
我見江南愁	나는 강남의 시름을 아네.
年年沙浦口	해마다 이 포구에서
腸斷望歸舟	애끓는 마음으로 떠나는 배들을 보았노라.

竹里館(죽리관)　王維(왕유)

獨坐幽篁裏	홀로 그윽한 대숲 속에 앉아
彈琴復長嘯	거문고를 타다가 휘파람 부노라.
深林人不知	대숲이 깊어 아는 이 없는데
明月來相照	밝은 달만이 와서 비추어 주네.

https://youtu.be/2A7luGyxEjY

부자(부수+자원) 좋아 한자 공부

鳥 부수와 非 조합 한자를 공부해 봅시다.

| 터닦기 | 鳥 부수 한자 공부 |

| 씨앗 심기 | 鳥(새 조) 鳴(울 명) 鶴(학 학) 鳳(봉황 봉) |

싹틔우기   스토리 연상 학습 1

〔울음 鳴〕소리가 소(簫)와 같은 (봉황鳳凰)은 임금을 상징하며, 〔학鶴〕은 장생의 (吉鳥길조)로 통한다.

나무 키우기	꽃 피우기	열매 맺기
鳥 새 조 |4급| 鳥부수, 총11획	긴 꼬리를 가진 새의 총칭 [長尾禽總名也 象形 鳥之足 似匕 從匕]	• 窮鳥入懷(궁조입회) : 쫓기던 새가 사람의 품안으로 날아든다는 뜻으로, 사람이 궁하면 적에게도 의지한다는 말. • 花鳥風月(화조풍월) : 꽃과 새와 바람과 달이라는 뜻으로, 자연의 아름다운 경치를 이르는 말.
鳴 울 명 |4급| 鳥부수, 총14획	'口 + 鳥'로, 새[鳥]의 울음소리[口] [鳥聲也 從鳥從口]	• 鷄鳴狗盜(계명구도) : "닭의 울음소리를 잘 내는 사람과 개의 흉내를 잘 내는 좀도둑"이라는 뜻으로, 천한 재주를 가진 사람도 때로는 쓸모가 있음. 또는 야비하게 남을 속이는 꾀의 비유. 잔재주를 자랑함. • 一牛鳴地(일우명지) : 소의 울음소리가 들릴 정도의 거리라는 뜻으로, 매우 가까운 거리를 이름.

| 鶴
학 학

\|3급\|
鳥부수, 총 21획 | '鳥 + 隺(확, 학)'으로, 으슥한 깊은 못에 살며, 그 소리가 하늘에도 들리는 새[鳥] [鶴鳴九皐 聲聞于天 從鳥隺聲] | • 梅妻鶴子(매처학자) : 매화를 아내로 삼고 학을 자식으로 삼는다는 뜻으로, 선비의 풍류생활을 두고 이르는 말.
• 風聲鶴唳(풍성학려) : 바람 소리와 학의 소리라는 말로, 겁을 먹은 사람이 하찮은 일이나 작은 소리에도 몹시 놀람. |

| 鳳
봉황 봉, 임금 봉

\|3급\|
鳥부수, 총 14획 | '鳥 + 凡(범)'으로, 상상의 상서로운 새[鳥]로 수컷을 '봉', 암컷을 '황'이라 함[神鳥也 天老曰 : 鳳之像也 麐前鹿後 蛇頸魚尾 龍文龜背 燕頷雞喙 五色備擧. 出於東方君子之國 翱翔四海之外 過崑崙 飲砥柱 濯羽弱水 莫宿風穴. 見則天下大安寧. 從鳥凡聲] ※ 四靈 : 麒麟, 鳳凰, 龍, 龜 | • 龍味鳳湯(용미봉탕) : 용 고기로 맛을 낸 요리와 봉새로 끓인 탕이라는 뜻으로, 맛이 매우 좋은 음식을 가리키는 말.
• 臥龍鳳雛(와룡봉추) : 누운 용과 봉황의 새끼라는 뜻으로, 누운 용은 풍운을 만나 하늘로 올라가는 힘을 가지고 있고, 봉황의 새끼는 장차 자라서 반드시 봉황이 되므로, 때를 기다리는 호걸을 비유해 이르는 말. |

돋보기

鷄鳴狗盜(계명구도)

《사기》〈맹상군전〉에 있는 이야기이다.

제(齊)나라 맹상군(孟嘗君)의 일행이 왕의 초대를 받아 진(秦)나라에 갔는데, 왕은 그를 옥에 가두었다. 이에 왕께 이미 바친 호백구(狐白裘)를 다시 훔쳐[구도(狗盜)] 진나라 소왕의 애첩에게 주고 그의 도움으로 옥에서 풀려난다. 옥에서 나온 맹상군 일행은 진나라를 벗어나기 위해 국경으로 향했다. 그러나 국경에 도착했을 때는 아직 동이 트지 않아 함곡관(函谷關) 관문이 열리지 않았다. 이때, 식객 중 한 사람이 닭 울음소리를 잘 내는[계명(鷄鳴)]자가 있어 능력을 발휘하자, 성(城) 중의 닭들이 호응하듯 모두 울어댔고, 이 때문에 경비병이 날이 샌 줄 알고 관문을 열었다. 결국 맹상군 일행이 진나라의 위기에서 벗어났다는 것이다.

지혜샘터

계명구도의 성어가 우리게 남겨준 교훈은 무엇일까요?

조선 중기 명신 장유(張維)는 《계곡집(谿谷集)》에서 "갈매기는 일개 미물(微物)임에도 불구하고 기미(機微)를 알아채고는 안색만 보고도 날아가 버림으로써 해를 피해 몸을 보전하는 지혜가 이처럼 밝았다. 이에 비해 인간은 그야말로 만물의 영장(靈長)임에도 불구하고 그 하는 짓을 보면 종종 눈앞의 이익에 현혹되어 자신을 망치고, 갈매기만도 못한 행동을 한다."고 했다. 그 이유는 바로 욕심 때문이라는 것이다. 계명구도에 등장하는 인물 또한 인간의 욕심에서 비롯된 것으로, 정도(正道)의 바른 삶의 중요성을 각성케 한다.

| 터닦기 | 非 조합 한자 공부 |

| 씨앗 심기 | 非(그를 비) 悲(슬플 비) 排(물리칠 배) 輩(무리 배) |

| 싹틔우기 | **스토리 연상 학습 2** |

(비행非行) 문제를 놓고 (선후배先後輩) 간 서로를 비방하고 (배척排斥)하는 행위가 결국 그 학교의 (비극悲劇)을 낳았다.

| 나무 키우기 | 꽃 피우기 | 열매 맺기 |

非

그를 **비**, 아닐 **비**

| 4급 |
非부수, 총 8획

새의 날개가 서로 어긋나 등져 있는 모양[違也 從飛下翅 取其相背也]

- 非一非再(비일비재) : '같은 일이 한두 번이 아님'이란 뜻으로, 한둘이 아님.
- 非池中物(비지중물) : 물속의 물고기가 아니라 때가 오면 하늘로 오를 용이란 뜻으로, 장차 큰일을 할 인물을 가리키는 말.
- 是是非非(시시비비) : 옳은 것을 옳다고 하고, 그른 것을 그르다 함.

悲

슬플 **비**,
염려할 **비**,
동정할 **비**

| 4급 |
心부수, 총 12획

'心＋非(비)'로, 어떤 일을 마음[心]속으로 아파하거나 가엾게 여김[痛也 從心非聲 『說文』 女心傷悲 『詩·豳風』 春女悲, 秋士悲 感其物化也 『毛傳』-『康熙』]

- 墨子悲染(묵자비염) : 묵자가 실을 물들이는 것을 보고 슬퍼했다는 말로, 사람은 성장하는 환경에 따라 그 성품이 선하게도 되고 악하게도 됨을 이르는 말. 묵자읍사(墨子泣絲)와 같은 말.
- 大慈大悲(대자대비) : 그지없이 넓고 큰 자비로움. 넓고 커서 가없는 자비. 특히 관음보살이 중생을 사랑하고 불쌍히 여기는 마음.

排 俳
물리칠 배, 밀 배
|3급|
扌부수, 총 11획

'扌＋非(비)'로 손[扌]으로, 물리치거나 밀어냄[擠也 從手非聲]

• 排佛崇儒(배불숭유): 불교를 배척하고 유교를 숭상하는 일.
• 排山壓卵(배산압란): 산을 떠밀어 달걀을 눌러 깨뜨린다는 뜻으로, 일이 아주 쉬움을 이르는 말.

輩 輩
무리 배, 떼질 배
|3급|
車부수, 총 15획

'車＋非(비)'로, 백량의 수레[車]가 줄지어 있는 모양[若軍發車百兩爲一輩 從車非聲]

• 當今無輩(당금무배): 이 세상에서는 어깨를 겨눌 사람이 없음.
• 謀算之輩(모산지배): 꾀를 내어 이해타산을 일삼는 무리.

 성어 탐구

가혹한 정치에 관련된 성어이다.
• 苛斂誅求(가렴주구): 가혹하게 세금을 거두거나 백성의 재물을 억지로 빼앗음. ＝ 苛政猛於虎(가정맹어호).
• 塗炭之苦(도탄지고): 진흙이나 숯불에 떨어진 것과 같은 고통이라는 뜻으로, 가혹한 정치로 말미암아 백성이 심한 고통을 겪는 것.
• 白骨徵布(백골징포): 조선 말에, 죽은 사람의 이름을 군적과 세금 대장에 올려놓고 군포를 받던 일.
• 焚書坑儒(분서갱유): "책을 불태우고 선비를 생매장하여 죽인다."는 뜻으로, 진(秦)나라의 시황제가 학자들의 정치 비평을 금하기 위하여 경서(經書)를 태우고 학자들을 구덩이에 생매장한 가혹한 정치를 이르는 말.
• 率獸食人(솔수식인): 폭정으로 백성들에게 고통을 줌. 궁(宮) 안의 주방에는 고기가 있는데, 들에는 굶어 죽은 백성들의 시체가 있다면 이것은 짐승을 몰아다가 사람을 잡아 먹이는 것과 다름이 없다는 맹자의 말에서 유래함.
• 炮烙之刑(포락지형): 중국 은(殷)나라 주왕(紂王)이 쓰던 매우 심한 형벌. 기름칠한 구리 기둥을 숯불 위에 걸쳐 놓고 죄인을 건너가게 했다 함. 달군 쇠로 지지는 극형을 통속적으로 이르는 말.
• 惑世誣民(혹세무민): 세상을 어지럽히고 백성을 속이는 것.

 지혜샘터

'가혹한 정치'를 뜻하는 성어들이 우리에게 남겨준 교훈은 무엇일까요? 《맹자》를 보면, "백성들이 굶주리는 것이 어째 내 잘못인가? 시대가 그렇게 만든 것이다."라며 발뺌하는 정치 지도자들에게 맹자는 "살인자가 칼로 사람을 죽여 놓고 내가 죽인 것이 아니라 칼이 죽인 것이라고 한다면 당신은 그 말을 인정하겠는가?"라고 되물으며, "당신은 저 힘들고 불쌍한 백성들을 보면 불인지심(不忍之心)이 느껴지지 않는가? 그 마음을 확충하여 백성들을 위한 불인지정(不忍之政)을 펼치라."고 충고한다. 이는 현 세태의 백성들의 어려움을 지도자들은 그 어떤 상황에서도 다른 탓으로 돌려서는 안 된다는 정치적 소명의식(召命意識)을 교훈으로 전해준 것이다.

踰大關嶺望親庭〔대관령을 넘으며 친정을 바라보다〕　申師任堂(신사임당)

慈親鶴髮在臨瀛	늙으신 어머니는 강릉에 계신데
身向長安獨去情	서울로 홀로 가는 이 내 심정.
回首北村時一望	고개 돌려 때때로 북촌을 바라보니
白雲飛下暮山靑	흰 구름 나는 곳에 저문 산만 푸르네.

〈大東詩選〉

夢魂〔꿈속의 혼〕　李玉峰(이옥봉)

近來安否問如何	요즘 안부를 여쭈옵니다 어떠하신지요?
月到紗窓妾恨多	달빛 비친 비단 창가에 첩의 한이 많습니다.
若使夢魂行有跡	만약 꿈속에 혼이 되어 다닌 곳 자취를 남긴다면
門前石路半成沙	아마도 문 앞 돌길이 반쯤은 모래가 되었으리라.

〈大東詩選〉

52강

https://youtu.be/vzUMll7mJHw

부자(부수+자원) 좋아 한자 공부

至와 貝 조합 한자를 공부해 봅시다.

| 터닦기 | 至 조합 한자 공부 |

| 씨앗 심기 | 至(이를 지) 室(집 실) 到(이를 도) 倒(넘어질 도) |

| 싹틔우기 | **스토리 연상 학습 1** |

(교실敎室) 앞에 〔이르러 到〕〔넘어져 倒〕(지극至極) 정성으로 만든 작품이 제대로 평가받지 못했다.

| 나무 키우기 | 꽃 피우기 | 열매 맺기 |

至

이를 **지**,
지극할 **지**

|4급|
至부수, 총 6획

나는 새가 높은 곳에서 땅으로 내려옴[古文. 至堲죷坙. 鳥飛從高下至地也 從一 一猶地也 象形『說文』來也『玉篇』物至知知, 然後好惡形焉『禮·樂記』至, 來也『註』又達也, 由此達彼也『玉篇』-『康熙』]

• 福不重至(복부중지) : 복은 거듭 오지 않으며, 한 꺼번에 둘씩 오지도 않음.
• 自初至終(자초지종) : 처음부터 끝까지의 과정.
• 至高至純(지고지순) : 가장 고결하고, 가장 순수함.
• 至上命令(지상명령) : 가장 높은 곳에 놓인 명령. 누구도 거역할 수 없는 명령. 절대로 복종해야 할 명령.

室

아내 **실**, 집 **실**

|8급|
宀부수, 총 9획

'宀 + 至(지)'로, 사람과 물건이 집[宀] 안에 가득 차 있음[實也 從宀至聲] 實也 : 古者前堂後室 釋名曰 室, 實也. 人物實滿其中也. 引伸之則凡所居皆曰室『段注』

• 借廳入室(차청입실) : 남의 대청을 빌려 쓰다가 안방까지 들어간다는 뜻으로, 남에게 의지하다가 차차 그의 권리까지 침범함.
• 虛室生白(허실생백) : 텅 빈 방이 문을 열거나 틈새로 들어온 빛으로 인하여 환해짐. 텅 빈 마음이 맑아짐. 마음이 무념무상이면 스스로 진리를 깨닫게 됨. 고인은사(高人隱士)의 처소.

到

이를 도

|3급|

刀부수, 총 8획

'至 + 刂(도)'로, 먼 곳으로부터 도착지점에 이름[至也 從至刀聲 『說文』到, 至也 『爾雅·釋詁』到者, 自遠而至也 『疏』-『康熙』]

• 讀書三到(독서삼도): 독서의 법은 구도(口到)·안도(眼到)·심도(心到)에 있다 함이니, 즉 입으로 다른 말을 아니하고, 눈으로 딴 것을 보지 말고, 마음을 하나로 가다듬고 반복 숙독(熟讀)하면, 그 진의(眞意)를 깨닫게 된다는 뜻.

倒

넘어질 도,
거꾸로 도

|3급|

人부수, 총 10획

'亻 +到(도)'로, 사람[人]이 넘어져 거꾸로 됨[仆也 從人到聲]

• 冠履顚倒(관리전도): '관(冠)과 신발을 놓는 장소를 바꾼다.'는 뜻으로, 상하의 순서가 거꾸로 됨을 두고 이르는 말.

• 本末顚倒(본말전도): 일의 순서가 잘못 바뀌거나 중요한 것과 사소한 것이 구별되지 못하는 상태.

 성어 탐구

'무리 중 뛰어남'과 관련된 성어이다.

• 拔群(발군): 여럿 가운데서 특별히 빼어남.
• 白眉(백미): 여럿 중에서 가장 뛰어난 사람이나 물건을 이르는 말. 중국 촉(蜀)나라 마량(馬良)의 5형제 중 흰 눈썹이 섞인 양(良)의 재주가 가장 뛰어나다는 데서 유래.
• 出衆(출중): 뭇 사람 속에서 특별히 뛰어남.
• 綺羅星(기라성): 훌륭한 사람들이 죽 늘어선 것을 비유하는 말. 밤하늘에 반짝이는 수많은 별이라는 뜻에서 유래.
• 間世之材(간세지재): 세상에 어쩌다가 나타나는 뛰어난 인재.
• 群鷄一鶴(군계일학): 닭의 무리 중에 있는 한 마리 학이란 뜻으로, 많은 사람 가운데 가장 뛰어난 사람을 이르는 말.
• 囊中之錐(낭중지추): 능력과 재주가 뛰어난 사람은 자연스럽게 두각을 나타내게 된다는 뜻.
• 泰山北斗(태산북두): 태산과 북두칠성이라는 뜻으로, 모든 사람이 존경하는 뛰어난 인물을 비유하는 말. 또는 학문이나 예술 분야의 권위자나 대가를 비유하여 이르는 말.

 지혜샘터

'무리 중 뛰어남'을 뜻하는 성어가 우리에게 남겨준 교훈은 무엇일까요?

《한비자》에, 물이 바짝 말라버린 연못에서 탈출하는 뱀들의 생존전략에 대한 학택지사(涸澤之蛇)란 우화가 있다.

어느 여름날, 가뭄에 연못의 물이 말라버렸다. 물이 있는 다른 못으로 이동해야 하는데, 이때 작은 뱀이 큰 뱀에게 이렇게 말한다. "당신이 앞장서고 우리가 뒤따라가면 사람들은 보통 뱀인 줄 알고 우리를 죽일지도 모른다. 그러나 당신이 등에 나를 태우고 가면, 사람들은 조그만 뱀을 당신처럼 큰 뱀이 떠받드는 것을 보고 나를 아주 신성한 뱀이라고 생각하고 두려워 아무도 해를 끼치지 않을 것이다." 이에 큰 뱀이 이 제안을 받아들여, 뱀들은 당당히 사람들이 많은 길로 이동하여 목적지까지 아무런 장애 없이 도착할 수 있었다는 이야기다.

이는 큰 뱀이 작은 뱀을 떠받드는 행위를 통해 '내가 높아지려면 자신의 주변 사람부터 먼저 높여야 한다.'는 평범한 진리를 역설적 미학으로 보여준 것이다.

터닦기 貝 조합 한자 공부

씨앗 심기 貝(조개 패) 敗(패할 패) 買(살 매) 賣(팔 매)

싹틔우기 스토리 연상 학습 1

〔돈 貝〕을 벌기 위해 인간의 양심까지 (매매賣買)하는 행위는 (패가망신敗家亡身)의 지름길임을 명심해야 한다.

나무 키우기 | **꽃 피우기** | **열매 맺기**

貝

조개 **패**, 돈 **패**

|3급|
貝부수, 총 7획

조개의 모양[海介蟲也 居陸名猋 在水名蜬 象形. 古者貨貝而寶龜 周而有泉 至秦廢貝行錢]

• 金銀寶貝(금은보패) : '금은보배'의 원말. 금, 은, 옥, 진주 따위의 매우 귀중한 물건.
• 貝多羅葉(패다라엽) : 패다라는 범어 patta로, 옛날에 인도에서 글자를 쓰는 데 사용하던 다라수(多羅樹)의 잎. 불교의 경전(經典)을 많이 새겼음.

敗

허물어질 **패**,
패할 **패**,
부서질 **패**

|3급|
攴부수, 총 11획

'攴 + 貝(패)'로, 돈[貝] 때문에 [攴] 쌓인 명성 등이 무너짐 [毁也 從攴貝. 敗賊皆從貝, 會意] 毁也. 從攴貝. 會意. 貝亦聲. 賊敗皆從貝. 二字同意. 古者貨貝. 故從貝會意. 戈部云. 賊從戈則聲『段注』

• 輕敵必敗(경적필패) : 적을 가볍게 보면 반드시 패배함.
• 敗家亡身(패가망신) : 집안의 재산을 다 써 없애고 몸도 망침.
• 一敗塗地(일패도지) : "싸움에 한 번 패(敗)하여 땅에 떨어진다."는 뜻으로, 한 번 싸우다가 여지없이 패(敗)하여 다시 일어나지 못함.

| 買
살 매
\|5급\|
貝부수, 총 12획 | '网＋貝'로, 장사하는 사람이 재물[貝]이 될 만한 것을 마치 그물[网]로 고기를 잡듯이 사들임[買市也 從网貝『孟子』曰：登壟斷而网市利] | • 買點賣惜(매점매석) : 물건값이 오를 것을 예상하고 물건을 많이 사두었다가 값이 오른 뒤 아껴서 팖.
• 買死馬骨(매사마골) : 죽은 말의 뼈를 산다는 뜻으로, 귀중한 것을 손에 넣기 위해 먼저 공을 들이는 것을 이름. 우자(愚者)라도 우대하여 주면 현자(賢者)도 자연히 모여듦. |
| 賣
팔 매
\|5급\|
貝부수, 총 15획 | '士←出＋買'로, 산 재물[買]을 내서[出] 팖[出物貨也 從出從買] | • 薄利多賣(박리다매) : 이익을 적게 보고 많이 팔아 이문을 올림.
• 賣官賣職(매관매직) : 벼슬을 돈을 받고 파는 행위.
• 賣文賣筆(매문매필) : 돈을 벌기 위(爲)하여 실속 없는 글과 글씨를 써서 팔아먹음. |

輕敵必敗(경적필패)	《손자병법》에 나온다. 《한서(漢書)》〈위상전(魏相傳)〉에는 다음과 같은 이야기가 있다. 전한(前漢)의 선제(宣帝)가 차사국(車師國)을 공격하여 항복시켰다. 이때 옆 나라 개노국이 언제 자국도 차사국처럼 침략당할지 모르니, 승리감에 도취해 있는 적(敵)의 허점을 노려 기습공격을 감행하는 것이 좋다고 판단하여 그 점령군을 포위하고 곤경에 빠뜨렸다. 이에 전한의 장수 정길(鄭吉)이 구원병을 요청하자, 왕은 즉시 파병하려 하니 재상인 위상(魏相)이 다음과 같이 만류했다. "자기 나라의 큰 힘을 믿고, 백성이 많음을 자랑하여 적에게 위세를 보이는 싸움은 반드시 패합니다[驕兵必敗]." 이에 깊이 깨달은 왕은 자신이 교만했음을 뉘우치고, 즉시 파병 계획을 취소하고 내치(內治)에 힘을 쏟았다고 한다.

'경적필패'의 성어가 우리에게 남겨준 교훈은 무엇일까요?

이규보는 《동국이상국집》의 이옥설(理屋說)에서 자신의 집을 수리하면서 느낀 바를 다음과 같이 기술했다.

"잘못을 알고서도 바로 고치지 않으면, 그것이 자신을 망치는 정도가 집이 헐어서 나무가 썩어서 못쓰게 되는 것에 비할 바가 아니며, 이와 반대로 잘못을 하고서도 곧 고칠 수만 있으면, 한 번 샌 재목을 다시 쓸 수 있는 것처럼 좋은 사람이 될 수 있다."고 했다.

세상에 잘못이 없는 사람은 없다. 그러나 경적필패라 했듯, 작은 잘못도 가볍게 봐서는 안된다. 이것이 곧 인생을 발목 잡는 경우도 많다. 중요한 것은 그 잘못을 아는 순간 얼마나 빨리 이를 고치려 노력하느냐이다. 이는 국가나 개인의 일상에서도 마찬가지일 것이다.

採蓮曲〔연꽃을 따며 부르는 노래〕 許蘭雪軒(허난설헌)

秋淨長湖碧玉流	가을빛 맑은 긴 호수에 푸른 옥 같은 물 흐르는데
荷花深處繫蘭舟	연꽃 핀 깊은 곳에 좋은 배 매어두고
逢郞隔水投蓮子	임 만나 물 건너로 연밥 따서 던졌다가
遙被人知半日羞	멀리서 남이 알까 반나절을 얼굴 붉혔네.

〈蘭雪軒集〉

淸明(청명) 杜牧(두목)

淸明時節雨紛紛	청명시절에 비 오락가락하니
路上行人欲斷魂	길 가는 나그네 넋을 끊는 듯하네.
借問酒家何處在	술집이 어딘지 물으니
牧童遙指杏花村	목동은 멀리 살구꽃 핀 저 마을을 가리키네.

竹枝詞(죽지사) 劉禹錫(유우석)

楊柳靑靑江水平	수양버들 푸르디푸르고 강 물결 잔잔한데
聞郞江上唱歌聲	강가에서 님 부르는 노랫소리 들린다.
東邊日出西邊雨	동편엔 해 나고 서편엔 비 내리니
道是無晴却有晴	변덕스런 날씨란 이를 두고 한 말인가!

https://youtu.be/6HDUbaDX78o

부자(부수+자원) 좋아 한자 공부

貝 부수와 責 조합 한자를 공부해 봅시다.

터닦기 貝 부수 한자 공부

씨앗 심기 質(바탕 질) 貴(귀할 귀) 貿(바꿀 무) 賓(손님 빈)

싹틔우기 **스토리 연상 학습 1**

> 이윤을 남기기 위해 (물질物質)을 싼값에 사서 비싼 값으로 파는[貿賤賣貴 무천매귀] 행위는 있을 수 있으나 [손님 賓]의 신뢰를 잊어서는 안 된다.

나무 키우기   **꽃 피우기**   **열매 맺기**

質

바탕 **질**,
저당물 **질**,
저당 잡을 **질**,
물을 **질**, 폐백 **지**,
예물 **지**

|5급|
貝부수, 총 15획

'貝+斦'로, 저당 잡힌 물건[貝]이나 나무를 패는 데 받치는 나무 토막[斦] [以物相贅 從貝從斦] 以物相贅：以物相贅, 如春秋交質子是也. 引伸其義爲樸也, 地也. 如有質有文是『段注』

• 羊質虎皮(양질호피) : '속은 양이고, 거죽은 호랑이'라는 뜻으로, 거죽은 훌륭하나 실속이 없음을 이르는 말.

• 惡質分子(악질분자) : 악질 노릇을 하여 남에게 해를 끼치는 사람.

• 文質彬彬(문질빈빈) : 외견(外見)이 좋고 내용이 충실하여 잘 조화를 이룬 상태를 이름.

貴

귀할 **귀**,
신분 높을 **귀**,
값 비쌀 **귀**

|5급|
貝부수, 총 12획

'貝+臾←臾(궤)'로, 값비싼 재화[貝]를 잘 간직해 둠[物不賤也 從貝臾聲. 臾古文蕢]

• 民貴君輕(민귀군경) : 백성이 존귀하고 사직은 그 다음이며, 임금은 가볍다고 한 데서 유래함.

• 貴耳賤目(귀이천목) : 귀로 들은 것은 존중하나 눈앞에 있는 것은 비천하게 여긴다는 뜻. 곧 옛일을 높이 평가하고 현대를 경시함. 먼 데 것을 좋다고 하고, 가까운 데 것을 나쁘다고 함. 사람의 생각이 얕음을 이르는 말.

貿 바꿀 무, 살 무 |3급| 貝부수, 총 12획	'貝+卯(묘)'로, 물건을 돈[貝]으로 바꿈[易財也 從貝卯聲]	• 貿賤賣貴(무천매귀) : 싼값으로 사서 비싼 값으로 팖. • 通過貿易(통과무역) : 중계(中繼) 무역(貿易). 상품이 제3국을 경유하여 거래되는 경우에, 제3국의 입장에서 보고 일컫는 말.
賓 손님 빈 |3급| 貝부수, 총 14획	'貝+宀(면)'으로, 귀한 물건[貝]처럼 공경히 대할 사람[所敬也 從貝宀聲] 所敬也 : 賓 謂所敬之人. 因之敬其人亦 曰賓. 又君爲主. 臣爲賓. 從 貝 : 貝者, 敬之之物也『段注』	• 回賓作主(회빈작주) : 남의 의견이나 주장을 제쳐놓고 제 마음대로 처리하거나 방자하게 행동함을 이르는 말. • 江山萬古主人物百年賓(강산만고주인물백년빈) : 강과 산은 만고의 주인이요, 사람은 백년(잠시 왔다가는)의 손님임.

羊質虎皮(양질호피)

한(漢)나라 양웅(揚雄)의《법언(法言)》〈오자(吾子)〉편에 나오는 이야기이다.

혹자가 "어떤 사람이 공자의 문하에 들어가 그 안채에 올라 공자의 책상에 앉아 공자의 옷을 입는다면 그 사람은 공자라 할 수 있는가?"라 물으니, "그 무늬는 그렇지만 그 바탕은 아니다." 또 혹자가 "바탕이란 무엇을 말하는가?"라 물으니, "양은 그 몸에 호랑이 가죽을 씌어 놓아도 풀을 보면 좋아하여 뜯어 먹고, 승냥이를 만나면 두려워 떨며, 자신이 호랑이 가죽을 뒤집어쓴 사실을 잊어버린다(羊質而虎皮, 見草而說, 見豺而戰, 忘其皮之虎矣)."라 답했다.

'양질호피'의 성어가 우리에게 남겨준 교훈은 무엇일까요?

한 조직이나 국가가 무너지는 이유 중 하나는 현장 상황을 제대로 알지도 못한 채 이루어지는 상부의 지나친 간섭이라 말한다.《사기》에 제나라 사마양저(司馬穰苴)는 왕이 총애하는 신하 장고(莊賈)를 처형하면서 "아무리 지엄한 군주의 명령이라도 받아들이지 않을 수 있다(君令有所不受)."라는 유명한 말을 남겼다. 절체절명의 위기 상황에서도 '호질양피'의 나약함보다는 사마양저의 당당함을 실천하는 용기 있는 자가 되어야 하지 않을까?

터닦기   責 조합 한자 공부

씨앗 심기   責(꾸짖을 책) 債(빚 채) 積(쌓을 적) 蹟(발자취 적)

싹틔우기   ## 스토리 연상 학습 2

> 국가의 은공에 진〔빚 債〕을 갚기 위해 자신의 (책무責務)를 다하는 것도 (적선積善)의 한 (행적行蹟)이 된다.

나무 키우기	꽃 피우기	열매 맺기
責 꾸짖을 **책**, 책임 **책** |5급| 貝부수, 총 11획	'貝 + 朿(자)'로, 빌린 돈[貝] 갚기를 강요함[求也 從貝朿聲]	• 朋友責善(붕우책선) : 친구는 서로 착한 일을 권한다는 뜻으로, 참다운 친구라면 서로 나쁜 짓을 못 하도록 권하고 좋은 길로 이끌어야 함. • 生面大責(생면대책) : 일속을 잘 알지 못하고 관계가 없는 사람을 그릇 책망하는 일. • 至愚責人明(지우책인명) : "지극히 어리석은 사람도 남을 나무라는 데는 총명하다."는 뜻으로, 자신의 허물은 덮어두고 남의 탓만 하는 것을 비유하는 말.
債 빚 **채** |3급| 人부수, 총 13획	'イ + 責(책)'으로, 빚을 진 사람[イ] [債負也 從人責聲]	• 負債如山(부채여산) : 남에게 진 빚이 산더미 같음. • 財政公債(재정공채) : 정부가 모자라는 경비를 메우려고 발행하는 공채. • 擧放錢債(거방전채) : 조선시대에, 벼슬아치가 그의 관내 주민에게 이자를 받고 돈을 꾸어주던 일.

積 篆 쌓을 **적**, 모을 적 | 4급 | 禾부수, 총 16획	'禾+責(책)'으로, 벼[禾]를 베어 쌓아 둠[聚也 從禾責聲]	• 積塵成山(적진성산) : 티끌 모아 태산. • 積功之塔不隳(적공지탑불휴) : 공든 탑이 무너지랴의 속담의 한역.
蹟 蹟 발자취 **적**, 행적 **적** | 3급 | 足부수, 총 18획	'足+責(책)'으로, 사람이 걸어 다닌 발[足]자국[步處也 從足責聲]	• 名勝古蹟(명승고적) : 명승과 고적, 즉 훌륭한 경치와 역사적인 유적. • 野外遺蹟(야외유적) : 동굴이나 바위 같은 곳이 아닌, 강가나 못가에서 일시적으로 막집 따위를 짓고 살았거나 그대로 지낸 자리.

 성어 탐구

'미인(美人)'과 관련된 성어이다.

- 解語花(해어화) : 말을 이해하는 꽃이란 뜻으로, 미인을 비유하여 이르는 말. 당나라 현종(玄宗)이 연꽃을 구경하다가 양귀비(楊貴妃)를 가리켜 "연꽃의 아름다움도 '말을 이해하는 이 꽃'에는 미치지 못하리라."고 말했다는 고사에서 온 말.
- 傾國之色(경국지색) : 나라를 위태롭게 할 만한 미인. 임금이 미혹(迷惑)하여 나라가 기울어져도 모를 만큼 매우 뛰어난 미녀. =傾城之美(경성지미), 傾城之色(경성지색).
- 丹脣皓齒(단순호치) : 붉은 입술과 하얀 이. 아름다운 여자를 비유함. =朱脣晧齒(주순호치).
- 萬古絶色(만고절색) : 만 년에 없는 미인. 빼어난 미인을 가리키는 말.
- 明眸皓齒(명모호치) : 밝은 눈동자와 흰 이라는 뜻으로, 빼어난 미인을 가리키는 말. 당(唐)나라 두보의 시 애강두(哀江頭)에 나오는 말.
- 仙姿玉質(선자옥질) : 신선 같은 풍모와 옥 같은 바탕. 흔히 미인의 자태를 이름.
- 雪膚花容(설부화용) : 피부는 눈처럼 희고, 얼굴은 꽃처럼 아름다운 여인.
- 絶世佳人(절세가인) : 세상에 견줄 사람이 없는 미인. 뛰어난 미인. =絶世美人(절세미인).
- 沈魚落雁(침어낙안) : 물고기가 미모에 놀라 헤엄치는 것을 잊고 가라앉고, 비파를 연주하니 기러기가 날갯짓을 멈추고 떨어진다는 뜻으로 미인을 말함.
  ※ 월(越)나라 서시(西施)가 어느 날 냇가에서 빨래를 하고 있는데, 지나가는 물고기가 그의 미모에 놀라 헤엄치는 것을 잊고, 물 아래로 가라앉았다.
  ※ 왕소군(王昭君)이 비통한 마음을 금하지 못해 비파를 연주하니 기러기들이 날갯짓을 멈추고 떨어졌다.
- 花容月態(화용월태) : 꽃 같은 얼굴과 달 같은 자태. 아름다운 여인의 얼굴과 맵시를 이르는 말.

 지혜샘터

미인 관련 성어가 우리에게 남겨준 교훈은 무엇일까요?

인류사에서 수많은 영웅호걸들이 강태공이 《육도(六韜)》에서 말한 '미인계(美人計)'에 걸려들었다. 빈천(貧賤) 시에는 미인이 보이지 않다가 부귀(富貴)해지면 나타나는 미인계는 그간 어렵게 쌓은 공적을 하루아침에 무너뜨렸다. 세상 사람들이 그를 영웅이라 일컬었지만 얄팍한 외모의 화려함 속에 숨어 있는 예기치 못한 덫을 넘지 못하고 영원히 패배자로 전락됨을 교훈으로 남겼다.

浮碧樓(부벽루)　李穡(이색)

昨過永明寺	어제 영명사에 들렸다가
暫登浮碧樓	오늘은 잠시 부벽루에 올랐노라.
城空月一片	빈 성에는 한 조각달이요,
石老雲千秋	오래된 바위에는 천 년의 구름이라.
麟馬去不返	기린 마는 가고 돌아오지 않는데
天孫何處遊	천손은 어느 곳에 노니는가.
長嘯依風磴	길게 읊조리며 돌층계에 기대서니
山青江自流	산은 푸르고 강은 절로 흐르네.

〈牧隱集〉

https://youtu.be/bI4wMvLAFmM

부자(부수+자원) 좋아 한자 공부

貝와 辰 조합 한자를 공부해 봅시다.

터닦기 貝 조합 한자 공부

씨앗 심기 貫(꿸 관) 慣(버릇 관) 實(참 실) 貞(곧을 정)

싹틔우기 스토리 연상 학습 1

정신분석학에서는 현재와〔연결된 貫〕(습관習慣)을 보면 미래에〔열매 實〕 맺게 될 운명을〔점칠 貞〕수 있다고 했다.

나무 키우기 **꽃 피우기** **열매 맺기**

貫 貫

꿸 관, 돈꿰미 관

|3급|
貝부수, 총 11획

'田＋貝'로, 엽전[貝] 꾸러미를 꿰[田] [錢貝之田也 從田貝] 錢貝之田 故其字從田貝 會意也 齊風 射則貫兮 傳云 貫 中也 其字皆可作田 段借 爲摜字『段注』

• 一以貫之(일이관지) : "하나로써 그것을 꿰뚫었다."는 뜻으로, 처음부터 끝까지 변하지 않음. 또는 막힘 없이 끝까지 밀고 나감.
• 脈絡貫通(맥락관통) : 조리가 일관하여 계통이 서 있음을 이르는 말.
• 豁然貫通(활연관통) : 환하게 통하여 이치를 깨달음.

慣 慣

버릇 관,
익숙할 관

|3급|
心부수, 총 14획

'忄＋貫(관)'으로, '摜'과 동자. 구습(舊習)에 익숙해진 마음[忄] [習也 又通作貫『廣韻, 集韻, 韻會, 正韻』三歲貫女. 本作摜. 從手貫聲. 今文作 慣『詩·魏風』-『康熙』]

• 慣性質量(관성질량) : 운동 상태의 변화에서 결정되는 질량.
• 習慣成自然(습관성자연) : 습관이 종내 타고난 천성과 같이 됨을 이름.

| 實 實
참실, 열매실,
사실실,
넉넉할실, 찰실,
성실할실
\|5급\|
宀부수, 총 14획 | '宀+貫'으로, 부유하여 집[宀]에 돈 꾸러미[貫]가 가득함[富也 引伸之爲艸木之實 從宀貫 會意] | • 實事求是(실사구시) : '실질적인 일에 나아가 옳음을 구한다.', '사실을 얻는 것을 힘쓰고 항상 참 옳음을 구한다.'의 뜻.
• 名實相符(명실상부) : 이름과 실상이 서로 들어맞음. 알려진 것과 실제의 상황이나 능력에 차이가 없음. |

| 貞 貞
곧을정, 점칠정,
정조정
\|3급\|
貝부수, 총 9획 | '卜+貝←鼎(정)'으로, 돈[貝]을 지불하고 길흉의 묻는 점[卜]을 침[卜問也 從卜 貝以爲贄 一曰鼎省聲 京房所說] | • 元亨利貞(원형이정) : 역학(易學)에서 말하는 천도(天道)의 네 원리라는 뜻으로, 사물의 근본 되는 원리. 만물이 처음 생겨나서 자라고 삶을 이루고 완성함. 또는 인(仁)·의(義)·예(禮)·지(智)를 말함.
• 氷貞玉潔(빙정옥결) : "얼음처럼 곧고 옥처럼 깨끗하다."는 뜻으로, 흠이 없이 깨끗한 절개를 비유해 이르는 말. |

 돋보기

實事求是(실사구시)

송명이학(宋明理學)을 공담(空談)이라 비판한 청대 고증학자들에 의해서 제기된 것으로, 《한서(漢書)》하간헌왕덕전(河間獻王德傳)에 보인다.
조선 후기 김정희(金正喜)는 "實事求是"에 대해 다음과 같이 주장했다. "실사구시(實事求是)라는 이 말은[實事求是此語], 곧 학문하는 데 있어서 가장 긴요한 방도이다[乃學問最要之道]. 만일 실제 있지도 않는 것으로 일을 삼아서 단지 텅 비고 엉성한 꾀로써 방편을 삼고[若不實以事而但以空疎之術 爲便], 그 올바른 이치를 구하지 않고 다만 먼저 얻어들은 말로써 주장을 삼는다면[不求其是而但以先入之言 爲主], 그것은 성현의 도에 위배되는 것이다[其于聖賢之道 未有不背而馳者矣]."
이는 정밀한 훈고를 구함[精求訓詁(정구훈고)]과 몸소 실천해야 함[實踐躬行(실천궁행)]으로 요약해 볼 수 있다.

 지혜샘터

'실사구시'의 성어가 우리에게 남겨준 교훈은 무엇일까요?
사람들이 꿈꾸는 상류 세상이란, 흔히 더 좋은 것을 입고, 먹고, 사는 1차적 삶을 말한다. 그러나 이는 허황된 욕망이 빚어낸 신기루일 수 있다. 특히, 자신의 행복을 남에게 으스대며 군림하려는 삶을 중시하는 사람의 경우가 그렇다. 노자는 《도덕경》에서 "큰 나라는 하류다[大國者下流]."라 말했다. 바다가 백곡의 왕이 될 수 있는 이유 중 하나는 가장 낮은 위치에서 모든 것을 수용할 줄 알았기 때문이다. 사해(四海)가 남겨준 이 교훈을 실사구시(實事求是)의 지혜로 구현하는 현명한 자가 되어야 할 것이다.

터닦기 辰 조합 한자 공부

씨앗 심기 辰(별 진) 晨(새벽 신) 振(떨칠 진) 濃(진할 농)

싹틔우기 스토리 연상 학습 2

(농무濃霧)가 거치니〔새벽 晨〕하늘의 수많은〔별 辰〕들이 현란한 빛을〔떨치며 振〕인간을 유혹했다.

나무 키우기	꽃 피우기	열매 맺기

辰

별 **진(신)**,
태어날 **신**, 때 **신**,
다섯째 지지 **진**

|3급|
辰부수, 총 7획

'乙＋匕＋二＋厂(엄)'으로, 만물이 소생하여 위[二]로 나오는[乙＋匕] 때[震也 三月陽气動 雷電振 民農時也. 物皆生 從乙匕 匕 象芒達 厂聲 辰 房星 天時也 從二 二 古文上字]

• 辰宿列張(진수열장) : 성좌(星座)가 해, 달과 같이 하늘에 넓게 벌려져 있음을 말함.
• 良辰美景(양신미경) : '좋은 시절과 아름다운 경치'라는 뜻으로, 봄 경치를 이르는 말.
• 星辰崇拜(성신숭배) : 별에게 신비한 힘이 있다 하여 존숭하는 신앙과 의례. 고대의 아라비아(Arabia)·바빌로니아(Babylonia)·인도(印度) 등지에서 행해졌음.

晨

새벽 **신**

|3급|
日부수, 총 11획

'日＋辰(진)'으로, 28수(宿)의 하나인 방성[日 : 房星]의 이칭[晨, 或省作晨. 房星爲民田時者. 晨或省 今之晨字作此]
※ '晨'은 진시(辰時)가 되면 동이 터 밭갈이 나갈 시간임을 앎.

• 昏定晨省(혼정신성) : 저녁에는 잠자리를 보아 드리고, 아침에는 문안을 드린다는 뜻으로, 자식이 아침저녁으로 부모의 안부를 물어서 살핌을 이르는 말.
• 牝鷄司晨(빈계사신) : "암탉이 새벽에 우는 일을 맡았다."는 뜻으로, 아내가 남편의 할 일을 가로막아 자기 마음대로 처리함을 비꼬아 이르는 말.

| 振

구원할 **진**,
건질 **진**, 떨칠 **진**,
진동할 **진**,
정돈할 **진**

│3급│
手부수, 총 10획 | '扌 + 辰(진)'으로, 어려움에 처한 자를 손[扌]으로 들어 구원해 줌 [擧救之也 從手辰聲 一曰奮也] | • 金鼓振天(금고진천) : "진중(陣中)의 종소리와 북소리가 하늘을 뒤흔든다."는 뜻으로, 격전(激戰)을 형용해 이르는 말.
• 士氣振作(사기진작) : 의욕이나 자신감이 충만하여 굽힐 줄 모르는 씩씩한 기세를 떨쳐 일으킴. |
| 濃

진할 **농**,
무성할 **농**

│3급│
水부수, 총 16획 | '氵 + 農(농)'으로, 이슬[氵]의 양이 많아 진함[露多也 從水農聲] | • 淡粧濃抹(담장농말) : 엷은 화장과 짙은 화장이라는 뜻으로, 갠 날과 비 오는 날에 따라 변화하는 경치를 이르는 말.
• 神醉心濃(신취심농) : 반하거나 홀려서, 정신이 몽롱하고 마음이 노긋함. |

성어 탐구

꽃의 별칭를 뜻하는 성어이다.
- 傾陽葵(경양규) : 해바라기 = 傾葵(경규), 丈菊(장국), 向日葵(향일규)
- 鷄冠花(계관화) : 맨드라미
- 狗耳草(구이초) : 나팔꽃
- 落陽花(낙양화) : 패랭이꽃
- 杜鵑花(두견화) : 진달래꽃
- 米囊花(미낭화) : 양귀비꽃
- 白頭翁(백두옹) : 할미꽃
- 月見草(월견초) : 달맞이꽃
- 躑躅花(척촉화) : 철쭉
- 花中王(화중왕) : 모란(牡丹), 부귀화(富貴花)
- 月下美人(월하미인) : 선인장(仙人杖)
- 花中君子(화중군자) : 연꽃. 연화(蓮花)
- 花中神仙(화중신선) : 해당화(海棠花)
- 雅致高節(아치고절) : 50강. 매화(梅花) = 氷姿玉質(빙자옥질)
- 傲霜孤節(오상고절) : 11강. = 국화(菊花)

 지혜샘터

꽃 관련 성어들이 우리에게 남겨준 교훈은 무엇일까요?

사람들이 외모를 꽃처럼 장식하는 이유 중 하나는 남에게 자신의 가치를 높이기 위함이다. 손자병법 36계 중에는 '나무 위에 꽃을 피운다.'는 수상개화(樹上開花)를 말했다. 여기의 나무는 자신의 본 모습이고, 꽃은 남에게 보이기 위한 과시의 행위다. 사실 꽃은 인간의 희망이자 행복을 상징한다. 그러나 이는 열매 맺기 위한 과정일 뿐이다. 사람들은 이 꽃 피움과 성공을 혼동한다. 봄의 화려함 속에 취해 방심한 순간 여름의 폭염이 뒤에 와 있다는 사실을 잊는다. 전쟁에 임하듯이 전전긍긍(戰戰兢兢)하라 했듯이, 일시적 외모의 화려함에 만족하지 말고, 늘 원대한 인생의 값진 성공을 위해 노력하는 지혜로운 사람이 되어야 할 것이다.

獨坐〔홀로 앉아서〕　徐居正(서거정)

獨坐無來客	찾는 손님 없어 홀로 앉아 있으니
空庭雨氣昏	빈 뜰엔 빗기운에 어둑어둑하네.
魚搖荷葉動	물고기가 움직이니 연잎이 흔들리고
鵲踏樹梢飜	까치가 밟으니 나뭇가지 끝이 너풀거리네.
琴潤絃猶響	거문고 눅어도 줄은 아직 울리고
爐寒火尙存	화로는 차가운데 아직 불기는 남아 있네.
泥途妨出入	진흙 길로 출입이 어려우니
終日可關門	종일 문 닫을 만하네.

55강

https://youtu.be/BDrlXukvL0s

부자(부수+자원) 좋아 한자 공부

虫과 木 부수 한자를 공부해 봅시다.

터닦기	虫 부수 한자 공부
씨앗 심기	虫(벌레 훼) 蟲(벌레 충) 蠶(누에 잠) 螢(반딧불 형)
싹틔우기	**스토리 연상 학습 1**

한 생물연구소에서는 인간에 유용한 각종 〔벌레 虫, 蟲〕에 대한 연구와 〔누에 蠶〕와 〔개똥벌레 螢〕의 품종 개량 연구도 진행 중이다.

나무 키우기	꽃 피우기	열매 맺기

虫

벌레 훼(충)

|4급|
虫부수, 총 6획

큰 뱀 모양[一名蝮. 博三寸 首大如擘指 象其臥形. 物之 微細 或行 或毛 或蠃 或介 或鱗 以虫爲象]
※ 갑골, 금문에는 몸이 쟁반 처럼 굽었으며, 세 개의 촉 각이 있고 기어 다니는 벌레 모양[象一種長身盤曲 三角 頭的虫形] 고대에는 ‘它[뱀 사]'와 통용.

• 南星背草螫虫(남성배초석충) : 남생이〔거북이〕 등에 풀쐐기 쐼 같다. 상대와의 차이가 너무 커서 서로 적수가 되지 않는다는 뜻의 속담. 靈龜之脊草蝐載螫(영귀지척초함재석)
• 八角虫(팔각충) : 그리마, 또는 집게벌레라고도 함. 蠷螋(구수).
• 桂蠹虫(계두충) : 계수나무에 기생하는 굼벵이. 桂鼠(계서).

蟲

벌레 충

|4급|
虫부수, 총 18획

발이 있는 벌레들[三虫]이 꾸물거리고 있는 모양[有足 謂之蟲 無足謂之豸 從三虫] 有足謂之蟲. 無足謂之豸 : 有舉渾言以包析言者. 有舉 析言以包渾言者. 此蟲豸析 言以包渾言也『段注』

• 物腐蟲生(물부충생) : 생물이 썩은 뒤에야 벌레 가 생긴다는 뜻으로, 남을 의심한 뒤에 그를 두고 하는 비방(誹謗)이나 소문을 듣고 믿게 됨. 내부에 약점이 생기면 곧 외부의 침입이 있게 됨을 이르는 말. 송(宋)나라 소동파(蘇 東坡)가 지은 〈범증론(范增論)〉에 "생물은 반 드시 먼저 썩은 뒤에 벌레가 생기고[物必先 腐也而後 蟲生之], 사람도 반드시 먼저 의심 을 하게 된 뒤에 남의 모함을 듣는다[人必先 疑也而後 讒入之]."에서 유래함.

蠶 누에 **잠** |3급| 虫부수, 총 24획	'蚰＋朁(참)'으로, 애벌레[蚰]가 자란 다음에 실을 토하여 고치를 만드는 벌레[任絲蟲也 從蚰朁聲]	• 稍蠶食之(초잠식지) : 점차적으로 조금씩 침략하여 들어감. • 蠶絲牛毛(잠사우모) : 고치실과 쇠털이라는 뜻으로, 일의 가닥이 많고 어수선함을 비유적으로 이르는 말.
螢 반딧불 **형**, 개똥벌레 **형** |3급| 虫부수, 총 16획	'虫＋熒(형)'으로, 밤에 날아다니며 배 아래에서 빛을 내는 벌레[虫] [火蟲名『韻會』腐草爲螢『禮·月令』螢火卽炤『爾雅·釋蟲』夜飛, 腹下有火『註』螢, 一名燿夜, 一名景天, 一名熠燿, 一名丹良, 一名燐, 一名丹鳥, 一名夜光, 一名宵燭『古今注』-『康熙』]	• 螢雪之功(형설지공) : 반딧불과 눈빛으로 이룬 공이라는 뜻으로, 가난을 이겨내며 고생 속에서 공부하여 이룬 공을 일컫는 말. • 車胤盛螢(차윤성형) : "차윤이 개똥벌레를 모았다."는 뜻으로, 가난한 살림에 어렵게 공부함을 이르는 말. • 螢光寫眞(형광사진) : 형광판 위에 나타난 상을 찍은 사진.

 성어 탐구

'자연의 즐김'에 관련된 성어이다.
• 江湖煙波(강호연파) : 강이나 호수 위에 안개처럼 보얗게 이는 잔물결. 대자연의 풍경.
• 江湖閑情(강호한정) : 은자(隱者)나 시인 등이 현실을 떠나 자연과 더불어 살아가며 느끼는 심정. ※ 안빈낙도(安貧樂道), 한가자족(閑暇自足), 안분지족(安分知足), 유유자적(悠悠自適)으로부터 비롯되는 한유(閒遊)의 정서.
• 晚秋佳景(만추가경) : 늦가을의 아름다운 경치.
• 武陵桃源(무릉도원) : 무릉에 있는 복숭아꽃이 활짝 핀 세계.
• 別有天地(별유천지) : "속계를 떠난 특별한 경지에 있다."라는 뜻으로, 별세계를 말함.
• 山紫水明(산자수명) : 산빛이 곱고 강물이 맑다는 뜻으로, 산수(山水)가 아름다움을 이르는 말. ＝山明水麗(산명수려).
• 煙霞日輝(연하일휘) : 연기와 노을과 햇빛이라는 뜻으로, 자연의 아름다움을 의미함.
• 淸風明月(청풍명월) : 맑은 바람과 밝은 달빛. 자연의 아름다움을 그린 표현임.

 지혜샘터

자연 관련 성어가 우리에게 남겨준 교훈은 무엇일까요?
세월(歲月)은 영원한데 사람들은 짧다고 하고, 세상은 넓고 넓은데 좁다고 하소연한다. 또 자연은 항상 아름다운 자태를 철 따라 보이며 함께 하기를 갈구하지만, 사람들은 세속에 젖어 벗어날 줄을 모른다. 이 같은 삶보다는 차라리 옛 현인들의 천석고황(泉石膏肓)의 불치병에 걸려 보는 것은 어떨까?

터닦기 木 부수 한자 공부

씨앗 심기 木(나무 목) 林(수풀 림) 森(빽빽할 삼) 本(근본 본)

싹틔우기 스토리 연상 학습 2

〔올해 本年(본년)〕휴가는 〔나무 木〕가 〔빽빽이 森〕 우거진 〔숲 林〕 속에서 녹수(綠水)를 마시며 행복한 시간을 보냈다.

나무 키우기 ▶ **꽃 피우기** ▶ **열매 맺기** ▶

木

나무 목

|8급|
木부수, 총 4획

땅을 뚫고 새싹이 나오는 나무[木] 모양[冒也 冒地而生 東方之行 從屮 下象其根]

• 移木之信(이목지신) : 위정자가 나무 옮기기로 백성을 믿게 한다는 뜻으로, 신용을 지킴을 이르는 말. 남을 속이지 아니함.
• 盲龜浮木(맹귀부목) : 눈먼 거북이 우연히 물 위에 뜬 나무를 만났다는 뜻. 곧 좀처럼 만나기 어려운 기회. 어려운 판에 우연히 좋은 일을 당하게 됨의 비유.

林

수풀 림

|7급|
木부수, 총 8획

'木＋木'으로, 평지에 나무[木]가 집단으로 나 있음[平土有叢木曰林 從二木]

• 巢林一枝(소림일지) : 새가 둥지를 틀 때에 쓰이는 것은 숲속의 많은 나무 중 단 한 가지에 지나지 않는다는 뜻으로, 작은 집에 살면서 만족함을 이르는 말.
• 肉山脯林(육산포림) : "고기가 산을 이루고 말린 고기가 수풀을 이룬다."는 뜻으로, 극히 호사스럽고 방탕한 술잔치를 이르는 말.

| 森
 빽빽할 **삼**
 \|3급\|
 木부수, 총 12획 | '木 + 林'으로, 나무[木]가 많은 숲[林] 모양[木多貌 從林 從木] | • 森羅萬象(삼라만상) : 우주 안에 있는 온갖 사물과 현상.
 • 森林更新(삼림갱신) : 본래 이전부터 있던 나무를 베거나 없애 버리거나, 또는 원형을 개조해서 새로운 삼림을 만드는 일. |
| 本
 근본 **본**, 본디 **본**
 \|6급\|
 木부수, 총 5획 | '木 + 一'로, 고자는 '㭐'. 나무[木]의 아래[一]부분인 뿌리[木下曰本 從木 一在其下. 㭐, 古文] | • 物有本末(물유본말) : 사물에는 근본과 끝이 있다는 뜻으로, 사물의 질서를 일컫는 말.
 • 拔本塞源(발본색원) : "근본을 뽑고 원천을 막는다."는 뜻으로, 사물의 폐단을 없애기 위해서 그 뿌리째 뽑아 버림을 이르는 말. |

移木之信(이목지신)   《사기》에 나오는 이야기이다.

진(秦)나라 효공(孝公) 때 상앙(商鞅)은 법률에 밝았으며, 부국강병책을 펴 천하통일의 기틀을 마련했다. 한번은 법을 제정해 놓고 공포를 하지 않았는데, 그 이유는 백성들이 이를 믿고 따를지 염려했기 때문이다. 그래서 먼저 남문에 길이 3장(三丈:약 9m) 높이의 나무를 세우고, "이 나무를 북문으로 옮기는 사람에게 십금(十金)을 주겠다."고 공표했다. 그러나 아무도 옮기려 하지 않자 상금을 올려 오십금(五十金)을 주겠다고 하니, 이를 옮긴 자가 있어 즉시 그 약속을 지켰다. 그 후 새로운 법을 공포하자 백성들이 조정을 믿고 법을 잘 지켰다고 한다.

'이목지신'의 성어들이 우리에게 남겨준 교훈은 무엇일까요?

신뢰는 조직의 생존을 위해서 마지막까지 지켜야 할 덕목이다. 《논어》를 보면, 공자의 제자 자공(子貢)이 스승에게 정치를 묻는 장면이 나온다. 선생님 "나라를 다스리는 데 가장 중요한 것이 무엇입니까?" 이에 공자는 "먹는 것을 풍족히 하고[足食], 군대를 잘 양성하며[足兵], 백성을 신뢰롭게 하는 것이다[民信之]."라 하고, 이 중 신의를 가장 중시했다. 공자는 백성의 신뢰가 없으면 국가 존립 자체가 불가능함[無信不立]을 강조했는데, 우리는 이 교훈을 마음속 깊이 늘 되새겨야 할 것이다.

浮碧樓(부벽루)　奇大升(기대승)

錦繡山前寺	금수산 앞에 있는 절이요,
大同江上樓	대동강 가에 있는 누각이라.
江山自古今	강산은 예나 지금이나 다름없는데
往事幾春秋	지나간 역사 몇 번이던가.
粉壁留佳句	흰 벽에는 아름다운 시구 남아 있고
蒼崖記勝遊	높다란 적벽에는 명승 유람을 기록해 놓았네.
扁舟不迷路	물길에 익숙한 배는 헷갈리지 아니하고
余亦沂淸流	나 또한 맑게 흐르는 물가에 있네.

〈海東詩選〉

https://youtu.be/z-iz0H60NK0

부자(부수+자원) 좋아 한자 공부

東 조합과 木 부수 한자를 공부해 봅시다.

터닦기 東 조합 한자 공부

씨앗 심기 東(동녘 동) 凍(얼 동) 棟(마룻대 동) 陳(펼 진)

싹틔우기 ## 스토리 연상 학습 1

〔동쪽 東〕(병동病棟) 입원자들이 지난 번 강추위로 온수시설이 (동파凍破) 되었다며, 병원 측에 피해 (진정서陳情書)를 냈다.

나무 키우기　　　**꽃 피우기**　　　**열매 맺기**

東

동녘 **동**

|8급|
木부수, 총 8획

'日 + 木'에서, 해가 움직여 전설상의 신목(神木) 안에 있음[動也 從木 官溥說 : 從日 在木中] 從木 官溥說 從日 在木中 : 木, 榑木也 日在木 中曰東. 在木上曰杲. 在木 下曰杳『段注』※ 束의 이체 자로 어떤 물건의 양쪽 끝을 묶은 모양으로 보기도 함.

- 東山再起(동산재기) : "동산에서 다시 일어난다."는 뜻으로, 은퇴한 사람이나 실패한 사람이 재기하여 다시 세상에 나옴을 말함.
- 東北工程(동북공정) : 중국의 동북쪽 역사에 대한 연구 과제. 東北邊疆歷史與現狀系列研究工程(동북변강역사여현상계열연구공정)의 준말로, 중국의 국경 안에서 전개되는 모든 역사를 중국의 역사로 편입하려는 연구 프로젝트.
- 遼東之豕(요동지시) : 요동의 돼지라는 말로, 견문이 좁고 오만한 탓에 하찮은 공을 득의양양하여 자랑함.

凍

얼 **동**

|3급|
冫부수, 총 10획

'冫 + 東(동)'으로, 차가워 물이 엶[冫] [仌也 從仌東聲] 仌也 初凝曰仌 仌壯曰凍 又於水曰冰 於他物曰凍 故 月令 水始冰 地始凍『段注』

- 凍氷寒雪(동빙한설) : 얼음이 얼고 찬 눈이 내린다는 뜻으로, 심한 추위를 이르는 말.
- 凍氷可折(동빙가절) : 흐르는 물도 겨울철에 얼음이 되면 쉽게 부러진다는 뜻으로, 사람의 강유의 성질도 때에 따라서 달라짐을 이르는 말.

棟 篆 마룻대 동, 용마루 동 |2급| 木부수, 총 12획	'木 + 東(동)'으로, 건물의 가장 위쪽 부분을 받치기 위해 땅이나 바닥에 곧게 세운 나무[木] [極也 從木東聲] 極者, 謂屋至高之處. 繫辭曰上棟下宇. 五架之屋, 正中曰棟. 釋名曰棟, 中也. 居屋之中『段注』	• 汗牛充棟(한우충동) : 수레에 실어 운반하면 소가 땀을 흘리게 되고, 쌓아 올리면 들보에 닿을 정도의 양이라는 뜻으로, 장서(藏書)가 많음을 이르는 말. • 大者爲棟梁(대자위동량) : "큰 재목을 기둥과 들보로 쓴다."는 뜻으로, 인재도 역시 기량의 크고 작음에 따라 쓰임을 이르는 말.
陳 篆 펼 진, 진술할 진, 오래 묵을 진, 나라 이름 진 |3급| 阜부수, 총 11획	'ß + 木 + 日 ← 申(신)'으로, 지명인 하남성(河南省) 회양현(淮陽縣)의 완구(宛丘)[宛丘也 舜後嬀滿之所封 從阜從木 申聲. 陣, 古文陳]	• 陳陳相因(진진상인) : 오래된 쌀이 겹겹이 쌓인다는 뜻으로, 세상이 잘 다스려져 곡식이나 물건이 풍부함을 이르는 말. • 陳蔡之厄(진채지액) : 공자가 진나라와 채나라 사이에서 당한 봉변.

돋보기

東山再起(동산재기)	《진서(晉書)》에 나오는 이야기이다. 동진(東晉)의 명문 출신 사안(謝安)은 젊었을 때부터 뛰어나 조정에서 여러 번 불렀으나 매번 사양하고 회계군의 동산(東山)에 집을 짓고 재야에서 왕희지(王羲之)·지둔(支遁) 등과 어울리며 풍류(風流)를 즐겼다. 양주자사 유영(庾永) 때 잠시 관직에 나갔으나 곧 물러났다. 나이 40에 이르러, 환온(桓溫)의 권유로 관직에 올라 이부상서의 요직에 올랐으며, 효무제(孝武帝) 때는 재상이 되었다. '동산재기'란 사안처럼 은거하다가 관계에 나가 크게 성공한 것을 가리키며, 오늘날에는 한 번 실패한 사람이 재기에 성공한 경우를 말하기도 한다.

지혜샘터

'동산재기'의 성어가 우리게 남겨준 교훈은 무엇일까요?
'궁팔십 달팔십(窮八十 達八十)'이라는 말이 있다. 이는 주(周) 왕조를 건국한 일등 공신이자, 제(齊)나라의 시조(始祖)인 강태공(姜太公)의 어려운 시절과 성공한 때를 표현한 것이다. 그는 위수(渭水)에서 낚시질하며 70살에 주나라 문왕을 만나기 전까지 초야에 묻혀 궁핍하게 살며 늘 독서에 열중하였고 결혼을 해서도 표맥(漂麥), 즉 '빗물에 떠내려간 보리'라는 말이 있듯이, 글 읽는 일을 게을리하지 않았다. 그가 보여준 독서광(讀書狂)은 모든 성공한 사람의 공통점 중 하나이며, 동산재기의 근원임을 전해 준다.

터닦기 木 부수 한자 공부

씨앗 심기 李(오얏 리) 橋(다리 교) 構(얽을 구) 條(가지 조)

싹틔우기 스토리 연상 학습 2

〔다리 橋〕아래 〔오얏 李〕나무 옆에서 갓을 고쳐 쓰면, 〔나뭇가지 條〕에 달린 오얏을 따는 불신에 〔얽힐 構〕수 있다.

나무 키우기 ▶ **꽃 피우기** ▶ **열매 맺기** ▶

李

오얏 **리**, 성씨 리

| 6급 |
木부수, 총 7획

'木 + 子(자)'로, 오얏나무[木] 열매[果也 從木子聲. 杍, 古文] 東方木也『素問』李, 木 之多子者『爾雅翼』-『康熙』

• 投桃報李(투도보리) : "복숭아에 대한 보답으로 오얏(자두)을 보낸다."는 뜻으로, 내가 은덕을 베풀면 남도 이를 본받음을 비유한 말.
  ※ 投我以桃 報之以李(투아이도 보지이리)《시경》
• 張三李四(장삼이사) : 장씨 세 사람 이씨네 사람이란 뜻으로, 이름이나 신분이 특별하지 못한 보통 사람들.

橋 橋

다리 **교**

| 5급 |
木부수, 총 16획

'木 + 喬(교)'로, 물 위를 걸을 수 있도록 만든 나무[木] 다리[水梁也 從木喬聲] 水梁也 : 水梁者, 水中之梁也. 梁者, 宮室所以關舉南北者也. 然其字本從水 則橋梁其本義而棟梁其假借也. 凡獨木者曰杠. 駢木者曰橋 大而爲陂陀者曰橋『段注』

• 過河坼橋(과하탁교) : 다리를 건너고 나서 그 다리를 부수어 목재를 훔쳐 간다는 뜻으로, 극도의 이기심이나 배은망덕함을 비유한 말.
• 兩班踏橋(양반답교) : 예전에, 양반들이 서민과 뒤섞이기를 꺼리어, 하루 앞당겨 음력 정월 14일에 다리 밟기를 하던 일.
• 銀河鵲橋(은하작교) : 견우 직녀의 전설에 전해지는 7월 칠석날 은하수에 놓는다는 까마귀와 까치의 다리.

構 덮을 구, 얽을 구, 얽어 짜낼 구, 서까래 구 |4급| 木부수, 총 14획	'木 + 冓(구)'로, 나무[木]를 종횡으로 엇걸어 만든 덮개[蓋也 從木冓聲 杜林以爲椽桷字] 蓋也 : 此與冓音同義近. 冓, 交積材也. 凡覆蓋必交積材. 從木冓聲 以形聲包會意	• 肯構肯堂(긍구긍당) : 아버지가 업을 시작하고 자식이 이것을 이음. • 構造調整(구조조정) : 기업이나 산업의 구조적인 불합리한 점을 해결하거나 조정하는 일.

條 가지 조, 조리 조, 조목 조 |4급| 木부수, 총 11획	'木 + 攸(유)'로, 나무[木]의 잔가지[小枝也 從木攸聲] 小枝也 : 毛傳曰枝曰條. 渾言之也. 條爲枝之小者. 析言之也『段注』	• 金科玉條(금과옥조) : '금옥(金玉)과 같은 법률'이라는 뜻으로, 소중히 여기고 지켜야 할 규칙이나 교훈. • 條目條目(조목조목) : 각각의 조목.

 성어 탐구

'주와 객이 바뀜'과 관련된 성어이다.
• 本末顚倒(본말전도) : '근본과 끝이 뒤바뀌다.'는 뜻으로, 일의 본래 줄기를 잊어버리고 사소한 일에 사로잡힘을 말함.
• 越俎代庖(월조대포) : 제사를 담당하는 사람이 음식 만드는 일을 한다는 뜻으로, 자신의 직분을 벗어나 남의 영역에 뛰어드는 것. 즉 주제넘은 참견을 말함. = 越俎之罪(월조지죄), 越俎之嫌(월조지혐).
• 爲礪磨刀(위려마도) : '숫돌을 위해 칼을 간다.'는 뜻으로, 주객이 전도됨의 비유.
• 喧賓奪主(훤빈탈주) : 왁자지껄 떠드는 손님이 주인의 자리를 빼앗는다는 뜻으로, 목소리 큰 손님이 주인 노릇한다는 말.
• 客反爲主(객반위주) : 21강 = 主客顚倒(주객전도).
• 我歌査唱(아가사창) : 36강 = 我歌君唱(아가군창).
• 賊反荷杖(적반하장) : 21강.

지혜샘터

'적반하장' 관련의 성어들이 우리에게 남겨준 교훈은 무엇일까요?
'적반하장'의 행동을 하는 사람의 가장 큰 특징은 지덕(智德)을 겸비하지 못했다는 점이다. 《주역》에 "도덕성은 없는데 지위는 높고, 지혜는 작은데 꾀하는 꿈이 너무 크면 화를 입지 않는 자 드물다[德微而位尊, 智小而謀大, 無禍者鮮矣]."라 했다. 이 같은 자는 특히 남의 지도자가 되어서는 안 된다. 만일 그가 사람들을 관리하는 위치에 있게 되면, 하는 일마다 화(禍)를 짊어지고 가는 꼴이 되어 자신뿐만이 아니라 그 관리하에 있는 자 모두가 불행을 자초하기 때문이다.

嶺南嶽(영남악)　宋翼弼(송익필)

草衣人三四	풀 옷 입은 서너 사람이
於塵世外遊	풍진 세상 밖에서 놀고 있네.
洞深花意懶	골 깊어 꽃술도 늘어져 있고
山疊水聲幽	첩첩산중 물소리도 그윽하다.
短嶽杯中畵	낮은 산은 잔 속에 그림이요,
長風袖裏秋	멀리서 불어오는 바람은 소매 속의 가을이라.
白雲巖下起	바위 아래선 흰 구름 일고
歸路駕靑牛	돌아갈 땐 청우 타고 가리라.

〈海東詩選〉

https://youtu.be/Vk624sjpwow

부자(부수+자원) 좋아 한자 공부

木과 竹 부수 한자를 공부해 봅시다.

터닦기   木 부수 한자 공부

씨앗 심기   桑(뽕나무 상) 樹(나무 수) 柔(부드러울 유) 析(가를 석)

싹틔우기   **스토리 연상 학습 1**

〔뽕 나무 桑〕나 후박〔나무 樹〕의 겉껍질은 잘 쪄서〔부드럽게 柔〕한 후 그를
〔쪼개어 析〕약재로 사용한다.

나무 키우기	꽃 피우기	열매 맺기
桑 뽕나무 **상** |3급| 木부수, 총 10획	'叒+木'으로, 활엽수[叒]로 누에가 먹는 뽕나무[木] [蠶所食葉木 從叒木]	• 桑土綢繆(상두주무) : 새는 폭풍우가 닥치기 전에 뽕나무 뿌리를 물어다가 둥지의 구멍을 막는다는 뜻으로, 미리 준비하여 닥쳐올 재앙을 막음을 이르는 말. • 桑麻之交(상마지교) : "뽕나무와 삼나무를 벗삼아 지낸다."는 뜻으로, 권세와 영달의 길을 버리고 전원에 은거하며 농부와 친하게 사귐.
樹 나무 **수**, 심을 수 |6급| 木부수, 총 16획	'木 + 尌(주)'로, 초목[木]을 심어 자라게 하는 것[木生植之總名也 從木尌聲. 尌, 籒文]	• 毒樹毒果(독수독과) : "독이 있는 나무는 그 열매도 독이 있다."는 뜻으로, 고문이나 불법 도청 등 위법한 방법으로 수집한 자료는 그 증거로 사용할 수 없다는 말. • 風樹之嘆(풍수지탄) : "나무가 고요하고자 하나 바람이 그치지 않는다."는 뜻으로, 부모가 돌아가신 후에 생전의 불효를 탄식함.

柔	'木+矛(모)'로, 나무[木]가 부드러워서 구부리거나 곧게 할 수 있음[木曲直也 從木矛聲]	• 優柔不斷(우유부단) : 어물어물하기만 하고 딱 잘라 결단을 하지 못함. 결단력이 부족한 것. • 柔能制剛(유능제강) : 부드러운 것이 강한 것을 이김.
부드러울 유 |3급| 木부수, 총9획		
析	'木+斤'으로, 도끼[斤]로 나무[木]를 쪼갬[破木也 一曰 折也 從木從斤]	• 利析秋毫(이석추호) : 이해에 관하여 지극히 작은 것이라도 따진다는 뜻으로, 인색함을 가리키는 말. • 賞奇析疑(상기석의) : 훌륭한 작품을 감상하고 미묘한 부분은 서로 따져가며 논의하는 것을 이르는 말.
가를 석, 쪼갤 석, 풀이할 석 |3급| 木부수, 총8획		

? 성어 탐구

'오만하고 무례함' 관련 성어이다.

- 奸惡無道(간악무도) : 간사(奸邪)하고 악독하며 도리에 어긋남.
- 輕擧妄動(경거망동) : "가볍고 망령(妄靈)되게 행동한다."는 뜻으로, 도리나 사정을 생각하지 아니하고 경솔하게 행동함.
- 輕佻浮薄(경조부박) : 마음이 침착하지 못하고 행동이 신중하지 못함.
- 恬不爲愧(염불위괴) : 올바르지 못한 일을 하고도 조금도 부끄러워하지 않음.
- 背恩忘德(배은망덕) : 남에게 입은 은덕을 잊고 배반함.
- 嘗糞之徒(상분지도) : 변을 맛보는 무리라는 뜻으로, 남에게 아첨하여 부끄러운 짓도 서슴없이 하는 사람들을 비유한 말.
- 松都契員(송도계원) : '송도계의 일원'이라는 뜻으로, 하찮은 지위나 세력을 믿고 남을 멸시하는 사람을 비유함. 조선시대 한명회(韓明澮)와 관련된 고사(故事)에서 유래됨.
- 人面獸心(인면수심) : 사람의 얼굴을 하였으나 마음은 짐승과 같다는 뜻으로, 사람의 도리를 지키지 못하고 배은망덕하거나 행동이 흉악하고 음탕한 사람을 일컬음.
- 破廉恥漢(파렴치한) : 수치(羞恥)를 수치로 알지 아니하는 사람. 부끄러움을 모르는 사람.
- 晏子之御(안자지어) : 46강. • 眼下無人(안하무인) : 1강. • 傲慢不遜(오만불손) : 35강. • 厚顔無恥(후안무치) : 35강.

지혜샘터

'오만, 무례함' 관련 성어들이 우리에게 남겨준 교훈은 무엇일까요?
유신환(兪莘煥)의 《봉서집(鳳棲集)》에 "앉은 자세가 바르지 않으면 마음이 바르지 않은 것이니, 네 자세를 바르게 하여 공경하지 않음이 없도록 하라[席不正 心不正 正爾席 毋不敬]."고 했다. 사람들은 보통 오만, 무례함이 좀 있다 해도 내면의 지식이나 마음 씀이 더 중요하다고 말하지만, 자신도 모르게 마음속 선악이 밖으로 나타나는 것처럼, 사실 마음과 행동은 서로 맞물릴 수밖에 없다. 우리는 늘 바른 자세로 바른 마음을 먹고 정도(正道)를 실천하는 사람이 되어야 할 것이다.

터닦기 竹 부수 한자 공부

씨앗 심기 竹(대나무 죽) 節(마디 절) 策(꾀 책) 籍(서적 적)

싹틔우기 스토리 연상 학습 2

〔대나무 竹〕〔마디 節〕를 잘 다듬어 엮은 것을 (簡策간책)이라 하며, 오늘날 〔책 籍〕은 이로부터 연유하였다.

나무 키우기	꽃 피우기	열매 맺기

竹

대나무 죽,
글씨 죽

|4급|
竹부수, 총 6획

겨울에 사는 식물인 죽순의 모양[冬生艸也 象形. 下垂者, 箁箬也] 冬生艸也：云冬生者 謂竹胎生於冬 且枝葉不凋也『段注』

• 破竹之勢(파죽지세) : 대나무를 쪼개는 기세라는 뜻으로, 곧 세력이 강대하여 대적(大敵)을 거침없이 물리치고 쳐들어가는 기세. 세력이 강하여 걷잡을 수 없이 나아가는 모양.

節 簵

마디 **절**, 절개 **절**,
예절 **절**,
절약할 **절**

|5급|
竹부수, 총 15획

'竹 + 卽(즉)'으로, 대나무[竹]의 마디는 마치 물체를 묶은 것과 유사함[竹約也 從竹卽聲] 竹約也：約, 纏束也. 竹節如纏束之狀. 吳都賦曰苞筍抽節. 引伸爲節省, 節制, 節義字『段注』

• 箕山之節(기산지절) : 기산의 절개라는 뜻으로, 굳은 절개를 이르는 말. ※ 중국 전한(前漢) 말 왕망(王莽)이 설방(薛方)에게 관직을 주려고 하였으나 설방이 이를 거절한 다음 글에서 유래함. "요임금과 순임금 때 아래로 허유(許由)와 소보(巢父)가 있었는데, 지금 임금께서 요순시대의 덕을 드높이려 하시니, 저는 기산의 절개를 지키려고 합니다[堯舜在上 下有巢由 今明主方隆堯舜之德 小臣欲守箕山之節也]."

策 策 채찍 **책**, 꾀 **책** |3급| 竹부수, 총 12획	'竹+朿(자)'로, 대[竹]로 만든 말채찍[馬箠也 從竹朿聲]	• 束手無策(속수무책) : 손을 묶인 듯이 어찌할 방책이 없어 꼼짝 못하게 된다는 뜻으로, 뻔히 보면서 어찌할 바를 모르고 꼼짝 못한다는 뜻.
籍 籍 서적 **적**, 문서 **적**, 호적 **적** |4급| 竹부수, 총 20획	'竹+耤(적)'으로, 대쪽[竹]에 글씨를 써서 엮은 책[簿也 從竹耤聲]	• 可考文籍(가고문적) : 참고될 만한 문서(文書)를 말함. • 籍甚無竟(적심무경) : 자신의 명예스러운 이름이 길이 전하여짐.

破竹之勢(파죽지세) 《진서(晉書)》에 나오는 이야기이다.

위(魏)나라 사마염(司馬炎)은 원제(元帝)를 폐한 뒤, 국호를 진(晉)이라 하고 스스로 제위에 올라 무제(武帝)가 됐다. 무제는 두예(杜預)에게 출병을 명하니, 이에 휘하 장수들과 오(吳)나라를 일격에 공략할 마지막 작전 회의를 열었다. 이때 한 장수가 철군을 건의하자, "지금 아군의 사기는 마치 '대나무를 쪼개는 기세[破竹之勢(파죽지세)]'니, 어찌 이런 절호의 기회를 버린단 말이오."라 말하고, 곧바로 휘하의 전군을 휘몰아 오나라의 도읍 건업(建業)을 단숨에 공략했다. 이어 오왕(吳王) 손호(孫晧)가 항복함에 따라 마침내 천하를 통일했다.

'파죽지세'의 성어가 우리에게 남겨준 교훈은 무엇일까요?
'호랑이를 타고 달리는 기세[기호지세(騎虎之勢)]'라는 말이 있듯이, 우리는 삶에서 중도에 그만두거나 물러설 수 없는 형세에 처한 경우가 있다. 《손자병법》에 "예상치 못한 때에 출격하고, 준비 안된 곳을 공격하며, 싸움은 속도를 귀하게 여긴다[出其不意, 攻其無備, 兵者貴速]."고 했다. 승리의 3대 전략인 시간과 장소, 그리고 속도를 말한 것이다. 난공불락(難攻不落)의 절벽에도 파죽지세를 되새기며, 이를 인생 현장에 적용해 보는 것은 어떨까요? 일례로 정주영 회장이 "세계에서 제일 큰 조선소를 짓겠다."고 선언한 것처럼 말이다.

思親〔어머니 생각〕　申師任堂(신사임당)

千里家山萬疊峯　　천 리 먼 고향 산은 수많은 봉우리에 막혀있고
歸心長在夢魂中　　가고픈 마음은 오래오래 꿈속에 남아 있네.
寒松亭畔雙輪月　　한송정 가에는 두 개의 둥근 달 떠 있고
鏡浦臺前一陣風　　경포대 앞에 한 줄기 바람이 일고 있네.
沙上白鷺恒聚散　　강릉 백사장에는 늘 백로가 모였다 흩어지고
波頭漁艇各西東　　파도 위엔 고깃배 오락가락 떠다니네.
何時重踏臨瀛路　　어느 날에 고향길 다시 밟아
綵服斑衣膝下縫　　색동옷 입고 어머니 곁에서 바느질할까?

〈大東詩選〉

58강

https://youtu.be/YcIlurtrNBU

부자(부수+자원) 좋아 한자 공부

竹과 禾 부수 한자를 공부해 봅시다.

터닦기 竹 부수 한자 공부

씨앗 심기 筆(붓 필) 笑(웃을 소) 篇(책 편) 築(쌓을 축)

싹틔우기 스토리 연상 학습 1

> 평소〔붓 筆〕으로 쓴〔웃음 笑〕〔짓는 築〕 일들을 모아 곧 한 권의〔책 篇〕으로 출간할 예정이다.

나무 키우기	꽃 피우기	열매 맺기

筆 篝

붓 필, 쓸 필

|5급|
竹부수, 총 12획

'竹 + 聿'로, 대나무[竹]로 만든 붓을 손으로 잡고 있음[聿] [秦謂之筆 從聿從竹]

• 董狐之筆(동호지필) : 동호의 붓이란 뜻으로, 역사를 기록함에 권세를 두려워하지 않고, 있는 그대로 써서 남기는 일을 이르는 말.
※진(晉)나라 사관 동호(董狐)가 어떤 어려움에도 불구하고 역사 기술을 굴곡 없이 했다는 데에서 유래. 역사에 대한 기탄없는 집필을 의미함.

笑 芺

웃을 소

|4급|
竹부수, 총 10획

'竹＋夭'로, 바람에 굽은 대나무[竹]처럼, 몸이 구부러져[夭] 사람이 웃는 모습『唐韻』引『說文』云 : 喜也 從竹從犬 而不述其義 今俗皆從犬 又案 : 李陽冰刊定『說文』從竹從夭義云 : 竹得風 其體夭 屈如人之笑 未知其審]

• 仰天大笑(앙천대소) : 하늘을 쳐다보고 크게 웃음.
• 呵呵大笑(가가대소) : 껄껄 크게 웃는 웃음.
• 五十笑百(오십소백) : 전쟁에 패하여 달아나되 오십 보를 도망간 사람이 백보 도망간 사람을 비웃음의 뜻으로, 좀 낮고 못한 정도의 차이는 있으나, 크게 보아서는 본질 상 차이가 없음을 말함.

篇

책 편

|4급|

竹부수, 총 15획

'竹 + 扁(편)'으로, 죽간(竹簡)[竹]에 쓴 글[書也 一曰關西謂榜曰篇 從竹 扁聲] 書也 : 書, 箸也. 箸於簡牘者也. 亦謂之篇. 古曰篇. 漢人亦曰卷. 卷者, 縑帛可捲也『段注』

• 千篇一律(천편일률) : "여러 시문의 격조가 변화없이 비슷비슷하다."는 뜻으로, 여러 사물이 거의 비슷비슷하여 특색이 없음을 비유하여 이르는 말.

• 葉篇小說(엽편소설) : 보통 단편소설보다도 짧은 소설.

築

다질 축, 쌓을 축, 지을 축

|4급|

竹부수, 총 16획

'木 + 筑(축)'으로, 나무공이[木]로 땅을 단단하게 다짐[所以擣也 從木筑聲]

• 築室道謀(축실도모) : '집을 지으면서 지나가는 행인과 상의한다.'라는 뜻으로, 어떤 일을 하는 데 있어서 주관이나 계획이 없는 경우를 비유하는 말.

성어 탐구

흥망(興亡) 순환과 관련된 성어이다.

• 強弩之末(강노지말) : 강한 쇠뇌의 끝이라는 말로, 영웅이라도 세력이 없어지면 아무 일도 하지 못함을 뜻함.

• 樂極哀生(낙극애생) : 낙이 지나치면 반드시 슬픔이 생김.

• 塞翁之馬(새옹지마) : 변방 늙은이의 말이라는 뜻으로, 인생에 있어서 길흉화복은 항상 바뀌어 미리 헤아릴 수가 없다는 뜻.

• 花無十日紅(화무십일홍) : 10일 붉은 꽃이 없다는 뜻으로, 한 번 성한 것은 반드시 쇠퇴함을 이름.

• 興亡盛衰(흥망성쇠) : 흥하고 망함, 융성함과 쇠퇴함. 나라 또는 집안 등이 융성했다가 망하고 다시 흥하는 것처럼 순환하는 세상의 이치를 가리키는 말. =盛衰興廢(성쇠흥폐).

• 苦盡甘來(고진감래) : 5강. • 生者必滅(생자필멸) : 34강.

• 轉禍爲福(전화위복) : 24강. • 興盡悲來(흥진비래) : 10강.

지혜샘터

'흥망의 순환' 관련 성어들이 우리에게 남겨준 교훈은 무엇일까요?

사람들은 가능한 빨리 출세와 성공, 갑부가 되길 갈망한다. 그러나 이것이 불행인 줄 모른다. 송나라 정이(程頤)는 인생 불행을 다음 세 가지라 했다.

"소년시절 과거급제하고, 부모 형제 권세가 대단하고, 재주와 문장이 뛰어난 것, 이것이 인생의 세 가지 불행이다(少年登科 席父兄弟之勢 有高才能文章 人生三不幸)."

인생사 완벽한 행복도 불행도 없다. 천하의 부귀를 얻었다 해도 교만하지 말 것이며, 매사 불행의 연속이라 해도 인생지사 새옹지마(人生之事 塞翁之馬)임을 알고 즐기는 것은 어떨까?

터닦기 禾 부수 한자 공부

씨앗 심기 禾(벼 화) 秋(가을 추) 秀(빼어날 수) 稱(일컬을 칭)

싹틔우기 스토리 연상 학습 2

〔가을 秋〕의 (수려秀麗)한 경관을 (칭송稱誦)하며, 황금빛 〔벼 禾〕의 물결을 즐길 수 있는 자가 진정한 농부다.

나무 키우기 | **꽃 피우기** | **열매 맺기**

禾
벼 화
|3급|
禾부수, 총5획

벼이삭[ノ ← 㲦]이 패어 드리워진 벼포기[木] [嘉穀也 象其穗] 嘉穀也：二月始生 八月而孰 得時之中 故謂之 禾. 禾, 木也. 木王而生 金王 而死. 從木, 從㲦省 㲦象其穗 『段注』

• 禾利賣買(화리매매)：지주(地主)로부터 얻은 경작권을 사고파는 일.
• 禾利付畓(화리부답)：화리의 소작(小作) 관행이 행해지던 논.

秋
가을 추, 세월 추
|7급|
禾부수, 총9획

'禾＋爐(초)'로, 벼[禾] 등 온갖 곡식이 익는 때[禾穀孰也 從禾爐省聲. 穗, 籒文不省] 禾穀孰也：其時萬物皆老. 而莫貴於禾穀. 故從禾. 言 禾復言穀者, 晐百穀也『段 注』※ 갑골문에는 메뚜기[蟋 蟀]를 그렸음.

• 晚秋佳景(만추가경)：늦가을의 아름다운 경치.
• 一葉知秋(일엽지추)：나뭇잎 하나가 떨어짐을 보고 가을이 옴을 안다는 뜻으로, 한 가지 일을 보고 장차 오게 될 일을 미리 짐작함.
• 一刻如三秋(일각여삼추)：짧은 동안도 삼 년처럼 길게 느껴짐이라는 뜻으로, 몹시 기다려지거나 몹시 지루한 느낌을 이르는 말.

秀

빼어날 수,
(꽃이)필 수

|4급|
禾부수, 총 7획

'禾 + 乃'로, 벼[禾]가 자라 이삭이 패어 잘 여물어 아래로 드리워진 모양[乃] [上諱 漢光武帝名也. 〖注〗 徐鍇曰 : 禾, 實也. 有實之象, 下垂也]

• 麥秀之嘆(맥수지탄) : 보리만 무성하게 자란 것을 탄식함이라는 뜻으로, 고국의 멸망을 탄식함.
• 眉目秀麗(미목수려) : "눈썹과 눈이 수려하다."는 뜻으로, 얼굴이 빼어나게 아름다움을 이르는 말.

稱 稱

헤아릴 칭,
일컬을 칭,
칭찬할 칭

|4급|
禾부수, 총 14획

'禾 + 爯(칭)'으로, 물건의 등급(等級)을 벼[禾]를 기준으로 잼[銓也 從禾爯聲 春分而禾生 日夏至 晷景可度 禾有秒 秋分而秒定 律數十二 十二秒而當一分 十分而寸 其以爲重 十二粟爲一分 十二分爲一銖 故諸程品皆從禾]

• 南面稱孤(남면칭고) : 임금이 됨을 이르는 말. 고(孤)는 왕이 자신을 겸손하게 일컫는 말.
• 珠稱夜光(주칭야광) : 구슬의 빛이 영롱하므로 야광이라 칭했음.
• 自稱天子(자칭천자) : "자기를 천자라고 이른다."는 뜻으로, 자찬하는 사람을 비웃는 말.

돋보기

麥秀之嘆(맥수지탄)

《사기》〈송미자세가(宋微子世家)〉에 나오는 이야기이다.

은(殷)나라 마지막 임금 주왕(紂王)은 주색에 빠져 백성을 돌보지 않아 결국 주(周)나라 무왕(武王)에게 멸망하였다. 훗날 기자가 은나라의 옛 도성을 지나다가 슬픔과 한탄을 담아 시를 지었다.

"보리 이삭은 무성하고, 벼와 기장은 윤기가 흐르는구나. 저 교활한 녀석이, 나의 말을 듣지 않았기 때문이지[麥秀漸漸兮 禾黍油油兮 彼狡童兮 不與我好兮]."

화려했던 도읍은 흔적도 없고 옛날 궁궐터에 곡식만 무성하게 자라 있으니, 이는 포악한 주왕이 충신들의 간언을 듣지 않았기 때문이었다. 이로부터 조국의 멸망을 한탄하는 것을 '맥수지탄'이라 했다. 이를 맥수서리(麥秀黍離), 서리맥수(黍離麥秀), 맥수지시(麥秀之詩)라고도 한다.

지혜샘터

'맥수지탄'의 성어가 우리에게 남겨준 교훈은 무엇일까요?

한여유(韓汝愈)의 《둔옹집(遯翁集)》에 "무릇 재앙이 일어나는 것은, 일어나는 날 일어나는 것이 아니다[夫禍之作 不作於作之日]."라 했다. 우리말 속담에 '조선의 공사는 사흘 만에 바뀐다[朝鮮公事三日].'라는 말이 있다. 이는 유성룡 당시에 나온 말이지만, 조선시대 관리들의 원칙 없는 대책과 즉흥적 속단(速斷), 그리고 무사안일과 무능의 단면을 보여준 것이다. 세기를 되돌아볼 때, 임진왜란이나 한일합방이 우연한 결과가 아님을 깨닫게 한다.

送友人〔벗을 보내다〕 李白(이백)

靑山橫北郭	푸른 산이 북쪽 성곽에 비껴있고
白水繞東城	하얀 물은 동쪽 성을 감돌며 흐르네.
此地一爲別	이곳에서 이별하면
孤蓬萬里征	외로운 쑥같이 만리 길을 가겠네.
浮雲遊子意	뜬구름은 나그네의 마음이요
落日故人情	지는 해는 친구의 정이로다.
揮手自玆去	손 흔들며 이곳을 떠나니
蕭蕭班馬鳴	쓸쓸히 헤어짐을 아는지 말만 소리 내어 우는구나.

登金陵鳳凰臺〔금릉 봉황대에 올라서〕 李白(이백)

鳳凰臺上鳳凰遊	봉황대 위에서 봉황이 놀더니
鳳去臺空江自流	봉황은 가고 빈 누대에 강물만 예나 다름없이 흐르네.
吳宮花草埋幽徑	오나라 궁전의 화초들은 그윽한 길 속에 묻혀있고
晉代衣冠成古邱	진나라 때 귀인들 옛 무덤만 남아 있네.
三山半落靑天外	금릉의 세 산봉우리 푸른 하늘 밖으로 반쯤 솟아 있고
二水中分白鷺洲	진회(秦淮)의 두 물줄기 백로주를 끼고 흐르네.
總爲浮雲能蔽日	뜬구름 해를 완전히 가리니
長安不見使人愁	볼 수 없는 장안에 나그네 근심을 자아내네.

〈李白詩全集〉

https://youtu.be/_FT2lAc-kLc

부자(부수+자원) 좋아 한자 공부

莫 조합과 艹 부수 한자를 공부해 봅시다.

터닦기	莫 조합 한자 공부

씨앗 심기	莫(없을 막) 幕(휘장 막) 模(본보기 모) 暮(저물 모)

싹틔우기	**스토리 연상 학습 1**

최근 고정이 〔아닌 莫〕 아침과 〔저물 暮〕녘에 따라 변화가 가능한 (막사幕舍)를 (모방模倣)한 다용도 상점들이 늘고 있다.

나무 키우기	꽃 피우기	열매 맺기

| 莫 **莫** 없을 **막** \|3급\| 艸부수, 총 11획 | '艸 + 日 + 大 ← 艸'로, 서쪽 지평선 풀숲[艸] 사이로 해[日]가 떨어져 점차 어두워짐[日且冥也 從日在茻中] | • 莫無可奈(막무가내) : 도무지 어찌할 수 없음. 무가내하(無可奈何).
 • 噬臍莫及(서제막급) : 배꼽을 물려고 해도 미치지 못한다는 말로, 일을 그르치고 나서는 후회해도 소용이 없음을 이름. = 後悔莫及(후회막급). |

| 幕 **幕** 휘장 **막**, 막 **막** \|3급\| 巾부수, 총 14획 | '巾 + 莫(막)'으로, 위쪽 공간을 휘장[巾]으로 막거나 가림[帷在上曰幕 覆食案亦曰幕 從巾莫聲] | • 入幕之賓(입막지빈) : 특별히 가까운 손님이나 기밀을 상의할 수 있는 상대.
 • 幕天席地(막천석지) : 하늘을 장막으로 삼고 땅을 자리로 삼는다는 뜻으로, 천지를 자기의 거처로 할 정도로 지기가 웅대함을 이르는 말. |

模

거푸집 모,
본보기 모,
무늬 모, 모양 모,
본뜰 모

| 4급 |
木부수, 총 15획

'木＋莫(모)'로, 물건을 만드는 데 쓰는 목형(木型)[木] [法也 從木莫聲] 法也：以木曰模. 以金曰鎔. 以土曰型. 以竹曰範. 皆法也『段注』

• 曖昧模糊(애매모호)：사물의 이치가 희미하고 분명치 않음.
• 模倣遊戲(모방유희)：주위의 생활을 모방하여 활동함을 즐기는 유희의 하나. 어린아이들의 소꿉장난, 학교 놀이 따위.

暮

저물 모

| 3급 |
日부수, 총 15획

'日＋茻(망)'으로, 해[日]가 떨어져 점차 어두워짐[日且冥也 從日在茻中 茻亦聲] 音慕 本作莫『正韻』-『康熙』

※ 莫이 '없다'의 뜻으로 가차되자 '日'을 추가하여 '暮'자를 만듦.

• 春樹暮雲(춘수모운)：봄철의 수목(樹木)과 저녁 무렵의 구름이라는 뜻으로, 벗에 대한 모정(慕情)이 일어남의 비유.
• 日暮途遠(일모도원)：해는 지고 갈 길은 멀다는 뜻으로, 할 일은 많은데 시간이 없음을 뜻함.

 성어 탐구

'기분 좋음, 기쁨' 관련 성어이다.

• 呵呵大笑(가가대소)：너무 우스워서 한바탕 껄껄 웃음을 뜻함.
• 錦上添花(금상첨화)："비단(緋緞) 위에 꽃을 더한다."는 뜻으로, 좋은 일에 또 좋은 일이 더하여짐을 이르는 말.
• 得意揚揚(득의양양)：바라던 일이 이루어져서 우쭐거리며 뽐냄.
• 無我之境(무아지경)：정신(精神)이 한 곳에 흠뻑 빠져 자신을 잊어버리는 지경(地境).
• 手舞足蹈(수무족도)：자기도 모르게 손과 발이 춤을 춘다는 뜻으로, 너무 좋아서 어쩔 줄 모르고 날뜀을 말함.
• 破顔大笑(파안대소)："얼굴이 찢어지도록 크게 웃는다."는 뜻으로, 즐거운 표정으로 한바탕 크게 웃음을 이르는 말.
• 喜喜樂樂(희희낙락)：매우 기뻐하고 즐거워함.
• 拍掌大笑(박장대소)：44강. • 松茂柏悅(송무백열)：38강.
• 抱腹絶倒(포복절도)：16강. • 歡呼雀躍(환호작약)：3강.

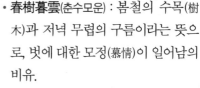 지혜샘터

'기분 좋음과 기쁨' 관련 성어들이 우리에게 남겨준 교훈은 무엇일까요?
《남사(南史)》에 "천만금을 주고 이웃을 산다〔千萬買隣〕."는 말이 있다. 한 설문조사에 따르면 한국인의 행복 조건으로, '좋은 배우자와 행복한 가정을 이루는 것(31%), 건강하게 사는 것(26.3%), 돈과 명성을 얻는 것(12.7%), 소질과 적성에 맞는 일을 하는 것(10.4%)' 등이 뒤를 이었다. 문항에는 포함되지 않았지만, 예로부터 좋은 이웃과 사는 것을 아름답게 여겼다〔里仁爲美『論語』〕, "좋은 이웃은 천만금을 주더라도 사야 한다."는 이 말 또한 우리에게 값진 교훈으로 전해준다.

| 터닦기 | 艸 부수 한자 공부 |

| 씨앗 심기 | 草(풀 초) 著(나타낼 저) 荒(거칠 황) 菊(국화 국) |

| 싹틔우기 | **스토리 연상 학습 2** |

> 서릿발에도 오만한 (국화菊花)처럼, 〔풀 草〕 한 포기가 온갖 〔거친 荒〕 풍파
> 를 이겨내며 아스팔트를 뚫고 모습을 〔드러냈다 著〕.

| 나무 키우기 | 꽃 피우기 | 열매 맺기 |

草

상수리 **조**, 풀 **초**,
시작할 **초**

| 7급 |
艸부수, 총 10획

'艸 + 早(조)'로, 상수리나무[++] 열매를 말하는 한자로 '상두' 또는 '초두'라 말함[草斗, 櫟實也 一曰象斗子 從艸早聲 〖注〗臣鉉等曰:今俗以此爲艸木之艸, 別作皁字, 爲黑色之皁] ※초두(草斗)는 역실(櫟實)로 속칭 상두(橡斗)라 하며, 상수리나무나 도토리 나무를 말함 ※ 艸:'屮 + 屮'로 두 포기의 풀 모양을 나타낸 것으로, 모든 '풀'을 뜻함[百卉也 從二屮].

- 三顧草廬(삼고초려) : 유비(劉備)가 제갈공명(諸葛孔明)을 세 번이나 찾아가 군사(軍師)로 초빙한 데서 유래한 말로, 임금의 두터운 사랑을 입음, 또는 인재를 맞기 위해 참을성 있게 힘씀.

著

나타낼 **저**,
지를 **저**, 붙을 **착**,
입을 **착**

| 3급 |
艸부수, 총 13획

'艸 + 者(자)'로, 풀[艸]이 자라서 땅 위로 드러남을 뜻하는 한자[明也『廣雅』形則著『中庸』君之德著而彰『晏子·諫上篇』-『康熙』艸長在地面上, 表示顯露. 本義 : 明顯, 顯著; 突出-『漢典』

- 入耳著心(입이착심) : "귀로 들어온 것을 마음속에 붙인다."는 뜻으로, 들은 것을 마음속에 간직하여 잊지 않음. = 入耳着心(입이착심).

荒

거칠 황,
흉년들 황

| 3급 |
艸부수, 총 10획

'艸 + 㡃(황)'으로, 잡풀[++]이 우거진 거친 땅[蕪也 從艸 㡃聲 一曰艸淹地也] 蕪也 : 荒之言尨也 故爲蕪薉 『段注』

• 破天荒(파천황) : '천황'이란 천지가 아직 열리지 않은 때의 혼돈한 상태의 의미로, 새로운 세상을 만든다는 뜻.
• 流連荒樂(유련황락) : 놀러 다니기를 즐겨 주색(酒色)에 빠짐.

菊

국화 국

| 3급 |
艸부수, 총 12획

'艸 + 匊(국)'으로, 여러해살이 초본 식물[++]인 큰 국화[大菊 蘧麥 從艸匊聲] ※ 蘧麥 : 술패랭이꽃

• 十日之菊(십일지국) : 국화는 9월 9일이 절정기이니 십일 날의 국화라는 뜻으로, 무엇이나 한창 때가 지나 때늦은 것을 비유.

破天荒(파천황)	송나라 손광헌(孫光憲)이 쓴 《북몽쇄언(北夢瑣言)》에 '천황해(天荒解)'라 말했는데, 파천황(破天荒)을 뜻한다. 당(唐)나라 때 형주(荊州)에서는 매년 과거시험에 응시자는 있었으나 합격자가 없어 사람들은 형주를 '천황(天荒)'의 땅이라 불렀다. 그런데 유세(劉蛻)가 처음으로 합격하자, 사람들은 천황을 깬 자가 나왔다며 유세를 가리켜 '파천황'이라 한데서 유래한 말이다.

지혜샘터

'파천황'의 성어가 우리에게 남겨준 교훈은 무엇일까요?
《장자》에 "어느 날 장자가 밤나무밭에 놀러 갔다가 나무에 앉아 있는 까치를 보고 돌을 던져 잡으려 했는데, 까치는 사마귀를 잡으려 정신이 팔려있었고, 또 사마귀는 매미를 잡으려 했고, 매미는 그것도 모르고 노래를 부르고 있었다."고 했다. 우리가 승자라 안도하는 순간 뒤에 그 승리를 빼앗으려는 자가 있음을 암시하는 말이다. 《손자병법》에 "전쟁의 승리는 반복되지 않는다. 무궁한 변화로 자신의 모습을 바꾸어 대응하라[戰勝不復, 應形於無窮].'고 했다. 우리는 늘 겸손한 자세로 발상(發想)의 전환을 통해 영원한 생존전략을 대비해야 할 것이다.

石壕吏〔석호촌의 아전〕　杜甫(두보)

暮投石壕村	저녁 무렵 석호촌에 투숙하니,
有吏夜捉人	아전들이 밤에 사람을 잡아가네
老翁踰墻走	할아버지는 담장 넘어 달아나고,
老婦出門看	할머니는 문을 나와 바라보는데
吏呼一何怒	관리의 고함소리 어찌 그리 사나우며,
婦啼一何苦	할머니의 울음소리 어찌 그리 애통한가.
聽婦前致詞	할머니가 앞으로 가서 바치는 말을 들어보니,
三男鄴城戍	"세 아들 업성에서 수자리를 산답니다.
一男附書至	한 아들 부친 편지가 이르렀는데,
二男新戰死	두 아들 이번 싸움터에서 죽었답니다.
存者且偷生	남은 사람은 욕되게 살아가려 하겠지만,
死者長已矣	죽은 사람은 이제 그만입니다.
室中更無人	집안엔 남은 사람 없고,
惟有乳下孫	오직 젖먹이 손자뿐이라오.
孫有母未去	손자에겐 어미가 있어야 하니 갈 수가 없고,
出入無完裙	출입하기에 온전한 치마도 없답니다.
老嫗力雖衰	노파라 비록 힘은 약하지만,
請從吏夜歸	청컨대 나으리를 따라 밤길을 가겠습니다.
急應河陽役	급히 하양의 싸움에 응하면,
猶得備晨炊	오히려 새벽밥을 준비할 수 있겠지요."
夜久語聲絶	밤이 깊어 말소리조차 끊어졌는데,
如聞泣幽咽	눈물지으며 깊이 흐느끼는 소리 들리는 듯하였다.
天明登前途	날이 밝아 앞길에 오를 때,
獨與老翁別	홀로 할아버지와 이별하네.

〈杜工部集〉

https://youtu.be/mGTdn08Iotg

60강

부자(부수+자원) 좋아 한자 공부

生 조합과 入 부수 한자를 공부해 봅시다.

터닦기 生 조합 한자 공부

씨앗 심기 生(날 생) 性(성품 성) 姓(성씨 성) 産(낳을 산)

싹틔우기 ## 스토리 연상 학습 1

(산고産苦)를 겪으며 어렵게 〔태어난 生〕 쌍둥이 형제는 다른 (성씨姓氏)처 럼 그 (성격性格) 차이가 매우 크다.

나무 키우기	꽃 피우기	열매 맺기
生 날 생, 살 생, 자랄 생 |8급| 生부수, 총 5획	초목[屮]이 땅[土] 위로 나오는 모양[進也 草木生出土上]	• 生面不知(생면부지) : 태어나서 만나본 적이 없는 전혀 모르는 사람. • 白面書生(백면서생) : 얼굴이 하얀 선비라는 뜻으로, 집안에서 글만 읽어 세상일에 경험이 없는 사람. • 死孔明能走生仲達(사공명능주생중달) : 죽은 공명이 산 중달을 달아나게 만듦.
性 성품 성, 성별 성, 바탕 성 |5급| 心부수, 총 8획	'忄 +生(생)'으로, 인간이 본래 가지고 있는 착한 마음씨[心][人之陽气性 善者也 從心生聲] 善者也 : 論語曰性相近也. 孟子曰人性之善也. 猶水之就下也. 董仲舒曰性者, 生之質也. 質樸之謂性『段注』	• 雲心月性(운심월성) : '구름 같은 마음과 달 같은 성품'이라는 뜻으로, 맑고 깨끗하여 욕심이 없음을 이르는 말. • 性相近習相遠(성상근습상원) : "천성은 원래 별로 큰 차이가 없으나, 습관에 따라 큰 차이가 생긴다."는 뜻으로, 습관이 매우 중요함을 이르는 말.

| 姓 성씨 성, 겨레 성
\|7급\|
女부수, 총 8획 | '女＋生(생)'으로, 사람이 모체(母體)[女]를 통해 태어남[人所生也 古之神聖人 母感天而生子 故稱天子. 因生以爲姓 從女生 生亦聲.『春秋傳』曰：天子因生以賜姓] 人所生也：白虎通曰姓者, 生也. 人所禀天氣所以生者也『段注』 | • 易姓革命(역성혁명)："성씨를 바꿔 천명(天命)을 혁신한다."는 뜻으로, 덕 있는 사람은 천명에 의해 왕위에 오르고, 하늘의 뜻에 반하는 사람은 왕위를 잃는다는 정치사상.
• 同姓同本(동성동본)：같은 성(姓)에다 같은 관향(貫鄕). 성(姓)도 같고 본(本)도 같음.
• 繼姓子孫(계성자손)：남의 집의 양자(養子)가 되어 성을 이어받은 자손. |
| 産 產 낳을 산, 생산할 산, 재산 산
\|5급\|
生부수, 총 11획 | '生＋彦(언)'으로, 초목의 떡잎이 땅 위로 나오는[生] 형상[生也 從生彦省聲] | • 蕩盡家産(탕진가산)：집안의 재산을 모두 써서 없애 버림.
• 無恒産無恒心(무항산무항심)：일정한 생업(生業)이나 재산이 없는 사람은 마음의 안정(安定)도 누리기 어렵다는 말. |

'독서' 관련 성어이다.
• 讀書三昧(독서삼매)：오직 책 읽기에만 골몰하고 있음. 三昧(삼매)：불교에서 오직 한 가지 일에만 마음을 집중시키는 경지. 학문, 기예 등의 오묘한 경지.
• 三餘之功(삼여지공)：독서하기에 가장 좋은 '겨울·밤·음우(陰雨)'를 일컬음.
• 韋編三絶(위편삼절)：가죽끈이 세 번 끊어짐. 공자가 읽던 책 끈이 세 번이나 끊어졌다는 것에서 유래. 열심히 공부하는 것을 비유.
• 晝耕夜讀(주경야독)：낮에 밭 갈고 밤에 글을 읽는다는 뜻으로, 바쁜 틈을 타서 어렵게 공부함을 이름.
• 晴耕雨讀(청경우독)：갠 날에는 밖에 나가 농사일을 하고, 비 오는 날에는 책을 읽는다는 뜻으로, 부지런히 일하면서 틈나는 대로 공부함을 이르는 말.
• 眼光徹紙背(안광철지배)：눈빛이 종이의 뒤까지 꿰뚫어 본다는 뜻으로, 독서의 이해력이 날카롭고 깊음을 이르는 말.
• 讀書百遍義自見(독서백편의자현)：책이나 글을 백 번 읽으면 그 뜻이 저절로 이해된다는 뜻으로, 학문을 열심히 탐구하면 뜻한 바를 이룰 수 있음을 말함.
• 讀書三到(독서삼도)：52강.　• 讀書尙友(독서상우)：42강.　• 手不釋卷(수불석권)：17강.　• 汗牛充棟(한우충동)：56강.

'독서' 관련 성어가 우리에게 남겨준 교훈은 무엇일까요?
연암은 "군자가 죽을 때까지 단 하루도 그만둘 수 없는 것은 오직 독서일 뿐이다. 선비가 하루라도 글을 읽지 않으면, 얼굴이 아름답지 않고 말씨가 바르지 않다[君子 終其身 不可一日而廢者 其惟讀書乎 故 士一日而不讀書 面目不雅 語言不雅]."고 했고, 율곡은 "독서할 때는 반드시 용모를 정숙하게 하고 바르게 앉아, 마음을 오로지 하고 뜻을 다해야 한다[每讀書時 必肅容危坐 專心致志]."고 했는데, 이 모두 독서가 심광체반(心廣體胖)의 근원임을 말해준 것이다.

60강

터닦기 入 부수 한자 공부

씨앗 심기 **入**(들 입) **兩**(양 량) **全**(온전할 전) **內**(안 내)

싹틔우기 **스토리 연상 학습 2**

(전반적全般的)으로 (양당兩黨)형 (내각제內閣制) 국가의 총리 (입각入閣)은 하원에서 한다.

나무 키우기	꽃 피우기	열매 맺기
入  들 **입**, 수입 **입** | 7급 | 入부수, 총 2획	초목의 뿌리가 위에서 땅 밑으로 들어감[內也 象從上俱下也] 內也 : 自外而中也. 象從上俱下也 : 上下者, 外中之象『段注』	• 漸入佳境(점입가경) : 점점 아름다운 상황으로 들어감. • 揭斧入淵(게부입연) : "도끼를 들고 못에 들어간다."는 뜻으로, 물건을 사용하는데 있어서 전연 쓸데없고 상관없는 것을 가지고 옴을 이르는 말.
兩  양 **량**, 두 **량**, 수레 **량** | 4급 | 入부수, 총 8획	'一 + 㒳(량)'으로, 24수(銖)가 1량(兩)인 중량명(重量名) [二十四銖爲一兩 從一㒳 㒳, 平分 亦聲] ※ '輛'의 본자로, 금문에서는 마차의 앞부분에 두 멍에를 묶은 모양[象馬車前部的衡上有雙軛之形] ※ 漢代부터 唐代까지의 중량명은 銖, 兩(24銖), 斤(16兩), 鈞(30斤), 石(4鈞)의 순이다.	• 首鼠兩端(수서양단) : "구멍 속에서 목을 내민 쥐가 나갈까 말까 망설인다."는 뜻으로, 거취를 결정하지 못하고 망설이는 모양. 또는 어느 쪽으로도 붙지 않고 양다리를 걸치는 것을 이르는 말. • 物心兩面(물심양면) : 물질적인 면과 정신적인 면의 양면. • 兩雄相爭(양웅상쟁) : "용과 범이 서로 친다."는 뜻으로, 강자끼리 승부를 다툼의 비유.

| 全 온전할 전, 모두 전 \|7급\| 入부수, 총 6획 | '入+エ←玉'으로, 순전(純全)히 옥[玉]으로 만들어짐[入] [篆文仝 從王 按篆當是籒之誤 仝全皆從人 不必先古後篆也 今字皆從籒 而以仝爲同字] | • 全知全能(전지전능) : 어떤 일이나 다 알아 행하는 신불의 절대 지능.
• 全心全力(전심전력) : 온 마음과 힘을 오로지 한 곳에 기울임.
• 一魚混全川(일어혼전천) : 한 마리 물고기가 온 시냇물을 흐려 놓음. |
| 内 内 안 내, 들어갈 내, 어머니 내 \|7급\| 入부수, 총 4획 | '冂+入'으로, 밖의 덮개[冂]를 걷고 안으로 들어감[入也 從冂入, 自外而入也] 冂者 覆也 覆在外『段注』裏也 『玉篇』中也『增韻』君子敬以直內, 義以方外『易·坤卦』-『康熙』 | • 外華內貧(외화내빈) : 겉치레는 화려하나 실속이 없음.
• 內憂外患(내우외환) : '내부에서 일어나는 근심과 외부로부터 받는 근심'이란 뜻으로, 나라 안팎의 여러 가지 어려운 사태를 이르는 말.
• 內聖外王(내성외왕) : 안으로는 성인(聖人)이고 밖으로는 임금의 덕을 갖춘 사람, 곧 학식과 덕행을 겸비함을 이르는 말. |

돋보기

首鼠兩端(수서양단)

《사기》에 나오는 이야기이다.

전한(前漢) 경제(景帝) 때, 두영(竇嬰)과 전분(田蚡)은 서로 황제의 신임을 얻기 위해 힘겨루기를 하다 시비가 발생하자, 경제는 그 흑백을 어사대부 한안국(韓安國)에게 물으니, 그는 답을 회피했다. 황제는 다시 궁내대신 정(鄭)에게 물었으나 그 또한 말하지 않자, 진노했다. 이에 전분은 황제의 마음 괴롭힘을 부끄럽게 여겨 관직에서 물러나며, 어사대부 한안국을 불러 "그대는 구멍에서 머리만 내민 쥐처럼 엿보기만 하고, 분명한 시비곡직(是非曲直)에도 왜 얼버무리기만 하는가[首鼠兩端]?"라 꾸짖었다.

 지혜샘터

수서양단(首鼠兩端)의 성어가 우리에게 남겨준 교훈은 무엇일까요?
선악의 기로(岐路)에서 양다리를 걸치는 기회주의자를 사람들은 일명 '사이비(似而非)'라 칭한다. 인간의 칠정(七情)은 늘 순수해야 하지만, 그들은 이마저도 오염되어 있다. 《열하일기》에서는 "영웅은 울 때를 알고, 미인은 눈물이 많다[英雄善泣, 美人多淚]."고 했다. 차가운 가슴과 냉철한 이성만으로는 큰 인물이 될 수 없다. 주변의 슬픔에 함께할 줄 알고, 성공한 자를 만나면 기쁨으로 화답하며, 난국을 당해서는 올연(兀然)히 의(義)를 분출할 줄 아는 자가 진정한 영웅이 아닐까?

代悲白頭翁〔백두를 슬퍼하는 늙은이를 대신하여〕 劉希夷(유희이)

洛陽城東桃李花	낙양성 동쪽에 핀 복숭아꽃 오얏꽃
飛來飛去落誰家	날아오고 날아가니 누구 집에 떨어지는가.
洛陽女兒惜顏色	낙양 거리의 아가씨들 고운 얼굴 애석히 여겨
行逢落花長歎息	지는 꽃을 만나고는 긴 탄식을 하도다.
今年花落顏色改	금년 꽃 지면 안색 또한 변하려니
明年花開復誰在	내년에 꽃 필 적엔 누가 건재할까?
已見松柏摧爲薪	이미 소나무 잣나무 꺾여져 땔나무 된 것 보았고
更聞桑田變成海	또 뽕밭이 변하여 바다가 되었단 말도 들었다.
古人無復洛城東	옛사람은 다시 낙양성 동쪽에 없고
今人還帶落花風	지금 사람이 또다시 꽃 떨구는 바람을 대하고 있다.
年年歲歲花相似	해마다 피는 꽃은 서로 같거니와
歲歲年年人不同	해마다 이를 보는 사람은 같지 않도다.
寄言全盛紅顏子	얼굴 고운 젊은 사람들에게 말하노니
應憐半死白頭翁	응당, 죽을 가까운 백발의 늙은이를 가여워하라.
此翁白頭眞可憐	이 늙은이의 흰머리를 참으로 가엾게 여기나
伊昔紅顏美少年	그 옛날에는 홍안의 미소년이었도다.
公子王孫芳樹下	공자왕손 같은 귀공자들과 꽃다운 나무 아래서 놀 때
淸歌妙舞落花前	꽃 앞에서 맑은 노래와 절묘한 춤도 추었다.
光祿池臺開錦繡	광록대부의 지대와 같은 훌륭한 정원에서 금수장막을 치고
將軍樓閣畵神仙	대장군의 누각에 신선을 그린, 그러한 전각에서 놀기도 하였다.
一朝臥病無相識	하루 아침에 병들어 눕게 되자 서로 아는 사람이 없게 되니
三春行樂在誰邊	삼춘의 행락에 누구 곁에 있는고.
宛轉蛾眉能幾時	아름다운 미인의 눈썹도 얼마 동안 있을지
須臾鶴髮亂如絲	잠깐 사이에 백발이 어지럽게 엉클어진 실 같다.
但看古來歌舞地	다만 노래하고 춤추던 지난 곳을 보니
惟有黃昏鳥雀悲	오직 황혼에 새들만 슬피 울고 있네.

〈唐詩選〉

〈부수+자원〉
부자 좋아 한자

초판 인쇄 2021년 8월 20일
초판 발행 2021년 8월 25일

저   자 | 송영일
발행자 | 김동구
편   집 | 이명숙
발행처 | 명문당(1923. 10. 1 창립)
주   소 | 서울시 종로구 윤보선길 61(안국동)
　　　　우체국 010579-01-000682
전   화 | 02)733-3039, 734-4798, 733-4748(영)
팩   스 | 02)734-9209
Homepage | www.myungmundang.net
E-mail | mmdbook1@hanmail.net
등   록 | 1977. 11. 19. 제1~148호

ISBN 979-11-91757-18-7 (13710)

18,000원

＊낙장 및 파본은 교환해 드립니다.
＊불허복제